ESTADO AMBIENTAL E A SUA TUTELA JUDICIAL

Proteção ecológica e participação popular por meio do processo coletivo democrático

CIP-BRASIL. CATALOGAÇÃO NA PUBLICAÇÃO
SINDICATO NACIONAL DOS EDITORES DE LIVROS, RJ

B246e

Barouch, Ricardo Ferreira, 1978-
Estado ambiental e a sua tutela judicial : proteção ecológica e participação popular por meio do processo coletivo democrático / Ricardo Ferreira Barouch. - 1. ed. - São Paulo : Letras Jurídicas, 2020.
264 p. ; 23 cm.

ISBN 9788582482070

1. Direito ambiental - Brasil. 2. Direito processual coletivo - Brasil. 3. Proteção ambiental - Participação do cidadão. I. Título.

20-66290

CDU: 349.6(81)

Meri Gleice Rodrigues de Souza - Bibliotecária - CRB-7/6439

31/08/2020 02/09/2020

RICARDO FERREIRA BAROUCH

Advogado e consultor em Belo Horizonte/MG. Bacharel pela Faculdade de Direito Milton Campos. Pós-graduado em Direito Público pela UGF e mestre em Direito Ambiental pela Dom Hélder – Escola de Direito. Membro do Grupo de Pesquisa "A possibilidade de defesa dos ambientes pelo direito penal". Professor de Direito Ambiental e Teoria Geral do Processo. Foi assessor judiciário na 2ª Câmara Criminal, na Segunda Vice-presidência do Tribunal de Justiça de Minas Gerais e na Escola Judicial Desembargador Edésio Fernandes. Foi vogal titular da Junta Comercial de Minas Gerais.

ESTADO AMBIENTAL E A SUA TUTELA JUDICIAL

Proteção ecológica e participação popular por meio do processo coletivo democrático

1ª edição – 2020 – São Paulo – SP

LETRAS Jurídicas

Projeto gráfico, diagramação e capa
Rita Motta – www.editoratribo.blogspot.com

Revisão
Angela Araújo Costa

Editor
Claudio P. Freire

1ª Edição – 2020 – São Paulo-SP

LETRAS Jurídicas

LETRAS JURÍDICAS
Rua Eduardo Prado, 28, Vila Bocaina.
CEP: 09310-500 – Mauá/SP.
Telefone: (11) 3107-6501 | (11) 9-9352-5354
Site: www.letrasjuridicas.com.br
E-mail: vendas@letrasjuridicas.com.br

Impressão no Brasil

Dedico o trabalho aos meus pais Paulo César (*in memorian*) e Maria A. Barouch, minha esposa Verônica e filhos Amanda e Guilherme, todos unidos no mesmo esforço de vida. Faço registro muito especial ao meu avô Benedito A. Barouch, que sempre incentivou o estudo dos netos e dos bisnetos. E aos professores Reynaldo Ximenes Carneiro, Naylor Salles Gontijo (*in memorian*) e Eloésio Paulo.

Mudando o mudado

O intenso martírio de construir
E depois de tanto esforço:
Mudar!

E a vida passa nessa intensa
Transformação.

Conformando, não!
Mas lutando para que o equilíbrio se faça
E tudo se assente na perfeição.

Na perfeição de um deus angustiado
Com a eterna inquietude dos homens.

(Ricardo Ferreira Barouch, em 1999).

SUMÁRIO

PREFÁCIO

É com muita honra e prazer que escrevo essas poucas linhas sobre o livro do Dr. Ricardo Ferreira Barouch, resultado da sua dissertação de Mestrado apresentada no Programa de Pós-Graduação em Direito da Escola Superior Dom Helder Câmara.

O presente livro, ao contrário de vários escritos preocupados com a tutela jurisdicional do direito ambiental, não objetiva apenas demonstrar como a técnica processual deve ser utilizada para proteger o patrimônio ambiental. Busca-se evidenciar que o processo coletivo é instrumento que abre caminho à participação da sociedade na reivindicação da proteção do direito fundamental ao meio ambiente. Na verdade, o processo não é visto apenas como meio de participação na defesa do meio ambiente, mas igualmente como meio de legitimação da decisão judicial, ou melhor, como meio capaz de legitimar a atuação judicial em setores que, a princípio, estariam afetos exclusivamente aos demais Poderes. Há preocupação em demonstrar que o juiz pode e deve corrigir condutas e omissões estatais.

É certo que a ideia de processo como mecanismo da democracia participativa, bem como a teoria de que o juiz pode corrigir a omissão e a insuficiência da proteção aos direitos fundamentais por parte do legislador e do administrador, bem explicam a possibilidade de o Judiciário tutelar adequadamente o meio ambiente, protegendo-o inclusive contra a atuação omissa ou insuficiente dos demais Poderes, mas há graves problemas quando se verifica que, não em poucos casos, o juiz não só deixa de fundamentar a possibilidade dogmática de assim atuar, tornando a sua decisão clara e legítima, como muitas vezes adentra esferas que dizem respeito às opções políticas ou que estão submetidas ao gerenciamento do orçamento. De qualquer forma, o livro rejeita o "juiz virtuoso" e procura demonstrar a legitimidade da decisão judicial que tutela o meio ambiente mediante a participação popular na discussão do tema e do caso.

O livro também se preocupa em tratar das tutelas jurisdicionais idôneas à proteção do meio ambiente, demonstrando que as novas tutelas contra o ilícito – hoje expressamente reguladas no art. 497, parágrafo único, do Código de Processo Civil, exatamente porque não voltadas à tutela contra o dano ou a sua probabilidade, mas preocupadas apenas com o ato contrário ao Direito, são as que realmente podem proteger contra condutas violadoras ainda não praticadas ou que podem continuar, como também já praticadas, mas que ainda não resultaram em dano concreto. As tutelas inibitória e de remoção do ilícito, cuja inserção no panorama das tutelas dos direitos foi reforçada pelo atual Código de Processo Civil, são clara e adequadamente abordadas no livro, evidenciando-se a sua imprescindibilidade para a tutela do meio ambiente. Sem dúvida, como bem demonstra o livro, estas são as únicas tutelas jurisdicionais que podem responder aos princípios da precaução e da prevenção.

Mas a obra é mais abrangente, pois procura compreender o direito processual a partir do que demonstra ser o Estado Ambiental brasileiro, cujas consequências, no plano do processo, seriam o acesso ao Judiciário, a participação democrática, o respeito aos princípios da precaução e da prevenção, a utilização de tutelas inibitórias e de remoção do ilícito, a inversão do ônus da prova e a flexibilização da coisa julgada. Do enfrentamento desses temas surgem interessantes abordagens e importantes conclusões.

Trata-se de livro que deve ser analisado pelos estudiosos do Direito e utilizado pelos Advogados, Juízes e membros do Ministério Público, e que contribuirá para oportunos debates em torno da democracia constitucional, do direito ambiental, do processo coletivo e das tutelas jurisdicionais dos direitos.

Por tudo isso, tenho muita satisfação em prefaciar essa excelente obra, cumprimentando o Dr. Ricardo Ferreira Barouch pela sua brilhante colaboração para o desenvolvimento do direito brasileiro.

Luiz Guilherme Marinoni
Professor Titular da Universidade Federal do Paraná

APRESENTAÇÃO

Inicio a apresentação do texto pela revelação do júbilo e honra ante a escolha do meu nome para discorrer, em primeira exposição, sobre a bela obra escrita por Ricardo Ferreira Barouch. É certo que a amizade com o autor afirmada durante o seu curso de mestrado em direito ambiental e desenvolvimento sustentável deve ter, de alguma forma, contribuído para a escolha, pois, enquanto orientador de sua dissertação, agora transformada em livro, fui mais um expectador de seus ideais e um aprendiz do conteúdo ora apresentado.

O texto, que é de enorme qualidade, expõe ideias que não se prestam à construção, mas sim à afirmação do Estado Ambiental já constituído pela Constituição da República Federativa do Brasil, de 1988. E para isso, o autor se vale de pressupostos conceituais apropriados, principiados pela evolução do Estado Liberal ao Estado Social e deste ao Estado Ambiental (terceira fase do Estado Moderno), a partir das demandas ambientais mundiais experimentadas a partir da segunda metade do século passado.

E aqui se antecipa o mérito do autor de não olvidar as demandas hoje mundialmente reclamadas em prol do desenvolvimento sustentável, posto que a qualidade de vida, somente afirmada em um Estado Ambiental, passou a ser a referência para o equilíbrio entre crescimento econômico e ecologia, daí emergindo a necessidade da preservação dos recursos naturais e culturais em prol do bem-estar da população.

Mas o mérito não para por aí, pois, ainda em sede de pressupostos conceituais para a afirmação do Estado Ambiental e a construção da hipótese de que o engajamento popular, além de premissa do Estado Democrático, é também necessário para a tutela do ambiente, o autor propõe meios para dotar o cidadão de mecanismos de participação ativa nas decisões estatais, assim o fazendo mediante a defesa do processo coletivo, aquele no bojo do qual, segundo o autor, faz-se possível colher a manifestação popular genuína, posto que, "no âmbito disforme das ruas, pelas pautas amplamente difusas, a eficácia da participação do cidadão se pulveriza".

E diante dessa contemplação processual coletiva, o autor não se furta de elaborar respostas a eventuais juízos de intromissão do judiciário em tarefas genuinamente atribuídas constitucionalmente aos poderes executivo e legislativo, assim o fazendo de forma a enaltecer o papel constitucional do processo e de seus atores de forma a consagrar o verdadeiro e almejado ativismo da sociedade em prol da defesa ambiental.

E a construção de todo esse manancial ideário foi feita com o histórico do Estado Ambiental, com a construção dos pressupostos para a defesa judicial desse Estado, com a análise das mais diversas ordens de processo coletivo e, por fim, com o estudo do constitucionalismo contemporâneo para fins de apreciação da possibilidade, no texto afirmada, de o judiciário, por meio do processo coletivo democrático, constituir e interferir em políticas públicas sem ofensa ao princípio da separação de poderes.

Vê-se, pois, que o autor construiu bases sólidas que por certo, contribuirão e muito, para a compreensão genuína do processo coletivo e para a importância dele no empoderamento popular em prol da tutela ambiental.

Assim, o autor de forma contundente, merecedora da aprovação de seu trabalho com o louvor dos examinadores que sobre ele se debruçaram, afirmou, sustentou e efetivamente demonstrou que "a proteção ecológica, antes de um direito fragmentário, é expressão de todo o ideário constitucional, edificado em 1988".

Ao autor, uma vez mais, externo os meus mais sinceros parabéns pela envergadura da obra que agora disponibiliza à comunidade e aos leitores desejo uma ótima absorção do robusto conteúdo ora apresentado.

Tenham todos ótima leitura!

Belo Horizonte, outono de 2020.

Luiz Gustavo Gonçalves Ribeiro
Promotor de Justiça e professor dos cursos de mestrado e doutorado da Dom Hélder-Escola de Direito

INTRODUÇÃO

Insere-se o homem moderno numa sociedade de aceleradas modificações, num ambiente de mudanças e num estilo de vida que necessita ser alterado para que a humanidade possa gozar de qualidade existencial e de acesso aos recursos naturais que satisfazem as suas necessidades mais básicas. Não se trata mais de convocação a esse ideal de proteção verde. Há uma clara e manifesta série de acontecimentos que demanda um novo agir e parece não existir escolha.

Assim, a vida no planeta nessa era das incertezas e das inovações científicas reclama a existência de um modelo político de Estado que seja capaz de lidar com essas alterações, que dia após dia são anunciadas pelos mais diversos meios de comunicação e percebidas cotidianamente por todos os habitantes do planeta.

A sociedade e as relações humanas não são previsíveis como foram outrora. O mito da razão não é mais senhor do tempo e das coisas. A fluidez e a liquidez dos acontecimentos não estão mais para aparatos e fórmulas que não sejam capazes de se acomodar nesse ambiente novíssimo.

É preciso, então, que no âmbito jurídico, sobretudo judicial, alguns dogmas sejam repensados, reformulados, a fim de que a sociedade tenha instrumentos para lidar com essas incertezas e modificações, sem, contudo, causar insegurança e frustrações nas suas justas expectativas.

O direito, como qualquer outro ramo do conhecimento humano, carece estar habilitado para responder a sociedade e aos seus problemas numa velocidade razoável e com meios próprios para que seja possível adotar novos rumos quando restar clarificado a sua necessidade de reformulação.

Por isso, esse trabalho tem por objetivo sugerir o Estado Ambiental e a sua tutela judicial, cujas premissas básicas exigem ampla participação da sociedade, por meio dos seus mais diversos segmentos, alterando-se significativamente alguns dogmas do direito, a fim de que as decisões do Estado sejam refletidas para além da lógica administrativa e judiciária, com a penetração da perspectiva popular e das ciências envolvidas na solução do caso.

Entretanto, para compreender a possível assunção de um novo modelo de Estado é preciso que se faça um escorço histórico, a se iniciar pela edificação do Estado moderno e as suas balizas liberais, que impuseram limites à atuação estatal em face de determinados direitos individuais.

Antes de tudo, convém anotar que a doutrina identifica as revoluções francesa e americana como marcos da instauração desse Estado moderno.

Com efeito, viram os seus maiores artífices que se fazia preciso propor uma nova maneira de viver em sociedade e estabelecer novas relações entre o poder e o povo. Por isso, obtiveram êxito as teorias de Montesquieu e de Locke que ofereciam a divisão de poderes e a delimitação do seu exercício segundo uma ordem normativa, de modo que o Estado não interviesse em certos direitos do cidadão, notadamente naqueles relativos ao patrimônio e à liberdade individual, os quais gozavam de especial proteção do ordenamento jurídico.

Então, para firmar esses direitos hodiernamente denominados de primeira dimensão, institui-se um documento litúrgico, formalmente solene, materialmente relevante, que se denominou Constituição e se encarregou de impor os limites de atuação do Estado para a preservação dos interesses dominantes de antanho.

Desse modo, formatou-se o Estado Constitucional ou, na dicção de outros, o Estado de Direito ou ainda, o Estado Legislativo. As nomenclaturas indicam que esse Estado deveria agir dentro dos parâmetros impostos por determinadas garantias individuais, umbilicalmente atreladas à ideia de liberdade e de propriedade, concebidos como direitos naturais do homem, segundo justificativas apresentadas por aqueles que prepararam o texto.

O patrimônio a propósito, é um caso especial. Esse direito era compreendido de forma absoluta e sagrada, como se vê da expressão latina: *Cuius est solumeius est usque ad coelum et ad ínferos* (A quem pertence a propriedade, pertence também o que vai do céu até o inferno).

A ideologia liberal construiu aquele mundo novo. Porém, há que se distinguir antecipadamente, as revoluções francesa e americana, ao passo que na França se pretendia livrar a sociedade do jugo do absolutismo, nos Estados Unidos da América o objetivo era outro, qual seja o de construir uma federação livre e independente da Inglaterra, pautada pela subsidiariedade.

Dessa constatação surgiram implicações diferentes. Na França, a Constituição não trouxe ao Judiciário independência para atuar como poder na sua plenitude. O juiz deveria ser contido e repetir quase mecanicamente, o que estava disposto na lei – *bouche de la loi*. Nos Estados Unidos contudo, a formatação federativa e a inserção de freios e contrapesos no texto constitucional delegou ao Judiciário um papel mais ativo e independente. Não se deixe de consignar que a França era um Estado unitário e os Estados Unidos uma federação. São duas experiências constitucionais referenciais para o mundo ocidental.

Não obstante essas virtudes, a ideologia liberal preconizada resultou em desigualdades sociais e significativa pauperização do trabalho. Por isso, ocorreram incontáveis movimentos, greves e revoluções por conta dessa degradação da qualidade de vida dos operários, notadamente em relação às condições de trabalho. Nesse ponto, é válido rememorar as condições das minas de carvão e as tecelagens que foram palco dos exemplos mais grotescos daquele período.

As reações dos trabalhadores restaram infrutíferas por um longo e doloroso tempo. Mas, a partir do alvorecer do século XX essa peleja entre o capital e o povo, representado pelos sindicatos, fez com que paulatinamente, houvesse modificação no âmbito constitucional, iniciando-se com as Constituições do México, Russa e de Weimar.

As reivindicações levadas a cabo pelos sindicatos ao longo do século XIX até meados do século XX foram, então, incorporadas aos textos constitucionais e, assim, iniciaram os direitos de segunda dimensão, os direitos sociais.

Nascia o Estado Social, com as promessas de efetivar direitos sociais que foram reconhecidos a partir das lutas sindicais e dos trabalhadores e que vieram a se estabelecer com maior pujança durante as grandes guerras, uma vez que as nações em conflito precisavam dos seus trabalhadores para ocupar os fronts de batalha. Era o momento dos operários para obterem sucesso nas suas reivindicações.

Estava delineado o cenário no pós-guerra. Havia a necessidade de se defender os ideais do Estado-nação, e a Declaração Universal dos Direitos Humanos de 1948 exerceu papel fundamental para afirmação desses direitos.

As garantias liberais e as reivindicações sociais se aglutinaram no mesmo texto constitucional. Mas ainda permanecia a necessidade de efetivá-las, pois até então havia apenas a promessa que não vinculava o Estado.

Pelas mentes privilegiadas de alguns juristas, a exemplo de Konrad Hesse, que foi juiz da Corte Constitucional da Alemanha e professor da Universidade de Freiburg, editou-se o que se denomina teoria constitucional da efetividade. Isso implica dizer que as normas constitucionais, muito além de promessas, possuem conteúdo deôntico, força normativa, e por essa razão, devem ser observadas pelos governos e protegidas pelo Poder Judiciário.

Dessa maneira, de forma natural, fora abandonada a tese de que a Constituição era um documento meramente político que apenas estabelecia mandamentos para o próprio Estado nas suas manifestações de poder externas. No Brasil, consoante se verá ocorreram essas transformações, porém, de forma muito mais tardia.

Pari passu às pretensões sociais, as demandas ambientais, ao lado das pretensões democráticas, também se avolumaram depois da segunda metade do século XX, pois a medida da prosperidade se achava na exploração dos recursos naturais, segundo o modelo de crescimento inaugurado nos séculos XVII e XVIII.

O ambiente de degradação ocasionado pelas fábricas, trazia uma realidade ainda não experimentada pelo homem. A poluição, depois de dezenas de anos da Revolução Industrial, podia ser notada e sentida, seja pela precariedade da vida nas grandes cidades, seja pela ocorrência de chuvas ácidas que fez soar o alarme da comunidade internacional sobre o assunto.

Esse cenário foi descrito de modo catastrófico pelos cientistas. Rachel Carson, por exemplo, publicou nessa época sua obra *Primavera Silenciosa*, a descrever o desastre que estava por vir pelo uso incontido, que lhe era absolutamente desenfreado, de substâncias tóxicas na agricultura e que poderiam exterminar espécies de aves e de insetos, consideradas indispensáveis para o equilíbrio do meio ambiente natural. Há outras obras importantes: *A vingança de Gaia* de James Lovelock; *A tragédia dos comuns* de Garrett Hardin etc.

Isso tudo impulsionou a realização da Conferência de Estocolmo, que aconteceu na Suécia em 1972. A essa conferência antecedeu a elaboração do relatório Meadows, ou *os limites do crescimento*. Havia uma perspectiva desalentadora em relação ao futuro da humanidade.

Vê-se que a preocupação ambiental se tornou centro das preocupações do planeta. Porém, existiam os países que eram contrários à hipótese de moratória do crescimento proposta na Conferência, haja vista que a sua população carecia de recursos naturais para ensejar a melhoria das suas condições de vida.

O Brasil, ao lado dos tigres asiáticos, teve papel fundamental para que a proposta de crescimento zero não viesse a vingar. Pouco tempo mais tarde, em decorrência das tratativas ocorridas na Suécia em 1972, o relatório Brundtland (*Nosso futuro comum*) trouxe uma terceira via, a do desenvolvimento sustentável, que possuía fórmula conciliadora entre desenvolvimento e proteção ambiental. Essa proposta foi levada para a Conferência do Rio, em 1992. E acolhida, incorporou a Carta daquele encontro que contou com a presença de inúmeros Chefes de Estado e ampla cobertura da imprensa mundial. A pauta ambiental se agigantou ainda mais.

No Brasil, a preocupação ambiental se afirmava. Editou-se a Lei Federal 6.938/81, que estabelece a Política Nacional do Meio Ambiente e formula uma proteção ecológica integral. E em 1988, com a promulgação da Constituição, o constituinte originário forneceu um capítulo especial sobre o meio ambiente, determinando que o Estado e a sociedade têm o dever de protegê-lo para as atuais e futuras gerações. Trata-se de verdadeiro panegírico da questão ecológica. A qualidade de vida e o meio ambiente são alçados à categoria de direitos fundamentais.

O tema está posto. Todavia, salta uma indagação: todos esses acontecimentos ensejam a possibilidade de afirmar a existência de um Estado Ambiental? E se existente, quais seriam os seus pressupostos e os instrumentos disponíveis para a sua defesa?

A hipótese que será confirmada ao final, é de que a Constituição de 1988 (conquista máxima da democracia) oferece guarida segura para sustentar a preponderância da defesa ecológica sobre todos os demais direitos e garantias, uma vez que a defesa do meio ambiente sadio, em toda a sua expressão, satisfaz todos os requisitos do direito à vida, à saúde, à educação, à dignidade, ao mínimo existencial, entre outros. A proteção ecológica, antes de um direito fragmentário, é a expressão de todo o ideário democrático-constitucional edificado em 1988.

No caso de ser possível a asserção do Estado Ambiental, outras indagações e referenciais devem ser enfrentados. Pois bem, se o Estado Ambiental está apoiado na Constituição de 1988 e essa Carta Política adotou expressamente o Estado Democrático de Direito, necessariamente haverá de existir participação popular para a sua defesa.

Leve-se, igualmente, em conta que o art. 225 da Constituição determina de forma enfática, que a defesa do meio ambiente compete ao poder público e à coletividade, a estabelecer uma ordem que não deve ser olvidada nem pelo Estado, tampouco pelo cidadão.

De outra senda, constata-se que é preciso dotar o cidadão de meios para satisfazer a sua obrigação, fornecendo-lhe acesso à justiça constitucional, sem o que a sua ação será absolutamente inútil para esse propósito desenhado pelo constituinte originário. O acesso à jurisdição é, portanto, um dever do Estado em face do que preconizaria o Estado Ambiental.

Não obstante, sabe-se que mesmo havendo esse acesso, a jurisdição padece de um déficit importante de democracia e legitimidade. Como se sabe, não são raras as vezes em que a sociedade é substituída por um dos seus representantes em processo coletivo, destinado a discutir dano ambiental ou outro assunto de interesse geral. E dentro desse processo, o debate é travado entre o juiz, o representante legal da sociedade e o advogado do demandado, num limitado e ineficaz discurso jurídico que não atende as expectativas sociais em face do que preconiza a Constituição.

O processo, nesse estágio da sociedade, não pode se transformar num instrumento fragmentário de aplicação do direito, margeando o verdadeiro litígio por meio de discurso meramente contemplativo, de princípios e normas a partir de experiências pessoais, e que não guardam relação de pertinência e eficácia com o caso concreto.

Em função dessa constatação surge outra hipótese, qual seja o processo coletivo é instrumento que não pode dispensar a ampla participação da sociedade, pois é por meio dele que a democracia constitucional se realiza na sua expressão horizontal.

Se isso for verdadeiro, deve ser perquirida a seguinte indagação: a atuação judiciária em processo coletivo, com participação democrática da sociedade, incorreria em violação ao princípio da separação de poderes? E mais: nessa atuação, o juiz ao decidir, estaria a substituir o outro poder? Existiria ativismo judicial?

A hipótese é de que não ocorreria infringência à separação dos poderes, uma vez que o juiz em processo coletivo, permeado pela participação democrática do povo, mediante a realização de audiências públicas e por representação adequada por segmentos vinculados diretamente ao tema debatido, estaria habilitado a decidir com legitimidade.

Outra hipótese que contribui é a de que a manifestação popular deve mesmo acontecer no processo, pois fora dele, no âmbito disforme das ruas, pelas pautas amplamente difusas, a eficácia da participação do cidadão se pulveriza. Por isso, considera-se provável que o processo pode ser utilizado como instrumento da democracia participativa, até porque um bom número de ações coletivas está devidamente delineado no ordenamento jurídico.

Mais uma indagação afigura ser pertinente: a decisão construída coletivamente, deve ser apontada para a restauração do *status quo*, como tradicionalmente pretendeu o legislador? A hipótese é que a decisão, ao contrário, deve ser dirigida para o futuro, numa visão prospectiva, na exata medida em que são possíveis e até mesmo recomendáveis, tutelas inibitórias e de remoção do ilícito, já que o retorno ao *status quo* é quase irremediavelmente impossível. Além do mais, conhece-se que, em relação a danos ambientais, as iniciativas de retorno ao estado anterior são absolutamente ineficazes, como a propósito, apontam os princípios da prevenção e da precaução.

Por fim, deve ser enfrentada uma questão igualmente importante: qual deve ser a interpretação das normas e princípios frente ao Estado Ambiental?

Parece ser possível afirmar que a teoria do neoconstitucionalismo, em que pese a sua relevância para a concreção do Estado Democrático de Direito, não seria adequada para lidar com as perspectivas desta teoria. Isso porque o objetivismo moral e ético, construído pela via judicial por meio de um juiz virtuoso, não compreenderia a participação democrática para a construção da decisão coletiva, muito menos aceitaria o protagonismo da sociedade para preencher os campos vazios dos princípios e dos direitos fundamentais no caso concreto.

Neste contexto, o processo pertenceria à sociedade para moderar o agir estatal ou para fazer às vezes do administrador público omisso.

E a interpretação caberia à sociedade, sem, todavia, abandonar a dimensão e o alcance dos direitos fundamentais, historicamente construídos. A proposição do Estado Ambiental é essa, na medida em que é o conteúdo constitucional a ser alcançado pelo Estado Democrático de Direito.

A obra se divide em sete seções. Inicia-se com a introdução, por meio da qual se faz uma abordagem geral do trabalho sobre o tema sugerido, as motivações e justificativas que dão subsídio para a pesquisa, as indagações e os objetivos, além da metodologia empregada.

No segundo capítulo, propõe-se a análise do surgimento do Estado Liberal, as suas justificativas e os seus fundamentos. Estuda-se igualmente, a transição para o Estado Social, que foi provocada pelas disputas entre o capital e o trabalho e que mais tarde, sedimentou-se em Constituições mundo afora.

No terceiro capítulo, investiga-se a asserção do Estado Ambiental, que seria a terceira fase do Estado moderno, a iniciar-se com as demandas ambientais das décadas de 50 e 60 do século passado, desenvolvendo-se com as grandes convenções internacionais sobre o meio ambiente, e no Brasil com a sua afirmação no texto constitucional de 1988 e pela ampla produção normativa em defesa do meio ambiente.

No quarto capítulo, pretende-se erigir pressupostos para a defesa judicial desse modelo de Estado, quais sejam o acesso à justiça, a participação popular, a preponderância dos princípios da precaução e da prevenção, além da utilização das tutelas inibitória e de remoção do ilícito, inversão do ônus da prova e flexibilização da coisa julgada.

No quinto capítulo, o tema a ser investigado são os processos coletivos propriamente ditos e que se destinam à salvaguarda ecológica, quais sejam, a ação popular ambiental, ação civil pública, mandado de injunção coletivo, mandado de segurança coletivo, *habeas data*, a realização de audiências públicas e implementação do *amicus curiae*.

No sexto capítulo, o trabalho destina-se a estudar o constitucionalismo contemporâneo e a possibilidade do Poder Judiciário, através dos processos coletivos democráticos, interferir em políticas públicas e se essa tarefa implica ofensa ao princípio da separação dos poderes.

Ao final, chega-se a uma conclusão, de sorte a se saber se o Estado Ambiental pode ser afirmado por meio do processo coletivo, com ampla participação popular realizada através dos representantes adequados, em substituição a determinados dogmas que impedem ou dificultam essa participação.

Portanto, o estudo que se desenvolve neste livro tem o propósito de desnudar o conteúdo ambiental do Estado Democrático de Direito, e assim, nominá-lo de Estado Ambiental, cujos preceitos se realizam de forma participativa, plural e especialmente, por meio de processo coletivo, nos casos de omissão ou ação do poder público e da própria sociedade que os transgridam.

1

A CONSTRUÇÃO DO ESTADO LIBERAL E A SUA PASSAGEM PARA O ESTADO SOCIAL

O Estado liberal, ao romper com o *ancien régime* e estabelecer separação de poderes[1], foi gestado para impor prestações negativas ao poder público, com a pretensão de proteger os altos interesses da burguesia que em época anterior, notadamente na França, se via premida em razão dos caprichos e vaidades de uma monarquia perdulária.

Nesse cenário, obtiveram notoriedade os postulados da liberdade, da segurança e da propriedade privada, com o desiderato de afirmar a prevalência da soberania do povo em relação ao jugo do Estado. Esses propósitos efervesceram naquela realidade social de sacrifícios e

[1] Paulo Bonavides acentua essa contribuição do Estado Liberal para a implementação da separação dos poderes: "*Permitia, ademais, à burguesia falar ilusoriamente em nome de toda a sociedade, como direitos que ela proclamara, os quais, em seu conjunto, como já assinalamos, se apresentavam, do ponto de vista teórico, válidos para toda a comunidade humana, embora, na realidade, tivesse bom número de vigência tão-somente parcial, e em proveito da classe que efetivamente os podia fruir.Constituiu a divisão de poderes, como veremos, técnica fundamental de proteção dos direitos de liberdade. Ao genial Montesquieu deve-se sua mais acabada formulação, mediante aquela teoria que tanto prestígio granjeou nos áureos tempos de constitucionalismo clássico, e que hoje, sujeita, já, a consideráveis retificações, que lhe atenuaram a rigidez inicial, é fórmula severamente combatida pela moderna e avançada teoria política do constitucionalismo democrático, a qual, todavia, não lhe recusa a importância e o papel histórico que desempenhou*" (BONAVIDES, 2004, p. 44).

revoltas, e encontraram nas grandes revoluções os seus pontos mais elevados de afirmação.

Na França em 1789, no instante em que a Bastilha vinha abaixo, o indivíduo foi tomado por um entusiasmo inovador, reclamando sua participação nos destinos políticos da sociedade, e a renegar o antigo regime em que prevalecia a autoridade do monarca.

Norberto Bobbio aponta testemunhos sobre o evento histórico:

> Os testemunhos da época e os historiadores estão de acordo em considerar que esse ato representou um daqueles momentos decisivos, pelo menos simbolicamente, que assinalam o fim de uma época e o início de outra, e, portanto, indicam uma virada na história do gênero humano. Um grande historiador da Revolução, Georges Lefebvre, escreveu: 'Proclamando a liberdade, a igualdade e a soberania popular, a Declaração foi atestado de óbito do Antigo Regime, destruído pela Revolução'. Entre os milhares de testemunhos sobre o significado ideal desse texto que nos foram deixados pelos historiadores do século passado, escolho o de um escritor político, ainda que ele tenha sido o primeiro a pôr em discussão a imagem que a revolução fizera de si mesma: Alexis de Tocqueville. Referindo-se à primeira fase de 1789, descreve-a como 'o tempo de juvenil entusiasmo, de orgulho, de paixões generosas e sinceras, tempo do qual, apesar de todos os erros, os homens iriam conservar eterna memória, e que, por muito tempo ainda, perturbará o sono dos que querem subjugar ou corromper os homens' (BOBBIO, 1992, p. 85-86).

Na França, então, caía o absolutismo, que marcou o período de tirania monárquica, de pródigas vaidades, da luxúria e do obscurantismo, época em que o crime era punido não porque se desfiava a autoridade da lei, mas o poder imperial[2].

---

[2] Sobre o tema: FOUCAULT, Michel. ***Vigiar e punir**: nascimento da prisão* (trad. Raquel Ramalhete). Petrópolis: Vozes, 27ª ed., 1987, p. 102.

A Revolução Francesa, em que pesem as críticas, foi momento histórico de construção do Estado Moderno, do Estado constitucional, que inspirou todas as democracias hodiernas por meio dos seus postulados de liberdade, igualdade e fraternidade. Naquela quadra surgiu o homem-cidadão, o homem-indivíduo, a limitação do poder, a proclamação de direitos individuais que se pretenderam universais. Rompeu-se com a tradição e com a velha doutrina que justificava o poder monárquico, por meio de compreensões divinas, metafísicas. O homem, o indivíduo, o povo passam a ser o argumento central para a dimensão política do governo e do Estado.

Paulo Bonavides a propósito, evidencia a importância da Revolução Francesa para a alvenaria das democracias, que procuram colocar o povo no centro das decisões:

> Começa então o capítulo da limitação do poder; do Homem-povo, do Homem-cidadão, do Homem-político, do Homem que faz a lei, que governa, ou se deixa governar, que cria a representação, que toma consciência da legitimidade, que é poder constituinte e poder constituído.
>
> Esse primeiro Estado constitucional cristaliza-se ao redor de uma noção fundamental nascida dos escombros e ruínas da sociedade feudal: a noção de povo, a idéia-força que há cerca de três séculos ilumina o caminho para a criação definitiva de um sistema democrático de poder, e que ao mesmo passo inspira a concretização dos direitos fundamentos de todas as dimensões (BONAVIDES, 2008, p. 38-39).

Sem dúvida, se estava diante de um formidável acontecimento político que alterou sobremaneira as bases do mundo moderno e a sua compreensão de sociedade, o exercício de poder e a forma de justificação do Estado.

Muito embora revolução burguesa[3] se tenha nominado, a batalha política que se instalou pôs termo ao direito divino, a velha aristocracia e aos tronos que tiveram de se submeter a um novo regime de controle do poder (BONAVIDES, 2008, p. 167).

De igual modo, a Revolução Americana constitui marco igualmente relevante. Porém, há uma diferença fundamental em relação ao acontecido europeu. Essa revolução ocorreu para promover a independência das treze colônias inglesas na América do Norte, que hoje constituem os Estados Unidos, e ensejou a construção de um novo Estado, a discussão e o fazimento de uma constituição que certamente, deveria ser lustrada pelos anseios de liberdade dos que saíram da Inglaterra para escapar das perseguições[4].

Não cabe, em razão dos motivos que justificaram uma e outra, comparações ou seleção de primazias[5], em que pese haver certa concordância de que a Francesa foi inspirada na Americana.

Norberto Bobbio tem posição sobre essa influência:

---

[3] Jorge Miranda comenta sobre a ascensão burguesa ao poder e os predicados que prevaleceram no Estado Liberal: "*Quando instaurado, coincidiria com o triunfo da burguesia. Daí o realce da liberdade contratual, a absolutização da propriedade, a recusa, durante muito tempo, do direito de associação (dizendo-se que ela diminuiria a liberdade individual), a restrição do direito de voto aos possuidores de certo montante de bens ou de rendimentos, únicos que, tendo responsabilidades sociais, deveriam assumir responsabilidades políticas (sufrágio censitário)*" (MIRANDA, 2011, *online*).

[4] Darcy Azambuja sobre isso ensina: "*Os Estados Unidos, colônia povoada pelos dissidentes religiosos que saíram da Inglaterra no navio Mayflower para fugir das perseguições, foi o Estado moderno onde os direitos individuais tiveram a sua consagração completa. A Constituição de Rhode Island, em 1663, proclama o princípio da liberdade religiosa, que nem a Inglaterra quisera reconhecer ainda; as demais colônias seguem o exemplo e aumentam a lista dos direitos individuais*" (AZAMBUJA, 2011, p. 182).

[5] Paulo Bonavides, contudo, deixa escapar a marca indelével que a Revolução Francesa deixou no século XVIII: "*Cada século tem o seu maior acontecimento. O do séc. XVIII foi a Revolução Francesa. O do século XIX o fim da monarquia absoluta no ocidente. O do século XX a revolução de outubro na Rússia que varreu do país o trono e a coroa dos czares*" (BONAVIDES, 2008, p. 377). Sob esse enfoque, o constitucionalista afirma que o Estado Liberal foi a Revolução Francesa (BONAVIDES, 2008, p. 379).

> Que 'o exemplo americano tenha desempenhado um papel decisivo na elaboração da declaração francesa' foi algo recentemente afirmado, mais uma vez, pelo autor do amplo verbete sobre os 'Direitos do homem' do *Dictionnaire critique de la Révolution-Française*, publicado há pouco tempo. Mas é necessário, preliminarmente, distinguir entre o conteúdo da declaração, por um lado, e a própria ideia de uma declaração como algo que devia preceder a Constituição, por outro. Quanto ao conteúdo, pode-se discutir; quanto a ideia, a influência determinante da declaração americana é algo indiscutível (BOBBIO, 1990, p. 114).

Porém, a par dessa análise, a Revolução Americana representa acontecimento de grande relevância para a afirmação dos direitos fundamentais, ligados à noção de liberdade que norteou toda a edificação do Estado federal – responsável por organização de governo fundada na separação de poderes e que dá arrimo para as ideias preconizadas pelo movimento notável[6].

Com efeito, vem do princípio federal a força necessária para movimentar a representação popular, para descentralizar o Estado, para afirmar o princípio de subsidiariedade[7] que tem por desiderato fortalecer as individualidades e a participação social nos assuntos de poder. Tem-se enfim, instrumentos necessários para que as ideias de liberdade possam encontrar vazão e concreção adequadas.

---

[6] Paulo Bonavides, em sua obra Teoria do Estado, faz anotação sobre a originalidade do Estado federal fundada pela Revolução Americana: "*Fê-lo partindo da Constituição dos Estados Unidos, que ele toma por paradigma na matéria, pois foram os juristas americanos da Revolução, os admiráveis construtores de uma organização de governo – o Estado Federal – que exprime, com autenticidade, criação nova da ciência política; aquele modelo, segundo notara já Jellinek, que se não compadece com as categorias tradicionais e serve para separar, entre muitos traços de originalidade e distinção em que se apoia o moderno pensamento político, a concepção nova do Estado da antiga concepção clássica*" (BONAVIDES, 2008, p. 179-180).

[7] José Alfredo de Oliveira Baracho comenta a relação entre subsidiariedade e federalismo: "*Tomando por base as implicações constitucionais concretas, o federalismo pode ser considerado a implementação do princípio de subsidiariedade na vida do Estado. Essa compreensão leva ao entendimento de que o federalismo, de fato, é a aplicação do princípio de subsidiariedade*" (BARACHO, 2003, p. 46).

Dentro do Estado Liberal, portanto, sabe-se que o federalismo norte-americano constitui registro indispensável, pois deu ao parlamento a prerrogativa de impedir que o governo fizesse ingerências indevidas nas prerrogativas do cidadão.

O Brasil, outrossim, não deixou de se inspirar no modelo americano de federalismo, muito embora com as adaptações conhecidas. Em 1889, foram essas aspirações liberais que conduziram à Proclamação da República[8]. Sabe-se que a Revolução Americana é o seu grande referencial, o modelo pelo qual se engendrou a Constituição de 1891, responsável por criar o que se denomina *federalismo centrífugo*.

Aureliano Leal, constitucionalista do século XIX, anotou em sua História Constitucional do Brasil o que se passou nos bastidores da discussão do texto constitucional que criava os Estados Unidos do Brasil, a ressaltar quais foram os textos que os influenciaram, sem deixar de fazer referência à Constituição americana:

> O sr. Amaro Cavalcanti, que foi membro conspícuo da commissão dos 21, assim se exprimiu na sessão de 13 de dezembro de 1890 sobre as fontes que inspiraram a nossa Constituição: 'Senhores, o projecto que se discute, todos sabemos, não é uma obra original. Elaboração política experimental, elle nos apresenta o texto da Constituição federal da Republica Norte Americana, completado com algumas disposições das Constituições suissa e argentina, e incidentemente modificado, a juizo dos seus autores, afim de ser acommodado às nossas circumstancias'.

[8] A Proclamação da República, no Brasil, se fez sobretudo sob a influência da Revolução Americana, oportunidade em que se queria instalar no país a forma federativa – o que foi feito, embora às avessas. Criou-se a União a partir de um Estado Unitário, o que ensejou centralização de competência e poderes.
Laurentino Gomes, em sua obra 1889, faz narrativa sobre o cenário após a Proclamação da República: "*Proclamada a República, umas das primeiras providências do novo regime foi redesenhar parte da geografia brasileira. Estradas, ruas, praças, escolas, repartições públicas e até cidades inteiras tiveram suas denominações alteradas para homenagear os heróis republicanos. Estátuas, obeliscos, chafarizes e outros monumentos foram construídos em ritmo frenético para celebrar o acontecimento*" (GOMES, 2013, p. 315).

> De facto, não falando nas disposições que formam a base geral do regimen constitucional dos povos, será difficil não encontrar numa das fontes mencionadas o dispositivo procurado do nosso direito. A redacção da actual lei politica brasileira tambem não foi extranha a Carta outorgada de 1824. Como varios foram os collaboradores da Constituição republicana, e delles, os primeiros membros da comissão nomeada pelo Governo Provisorio, é natural que tenham recorrido a todos os projectos rejeitados na historiapolitica do paiz; assim, devem ter sido consultados os projectos apresentados em 1832, na Camara dos Deputados, de que emergiram a lei de 12 de outubro, a Constituição de Pouso Alegre, as bases para a Constituição de S. Paulo, de 1873, da lavra de Americo Braziliense, Campos Salles, Augusto da Fonseca, Tibyriçá, Piratininga, Tobias de Aguiar e Castro, Martinho Prado e Americode Campos, o projecto de José de Napoles, Telles de Menezes, Eugenio Valladão, Catta-preta e Ubaldino do Amaral, em 1883, e talvez mesmo o da Republica do Paratinin. Projectos de Constituição não faltaram através da nossa existência política. Mesmo em 1889, além do da commissão, tivemos mais tres de distinctos membros seus.
>
> A influencia americana é a que se percebe, até porque aos Estados Unidos coube exercer sobre toda a América latina uma acção profunda e decisiva. No entanto, a cópia não foi servil (LEAL, 2002, p. 225-226).

Em que pese existir alguma ressalva em relação à sabida influência dos Estados Unidos para a edificação do texto constitucional de 1891, havia quem de fato, exaltava a democracia estadunidense.

Alfredo Varela, em obra de Direito Constitucional publicada em 1899 por exemplo, saudava e exaltava a revolução americana em detrimento das monarquias europeias:

> Toda construcção politica a que se queira dar aquella solidez da perfeita estabilidade, tem de ser argamassada segundo os melhores preceitos conservadores, mas ha de a architectura ser de fôrma que, dentro della, o povo sinta que foram reduzidos ao

> mínimo possível os constrangimentos imposta à pacifica desinvolução de sua actividade.
>
> Está nisto toda a solução do problema politico que comove o mundo moderno: o consorcio da ordem inabalável com a plena liberdade. O systema que o garantir terá posto fim a uma contenda já secular, que custa ao genero humano rios de sangue e dolorosas desillusões.
>
> 'Qual o fructo de tantos sacrifícios feitos pela Humanidade nesta ultimaepoca?' Pergunta AntonioLeocadio de Guzman. – Os povos têm vencido em um ponto, em outro têm vencido os thronos: o mundo civilisado apresenta-se dividido em dois partidos numerosos; e quando um e outro tem por objecto a perfeição social, oppõe-se um ao outro no que diz respeito aos meios de a conseguir. Na Europa sacrifica-se tudo à solidez dos governos, e na América cede tudo à liberdade do povo. Ali ha reis e direito na successãohereditaria, aqui republicas e eleições populares: lá manda sempre um só, aqui multiplicam-se os candidatos: acolá tudo é de um, aqui tudo é da multidão (VARELA, 2002, p. 259-260).

Como se vê, fazia-se panegírico às vantagens *democráticas* das repúblicas, como se o propalar fosse o bastante para tornar efetiva e duradoura a liberdade de todos – esta que seria capaz de, pelo singelo não agir estatal (ou a sua ação para promover esses postulados), promover prosperidade social e afirmar a preponderância do povo e do cidadão. O texto constitucional estadunidense pode, eventualmente, não ter sido copiado servilmente, como considera Varela, mas a influência é conhecida. Mas dentro dessa perspectiva republicana, o Estado então, deveria se ocupar apenas de prevenir conflitos e punir os que violavam as liberdades.

É o que também Alfredo Varela proclamava:

> Em meio da diversidade immensa de opiniões, o governo, para não ser desacatado e favorecer a formação de uma legitima opinião publica, ha de ser neutro, absolutamente neutro, restringindo-se seu papel a prevenir os conflictos possíveis e a castigar

> os auctores dos que não possam ser evitados, e a alguns poucos actos mais, alheios à actividade particular. Com que direito, por exemplo, intervir o governo no ensino, dando preferencia a doutrinas que uma parte da sociedade aceita, mas outra repelle, por insignificante que seja esta, visto que o modo de pensar de um só indivíduo é tão digno de respeito como o de cem ou mil? (VARELA, 2002, p. 263-264).

A liberdade se tornou um dogma movido pelo liberalismo econômico, pelos ideais das Revoluções Francesa e Americana. Consoante anotado, a pretensão proclamada era inserir o cidadão na dimensão política do Estado, fornecendo a ele os subsídios para desenvolver suas habilidades, suas potencialidades, sem as costumeiras amarras que punham limites a esse processo.

No Brasil, contraditoriamente, o próprio governo que proclamou a liberdade intentou manipulá-la e aniquilá-la na redação do texto constitucional de 1891 – como se sabe, o Governo Provisório pretendia estender o regime de exceção e manter sob sua batuta a prerrogativa de dissolver o congresso[9], proposta essa que não foi admitida.

Porém, os princípios liberais que se estendem sobre a política e a economia estabelecem um cenário nunca antes vivenciado. Os anseios iluministas e as suas proposições deram argamassa para uma nova

---

[9] Sobre essa assertiva, vide História Constitucional do Brasil, de Aureliano Leal: "*Como se sabe – e já o referi acima – além do decreto n. 510, o Governo Provisorio resolveu introduzir no projecto de Constituição algumas modificações, e baixou o decreto n. 914 A, de 23 de outubro, para servir de base à discussão do Congresso. Os ministros assignaram e ao Sr. Ruy delegaram a comissão de receber a assignatura de Deodoro. O chefe de governo folheou o documento, minuciou-lhe as páginas, e não achando o que procurava perguntou: 'Onde está o artigo que autoriza o presidente a dissolver o Parlamento?' O Sr. Ruy explicou-lhe que tal dispositivo não era de molde a figurar numa Constituição presidencialista, ao que Deodoro objectou: 'Pois bem. Mas o senhor ha de sair um dia do Congresso, como Antonio Carlos em 1823, tirando o seu chapéo à majestade do canhão'. E assignou o decreto*" (LEAL, 2002, p. 212-215).

sociedade, que se funda no monumento à razão[10], na construção da ideia de cidadão, na proteção à propriedade, na crença tecnicista, na segurança, entre outras coisas.

Embora a política, havia uma realidade social que impunha inovações e alterava completamente o cenário do mundo naquela época do aparecimento das máquinas e das fábricas.

Com efeito, a liberdade econômica precisava da indústria para afirmar as suas convicções. A grandeza das nações e dos indivíduos se mediam, senão, pela sua capacidade de produzir mercadorias[11]. A fábrica,

---

[10] Domenico de Masi bem interpreta o momento de otimismo que se fundara a partir do iluminismo: "*Foi nesse mundo emotivo, dominando por superstições, milagres, mistérios, ocultismo, magia, impostura, despotismo, onde a vida social ainda era em grande parte aquela dos 'antigos ignorantes, tudo sexo e estupor', como teria dito Gianbattista Vico, foi nesse mundo que soprou a forte e fresca lufada do Iluminismo, avolumando-se de Paris a Londres, de Berlim a Viena, de Lisboa a São Petesburgo, de Milão a Nápoles, abatendo os tabus religiosos, sexuais e sociais com irônica e cortante inteligência. O que se entende por iluminismo? Kant já respondeu a esta pergunta em 1784: 'O iluminismo é a saída do homem da menoridade que lhe é imputada. Menoridade é a incapacidade de se servir do próprio intelecto sem a condução de outrem. Essa menoridade é imputada a si mesmo quando a sua causa não reside na deficiência do intelecto, mas na falta de determinação e de coragem de servir-se dele sem a condução de outrem.* Sapere aude! *Tem coragem de te servires do teu próprio intelecto. Este é, então, o impulso do iluminismo*" (MASI, 2000, p. 117).

[11] Os ingleses foram os precursores do liberalismo econômico. Na Inglaterra é que as fábricas explodiram em quantidade. Jorge Caldeira, em Mauá – empresário do império, relata: "*Produzindo fábricas com rapidez, os ingleses se acostumaram a pensar grande. Multiplicar riquezas parecia apenas uma questão de ter idéias. A onda de crescimento das indústrias têxteis trouxe consigo outras: as fábricas logo foram mecanizadas, e as crescentes encomendas de teares e outros equipamentos desenvolveram a indústria do ferro e das máquinas. Em pouco tempo, esses novos ramos passaram a crescer em ritmo mais veloz que o das fábricas de tecido. Na onda da mecanização, uma nova modalidade de empreendimentos viria a contribuir ainda mais para impulsionar o crescimento. Em 1830 foi inaugurada, justamente entre Liverpool e Manchester, a primeira estrada de ferro comercial do mundo. Para ser construída, essa estrada necessitou de enormes capitais, aplicados nas obras e no equipamento, além de consumir montanhas de ferro e máquinas – mas pagava tudo com lucros. A febre se alastrou. Investir em estradas de ferro virou o novo xodó dos banqueiros ingleses. Menos de vinte anos depois da inauguração da linha pioneira,*

dessa maneira, foi responsável pela alvenaria desse mundo em que a liberdade econômica implica ou sugere progresso (material). O mundo foi drasticamente alterado por essa invenção humana.

São efeitos quase imediatos e simultâneos que os grandes centros urbanos experimentaram, especialmente na Europa. Provém da fábrica o êxodo das populações do campo para as cidades, que por isso, cresceram desenfreadamente e sem possibilidade de oferecer condições mínimas para receber as grandes massas de trabalhadores. Acentuou-se a miséria, as enfermidades próprias de urbes superlotadas e sem infraestrutura. Resultado desse fenômeno – famílias se amontoaram em moradias improvisadas, cercadas da fome, de doenças e condições precárias de trabalho[12].

O tempo da vida foi modificado. O sino das igrejas deu lugar ao relógio da fábrica, que doravante controlava a vida dos operários em longas e exaustivas jornadas.

A técnica inspirou o modelo fordista de linha de produção e era preciso produzir mais e mais para se obter lucros.

---

havia 10 mil quilômetros de ferrovias na Inglaterra, um investimento de 250 milhões de libras esterlinas – quase metade de toda a renda nacional" (CALDEIRA, 1995, 159-160).

[12] Emile Zola, em sua obra Germinal, publicada em 1885, retrata as disputas por melhores condições nas minas de carvão da França do século XIX. Retira-se do texto fragmento de um diálogo dos operários que esperam e conclamam revolução para tirá-los das condições miseráveis que se achavam: "*Desta vez os três homens estiveram de acordo. Cada um disse o que pensava com uma voz desolada e daí pularam para as lamentações. O operário não podia aguentar mais; a revolução só servira para agravar-lhe as misérias; a partir de 89 os burgueses é que se enchiam, e tão vorazmente que nem deixavam um resto no fundo do prato para o trabalhador lamber. Quem poderia demonstrar que os trabalhadores tinham tido um quinhão razoável no extraordinário aumento da riqueza e bem-estar dos últimos cem anos? Zombaram deles ao declará-los livres. Livres para morrerem de fome, isso sim, e do que, aliás, não se privavam. Não dava pão a ninguém votar em malandros que, eleitos, só queriam locupletar-se, pensando tanto nos miseráveis como nas suas botas velhas. Era preciso terminar com isso, de uma maneira ou de outra: ou por bem, por meio de leis, num acordo amigável, ou por mal, como selvagens, queimando tudo e devorando-se uns aos outros. Se isso não fosse feito agora, pela atual geração, seus filhos com certeza o fariam, já que o século não podia terminar sem outra revolução, desta vez a dos operários, uma revolução devastadora que varreria a sociedade de alto a baixo para reconstruí-la mais decente e justa*" (ZOLA, 2006, p. 113).

Percebeu-se tão logo que o mito libertário foi substituído pela exploração dos proletariados. Iniciou-se uma nova tensão político-econômica. O trabalhador reclamava salário justo, limitação da jornada de trabalho, condições de trabalho adequadas, ou seja, ambiência minimamente digna.

Domenico de Masi, em seu *Futuro do trabalho*, fornece o cenário daquela época de transformações profundas e aceleradas que impactaram decisivamente os dias hodiernos:

> Até o advento da era industrial a população do planeta não havia atingido um bilhão e nenhuma cidade – excetuando Roma imperial – chegou a jamais ter um milhão de habitantes. 'Os números', escreveu Le Corbusier, 'demonstram que a grande cidade é um fenômeno recente. Em pouco mais de cem anos, de 1780 a 1910, Paris passou de 600 mil a três milhões de habitantes; Londres, de 800 mil a sete milhões; Berlim, de 180 mil a 3,5 milhões; Nova York, de 60 mil a 5,5 milhões. Essas cidades mantêm até hoje as estruturas antigas, os antigos traçados, que remontam a uma época anterior de vertiginoso aumento da população e do tráfego'.
>
> Portanto, o problema estrutural das cidades industriais é constituído da relação cada vez mais desequilibrada entre o conteúdo (população urbana que cresce rapidamente e que executa funções inteiramente novas, excetuando atividades que requerem deslocamentos cada vez mais frequentes) e os recipientes (centros populacionais de pequenas dimensões, construídos em função de atividades e veículos arcaicos) (MASI, 2000, p. 146-147).

Toda essa constatação, sem dúvida, forçou uma nova realidade e novas pretensões, notadamente daqueles que se achavam nas fábricas. As disputas são por melhores condições para os operários, que se encontram vilipendiados nas estruturas de produção.

Do Estado se exigiu uma nova postura, não aquela de garantidor da tese liberal e dos interesses produtivos da burguesia, mas do Estado regulador das diferenças desencadeadas pela Revolução Industrial.

Nesse ponto cabe a observação de Darcy Azambuja – esse Estado Liberal nunca deixou de sofrer de gigantismo que o conduziu a hipertrofia conhecida[13], apesar de propugnar a promoção da liberdade. Havia serviços demais, burocracia em demasia para manter o povo sob a batuta dos interesses de poucos. A liberdade era apenas um simulacro.

É o que ele acentua:

> Esse é o Estado que, por antonímia, se denominou liberal, e o quadro sem dúvida está longe de ser completo.
>
> Desgraçadamente, ele não poderia desempenhar com eficiência a tremenda tarefa que lhe impunham, e entrou em crise. Na verdade, a crise é antes da sociedade, de que ele é uma simples forma. É uma crise do homem, a consequência de uma civilização mal orientada e vertiginosa, onde os verdadeiros valores morais foram postos de parte.
>
> No entanto, o perigo era e é ainda maior, porque, se o chamado Estado liberal não podia cumprir a tarefa assombrosa que lhe exigiam, ao menos conservava alguma das mais belas conquistas do espírito humano: a liberdade e a tolerância (AZAMBUJA, 2011, p. 172-173).

Assim, a experiência e o modelo liberais não responderam às exigências da sociedade, que se via mergulhada numa desigualdade profunda. O proletariado para forçar alteração do estado de coisas, teve que se organizar para exigir um novo comportamento do Estado frente a essa realidade industrial e de crescente precarização das cidades.

Essas lutas sociais, principalmente dos trabalhadores, dão início a um segundo momento do Estado moderno – que em especial, dá ênfase aos direitos ligados à dignidade do trabalhador, aos direitos culturais e de educação, à forma de representação popular etc.

---

[13] José Afonso da Silva, a esse respeito, rememora a lição de Benjamin Constant que o Estado deveria cumprir prestações positivas para resguardar a liberdade. Veja-se: "*Benjamin Constant dizia que todas as constituições francesas reconheciam a liberdade individual; contudo, esta nunca deixará de ser constantemente violada, 'e isso porque uma simples declaração não basta; são necessárias salvaguardas positivas*" (SILVA, 1999, p. 243).

Outrossim, toda essa agitação pretendeu colocar termo ou reduzir as diferenças que havia entre as classes da época, pois não eram todos os que gozavam das benesses. Para ser cidadão em toda a sua plenitude haveria o indivíduo de ter propriedade[14].

Jorge Miranda faz oportuna observação:

> Contrapostos aos direitos de liberdade são, nesse século e no século XX reivindicados (sobretudo, por movimentos de trabalhadores) e sucessivamente obtidos, direitos econômicos, sociais e culturais – direitos econômicos para garantia da dignidade do trabalho, direitos sociais como segurança na necessidade e direitos culturais como exigência de acesso à educação e à cultura e em último termo de transformação da condição operária. Nenhuma Constituição posterior à Primeira Guerra Mundial deixa de os outorgar, com maior ou menor ênfase e extensão.
>
> Sabe-se, porém, que são diversas muito mais diversas de que os do Estado liberal – as configurações do Estado social. Os antagonismos ideológicos, os desníveis de estágios de desenvolvimento e as diferenças de culturas e de práticas sociais não só subjazem aos contrastes de tipos constitucionais como explicam realizações e resultados variáveis de país para país.
>
> Assim, o Estado Social de Direito irá reduzir ou mesmo eliminar o cunho classista que, por razões diferentes, ostentavam antes os direitos de liberdade e os direitos sociais. A transição do governo representativo clássico para a democracia representativa irá reforçar ou introduzir uma componente democrática que tenderá a fazer da liberdade tanto uma liberdade – autonomia como uma liberdade – participação (fechando-se, assim, o ciclo correspondente à contraposição de Benjamin Constant entre liberdade dos antigos e liberdade dos modernos) (MIRANDA, 2005, p. 204-205).

Trata-se de uma longa e demorada luta para a afirmação desses predicados do Estado Social, que, contudo, não simplesmente nega os

[14] No Brasil, por exemplo, naquele tempo vigia o voto censitário. Para exercer o direito de voto, o cidadão deveria ser proprietário ou ter determinada renda.

valores liberais. Antes, incorpora-os, mas sob essa perspectiva de que todos devem participar. Nesse modelo, busca-se as correções das desigualdades, a fim de que todos tenham liberdade de ação, e cujas premissas são de que não há igualdade sem liberdade, tampouco liberdade sem igualdade.

Segundo Jorge Miranda, os direitos sociais são direitos de libertação da necessidade, são direitos de promoção. O sujeito tem direito à proteção contra o arbítrio do poder e os direitos sociais, então, são instrumentos que darão condição de que o cidadão se realize em sua vida (MIRANDA, 2005).

Porém, consoante asseverado, os direitos sociais somente são conquistados por meio de intensa atuação da sociedade que ora reivindica limitação da jornada de trabalho, remuneração condigna, pagamento de horas extras, melhores condições de vida na cidade; ora pleiteia participação política para que esses anseios sejam incorporados pela ordem jurídica, sem a retórica formalista que vigia.

A consolidação do Estado Social custou esforço e organização dos trabalhadores. Vê-se que os trabalhadores perceberam que não bastavam meras asserções legislativas – a participação no poder era inegociável. Dessa percepção, surgiram os sindicatos que foram instrumentos de consolidação do Estado Social, porque cumpriram ao lado de outras instituições, papel relevante para dar voz aos operários, para a sua arregimentação e conquistas que foram incorporadas no ordenamento constitucional a partir da Constituição do México de 1917 e da Constituição de Weimar de 1919.

Jorge Miranda, a propósito, acentua a atuação dos operários para a mudança de paradigma que veio a se consolidar ao longo do século XX:

> Seria, assim, menos em resultado das críticas doutrinais ao liberalismo, nas suas vertentes filosófica e económica – críticas de vários quadrantes desde as socialistas, de diferentes matrizes, à da Doutrina Social da Igreja – do que, por efeito da progressiva organização dos trabalhadores em sindicatos e em partidos, que,

> no exercício da liberdade, seriam reivindicados direitos sociais ou direitos económicos, sociais e culturais – direitos económicos para garantia da dignidade do trabalho, direitos sociais para segurança na necessidade e direitos culturais como exigência do acesso à educação e à cultura e, em último termo, de transformação da condição operária.
>
> 2. Estes direitos apenas lograriam ser consagrados constitucionalmente quando das convulsões decorrentes ou subsequentes à primeira guerra mundial, em que foram mobilizados milhões de soldados e com a qual ocorreria uma larga mudança de mentalidades. De qualquer forma, a industrialização, a urbanização e a erradicação do analfabetismo torná-los-iam inevitáveis. E, como se sabe, os primeiros textos constitucionais que os consagrariam seriam a Constituição mexicana de 1917, a Declaração de Direitos do Povo Trabalhador e Explorado, da Rússia, de 1918, e a Constituição alemã de 1919 (a Constituição de Weimar).
>
> Vem a ser a partir desta altura que começa a falar-se em Estado social como Estado contraposto ao liberalismo económico, embora, em 'era de ideologias e de revoluções', sejam intransponíveis as distâncias entre as concepções e os tipos históricos que conseguem impor-se. São, de todo em todo, inconfundíveis e irredutíveis o Estado soviético-marxista, o Estado corporativo-fascista ou fascizante e o Estado designado por Estado social de Direito (MIRANDA, 2011, *online*).

Também, não se pode deixar de fazer registro sobre a doutrina social da Igreja Católica, que encontrou no Papa Leão XIII o seu mais eficiente e eloquente porta-voz, a defender os trabalhadores que se viam mergulhados na exploração e na precarização das relações de trabalho.

Não havia condições de se negar a profunda desigualdade causada pela tese liberal, que esperava na fábrica e na produção a sustentação da sua prosperidade que não era compartilhada, senão entre poucos e escassos proprietários.

Era fato que a invenção da máquina reduziu sensivelmente os postos de trabalho. O trabalho de muitos homens poderia ser realizado por um ou dois aparatos mecânicos. Inclusive, em razão disso, houve protestos de operários que quebravam as máquinas por não admitir a sua substituição. O artesanato, de outro lado, não mais conseguia competir com as fábricas, pois as mercadorias produzidas em larga escala eram muito mais baratas do que as manufaturadas.

Foi em face desses percalços que a igreja lançou os seus protestos e esses não podem ser subestimados para a consolidação dos direitos sociais. São relevantes as advertências da encíclica Rerum Novarum, como bem salienta Segadas Vianna:

> Ao terminar do século, o Papa Leão XIII publica a Encíclica 'RerumNovarum' e proclama a necessidade da união entre as classes do capital e do trabalho, que têm 'imperiosa necessidade uma da outra; não pode haver capital sem trabalho nem trabalho sem capital. A concorrência traz consigo a ordem e a beleza; ao contrário, de um conflito perpétuo, não podem resultar senão confusão e lutas selvagens'.
>
> A palavra do Sumo Sacerdote ecoou e impressionou o mundo cristão, incentivando o interesse dos governantes pelas classes trabalhadoras, dando força para sua intervenção, cada vez mais marcante, nos direitos individuais em benefício dos interesses coletivos (VIANNA, 2003, p. 39).

Os operários, dentro desse cenário de penúria, puseram-se em ação. Não bastava protestar nas fábricas ou promover greves, era preciso mais. Os trabalhadores, então, arregimentaram-se e formaram uma coalização para exigir tratamento mais condigno.

Dessa maneira, eclodiram as ideias sindicais, que foram difundidas entre trabalhadores de diversos países e deram senão uma identidade e homogeneidade à causa operária que se via premida pela inércia estatal. Aliás, as forças do Estado se ocupavam, ao contrário, de reprimir esses movimentos.

Segadas Vianna traz relato preciso sobre o caos que se amontoava devido às tensões dos movimentos dos trabalhadores e a omissão do Estado:

> A inatividade estatal levaria a crise de proporções imensas, pondo em perigo, nos seus alicerces, a estrutura social vigente: 'ou o Estado assumia, em toda a sua plenitude, a suprema função organizadora para equilibrar a produção e o consumo, para evitar a acumulação de riquezas de um lado e de miséria do outro, para impedir a repartição da sociedade em duas classes opostas, digladiando-se e gerando crises e desarmonias violentas, ou o próprio Estado teria de soçobrar destruído pela massa nos seus movimentos de reivindicações'.
>
> As agitações, a pregação da Igreja, a palavra dos estudiosos faziam compreender, mesmo aos que, por interesses pessoais, se deviam opor às pretensões dos trabalhadores, que estes tinham direito à vida e que ao Estado cabia velar por eles. Reconhecia-se que o dever da prestação do salário não se podi resumir ao pagamento de algumas moedas que apenas permitissem não morrer rapidamente de fome; que o trabalho excessivo depauperava a saúde do operário e que isso impediria a existência de um povo fisicamente forte; compreendia-se que a velhice, a invalidez e a família do trabalhador deveriam ser amparadas, porque ele poderia melhor empregar sua capacidade produtora tendo a certeza de que, à hora amarga da decrepitude, do infortúnio ou da morte, velava por ele e pelos seus o Estado, através de uma legislação protetora (VIANNA, 2003, p. 40-41).

Havia uma premência, uma luta que não havia de ser postergada. As fábricas mudaram o ambiente das cidades e forçaram que as ideais de liberdade, de segurança e da garantia da propriedade fossem complementadas por outras novas, que proporcionassem o cidadão sobreviver e ser feliz por gozar alguma dignidade.

A massa de excluídos, dessa maneira, passou a disputar o seu lugar na estrutura do Estado. Entre os muitos movimentos, pode-se indicar a fundação da Liga Comunista, cujo manifesto foi escrito por Karl Marx e Friedrich Engels. A propósito, cabe rememorar que Engels era filho de próspero proprietário de indústria têxtil, mas suas ideias o colocaram ao lado da causa proletária na companhia de Marx.

É verdade que não se percebe um movimento uniforme dos trabalhadores, nem sempre vencedor, tampouco se pode deixar de consignar que os acontecimentos não seguem uma lógica temporal[15]. Mas é certo que a causa proletária contribuiu para a conquista dos direitos sociais, que vieram a se afirmar depois de décadas e décadas de disputa, num mundo assombrado com a Primeira Guerra Mundial e com a Revolução Russa.

Era a hora de colocar em salvaguarda alguns direitos sociais, até porque dependiam os Estados dos operários para ocupar as linhas de frente da batalha. Eram eles necessários para afirmação do Estado-nação e dos seus postulados. Assim, por razões práticas, tiveram que existir concessões. Isso, entretanto, não significa e nem poderia significar, rompimento com a individualidade que permeou os postulados do Estado Liberal.

O Estado Social, todavia, procura conciliar a proteção da esfera individual com a salvaguarda da coletividade e os seus altos interesses. Isso implica dizer que o Estado, antes voltado para a promoção das garantias individuais de conteúdo econômico, deve se concentrar também na

---

[15] Karl Marx e Friedrich Engels, a propósito, em 1872, no prefácio da primeira edição do Manifesto do Partido Comunista afirma que, desde a fundação da Liga Comunista, os trabalhadores tinham obtido progresso na sua pauta de reivindicações.
Veja-se: "*Embora as condições tenham mudado muito no curso dos últimos vinte e cinco anos, os princípios gerais expostos neste Manifesto conservam, ainda hoje, em suas grandes linhas toda a sua exatidão. Seria necessário rever, aqui e acolá, alguns pormenores. O próprio Manifesto explica que a aplicação prática dos princípios dependerá sempre e em toda parte das circunstâncias históricas existentes e, por conseguinte, não se deve atribuir demasiada importância às medidas revolucionárias propostas no fim do segundo capítulo. Esta passagem seria redigida, hoje, sob muitos aspectos, de modo bem diferente. Em vista dos imensos progressos da grande indústria nos últimos vinte e cinco anos e dos progressos paralelos que realizou, em sua organização como partido, a classe operária; em vista das experiências práticas, primeiro da Revolução de Fevereiro, depois e principalmente da Comuna de Paris que, durante dois meses, pela primeira pôs nas mãos do proletariado o poder político, este programa se tornou antiquado em determinados pontos*" (MARX, 2009, p. 15-16).

concreção do bem-estar coletivo, que se fez suprimido pelo surgimento e ascensão da fábrica e pelo crescimento desordenado das cidades[16].

Nesse aspecto, cabe salientar que a degradação do meio ambiente do trabalho funcionou como móvel para boa parte da pauta de reivindicações da classe operária. Coube aos que se viam violados na sua dignidade, a reação em face dos abusos que o liberalismo ocasionou.

A fábrica, a invenção moderna, trouxe cenário de precarização do trabalho e das condições das cidades. A intervenção estatal, dessa sorte, conquistada por um longo e penoso esforço coletivo, se tornou imperiosa, para que não houvesse uma convulsão social proporcionada por aqueles espoliados pelo capital e pelo poderio burguês.

Sônia Maria Fleury Teixeira, ao elencar a pretensão dos liberais burgueses, confirma que os problemas sociais surgiram com a nova forma de produção e que a burguesia resistiu o tanto quanto pode para evitar a intromissão do Estado nos assuntos econômicos:

> No entanto, o credo liberal defendido pela burguesia restringia estas noções de igualdade e liberdade às funções econômicas necessárias ao estabelecimento do sistema de trocas de mercadorias. Neste sentido, a cidadania não incluía a igualdade e liberdade relativas ao gozo dos direitos políticos e sociais para toda a população. Ao contrário, a proteção estatal relativa aos problemas sociais que surgiram com as mudanças decorrentes da nova forma de produção (urbanização, pauperismo, desamparo) foi vista pelos liberais como uma intervenção nefasta do Estado, com sérias consequências para a auto-regulação do mercado (TEIXEIRA, 1986, p. 121).

---

[16] Paulo Bonavides, em sua *Teoria do Estado*, ao comentar sobre a essência e os desafios do Estado Social assinala a sua complexidade e a acepções pluralista, democrática, econômica, social, conservadora e concretizadora da igualdade e da justiça social. Por isso, proclama "*O Estado social é hoje a única alternativa que a democracia ocidental, a nosso ver, ainda possui; a aspiração máxima dos juristas da liberdade perante a opção negativa e fatal de uma sociedade repressiva e totalitária*" (BONAVIDES, 2008, p. 355).

A partir do rompimento com o modelo burguês de Estado, os direitos sociais permitiram o incremento de outros direitos, a exemplo dos direitos políticos. Sônia Fleury Teixeira pontua, por oportuno, a contar da superação do individualismo burguês, a conquista dessas novas categorias de direitos:

> O desenvolvimento dos direitos civis se deu por adição de um novo componente que rompia com a associação entre direito civil e individualismo, qual seja, o direito de associação e organização. Assim, os direitos políticos foram conquistados na luta pelo sufrágio universal (masculino) e pela sindicalização, rompendo a concepção liberal clássica na qual o direito político não era um direito natural mas concedido àqueles que o merecessem.
>
> Foi o rompimento com o individualismo burguês que permitiu a intervenção estatal na garantia dos direitos sociais. Mas como o mercado nunca foi capaz de dar conta da questão da reprodução da força de trabalho, conformaram-se distintas modalidades de· proteção estatal ao longo dos três séculos que vão da garantia dos direitos civis à conquista dos direitos sociais (TEIXEIRA, 1986, p. 123).

Os interesses econômicos cederam à uma concepção mais ampla de sociedade, sobretudo depois que o mundo vivenciou os horrores das duas grandes guerras. Nesse momento, notadamente a partir da segunda metade do século XX, o direito e a sociedade passaram por profundas mudanças, de modo a se estabelecer mecanismos e compreensões que deveriam concretizar direitos e garantias individuais e coletivas que, hoje, estão a figurar nas constituições das nações democráticas.

Pode-se citar a edição do *welfare state* – o Estado do bem-estar social, cuja premissa se assentaria na ideia de segurança e bem estar-coletivo baseados em preceitos supostamente universais, porquanto não mais se poderia permitir que o mundo, especialmente o continente europeu, se visse mergulhado em guerras colossais, cujas tragédias humanas, sociais e econômicas são incalculáveis e marcaram divisões profundas no estrato social.

Para tanto, os Estados por meio de suas constituições, lançaram-se a fazer promessas de direitos que nunca poderia ser imaginado. É o que observa o professor de Havard, Samuel Moyn:

> O fato é que ainda compete indagar por que os cidadãos seguiram seus políticos – ignorando o pequeno apoio hipócrita que eles deram aos direitos humanos internacionais na década de 1940 – ao maciça e incondicionalmente optarem por alguma versão defensável do bem-estar nacional.
>
> Os cidadãos o fizeram com tamanho entusiasmo porque seus Estados-Nação estavam fazendo promessas sem precedentes que eram muito mais instigantes que qualquer tentativa de garantir os direitos humanos acima da nação. O bem-estar social atingiu seu auge, e, por conseguinte, em toda a região do Atlântico Norte os Estados investidos no período de guerra atingiram o auge histórico de sua funcionalidade para tempos de paz. Isso começou precisamente na década de 1940, quando diversos compromissos com o bem-estar social foram assumidos na região de democracia industrial, inclusive em terras que se tornaram comunistas. A questão que se destaca não era se o bem-estar social, mas, sim, qual tipo e em que quantidade se encontrava decisivamente no âmbito nacional. Como Gunnar Myrdal incisivamente explicou, olhando em retrospecto para esse extraordinário consenso, 'o Estado do bem-estar social é nacionalista' (MOYN, 2015, p. 237).

Como salienta o professor Samuel Moyn, a Declaração dos Direitos Humanos, que inauguraria o Estado do bem-estar social, nada mais é do que promessa de bem-estar nacional, pois era impossível admitir um único modelo cosmopolita, sobretudo depois do mundo experenciar os horrores da guerra entre países e povos com identidades tão diversas e aspirações completamente distintas.

Portanto, o que resta clarificado é a intenção de garantir a soberania das nações, e não o estabelecimento de direitos universais. Samuel Moyn ressalta essa afirmação:

> O cosmopolitismo da Declaração Universal precisa ser retornado a essa atmosfera, na qual a conclusão geral da Segunda Guerra Mundial foi que o desastre econômico subjazeu o conflito militar e garantir a libertação em relação à vontade se revelaria a chave para a libertação em relação ao medo. Provavelmente muitas das pessoas que ouviram falar da Declaração Universal e de sua ideia de direitos humanos entenderam-na tal qual ela se apresenta: 'o ideal comum a ser atingido por todos os povos e todas as nações', com os direitos econômicos e sociais figurando em sua plenitude. Em outras palavras, tratava-se de um modelo de bem-estar nacional. Para a maioria daqueles poucos que chegaram a contemplar o documento, tratava-se de um catálogo a ser consultado por todas as noções, em particular para fazer da proteção do bem-estar social a maior promessa da política coletiva. Entretanto, dizer isso é também reconhecer que essas promessas estavam mais prontamente disponíveis já no nível local e eram, de fato, objeto de velhas e novas disputas em 1948 (MOYN, 2015, p. 237-238).

Entretanto, embora o objetivo tenha sido a afirmação do postulado do Estado-nação, o documento permitiu a compreensão universal desses direitos de liberdade e de igualdade que se fizeram combinados para promover a paz, ou ao menos, a cessação do conflito.

O que não pode deixar de ser notado é que a importância da declaração para os dias hodiernos não é a mesma para aquele momento histórico. A leitura que hoje se faz decorre de seus antecedentes históricos e que conduz a uma linguagem universal dos direitos humanos.

Flávia Piovesan assinala:

> Considerando este contexto, a Declaração de 1948 introduz extraordinária inovação, ao conter uma linguagem de direitos até então inédita. Combinando o discurso liberal da cidadania com o discurso social, a Declaração passa a elencar direitos civis e políticos (arts. 3º a 21), como direitos sociais, econômicos e culturais (arts. 22 a 28).

> Ao conjugar o valor da liberdade com o valor da igualdade, a Declaração demarca a concepção contemporânea de direitos humanos, pela qual esses direitos passam a ser concebidos como uma unidade interdependente e indivisível (PIOVESAN, 1997, p. 158-159).

Sem dúvida, a declaração representa a consagração de um modelo de aspiração universal de direitos. Mas, essa linguagem, bem compreendida neste tempo, ainda precisa de concreção. A ideia da universalidade de direitos, estabelecida pela harmonização textual da liberdade e da igualdade, enfrenta o seu maior desafio – a figuração em belos textos constitucionais sem a correspondente realização na vida dos seus destinatários.

É antiga a aspiração de efetividade dos direitos fundamentais. Konrad Hesse, em sua obra intitulada "A força normativa da Constituição", produto de sua aula inaugural na Universidade de Freiburg em 1959, desde muito promovia essa assertiva.

Naquela época, Hesse pôs em xeque a teoria de Lassale que considerava a Constituição um mero pedaço de papel, posto que, na realidade, o texto sempre estava a se render ao poder da força.

Dizia Lassale que a Constituição real se fundava no poderio econômico, social, das forças armadas, intelectual, do capital, dos latifúndios – e, dessa maneira, a Constituição escrita se sucumbia a esses interesses preponderantes. E isso explica bem o quanto a instalação do Estado Social foi penosa, uma vez que a força do poder imperava sobre a força da Constituição.

Hesse, contra essa perspectiva, afirmava então, que a Constituição não se reduz a um pedaço de papel. É, antes de tudo, a afirmação dos valores históricos e da aspiração de um povo:

> A Constituição jurídica não significa simples pedaço de papel, tal como caracterizada por Lassale. Ela não se afigura 'impotente para dominar, efetivamente, a distribuição de poder', tal como ensinado por Georg Jellinek e como, hodiernamente, divulgado

> por um naturalismo e sociologismo que se pretende cético. A Constituição não está desvinculada da realidade histórica concreta do seu tempo. Todavia, ela não está condicionada, simplesmente, por essa realidade. Em caso de eventual conflito, a Constituição não deve ser considerada, necessariamente, a parte mais fraca. Ao contrário, existem pressupostos realizáveis (realizierbareVoraussetzungen) que, mesmo em caso de confronto, permitem assegurar a força normativa da Constituição (HESSE, 1991, p. 25).

Venceu a teoria de Hesse. A Constituição não é compreendida como um pedaço de papel. Para garantir a efetividade das normas constitucionais fora engendrada a teoria da efetividade que prepondera, em maior ou menor grau, nas democracias modernas. Sem a afirmação da eficácia, as normas constitucionais, notadamente as que preveem direitos sociais, são meras inserções românticas, singelas promessas de um ideal inatingível.

É dentro dessa perspectiva que a teoria da efetividade ganha relevância no Estado Social, que, contudo, carece de implementação, dada a grandiosidade dos desafios que se instalam por esse caminho de sua afirmação.

Mas é no Estado social da democracia que aposta Paulo Bonavides:

> O Estado social da democracia distingue-se, em suma, do Estado social dos sistemas totalitários por oferecer, concomitantemente, na sua feição jurídico-constitucional, a garantia tutelar dos direitos da personalidade.
>
> A Constituição francesa de 1946, tão prolixa na discriminação dos direitos sociais e tão sóbria respeitante aos direitos fundamentais e tradicionais, como direitos perante o Estado, juntamente com a Constituição de Bonn, que fundou, sem rodeios, um Estado social, denotam irrefragável preponderância da ideia social no constitucionalismo contemporâneo, mas nem por isso enfraquecem as esperanças de que esse princípio generoso e

> humano de justiça não se possa compadecer com a tese não menos nobre e verídica da independência da personalidade.
>
> Vencidos os escolhos que apontamos, o Estado social da democracia realizará esse equilíbrio (BONAVIDES, 2004, p. 204).

Entretanto, ainda vale a advertência de Konrad Hesse, de que as constituições não podem se arvorar em lançar promessas impossíveis de se cumprir. Devem em respeito à sua efetividade, para que não se tornem pedaços de papel, concentrar seus preceitos nas circunstâncias de tempo, nas possibilidades materiais, no caráter nacional e nas necessidades mais relevantes. Eis a lição:

> Definem-se, ao mesmo tempo, a natureza peculiar e a possível amplitude da força vital e da eficácia da Constituição. A norma constitucional somente logra atuar se procura construir o futuro com base na natureza singular do presente. Tal como exposto por Humboldt alhures, a norma constitucional mostra-se eficaz, adquire poder e prestígio se for determinada pelo princípio da necessidade. Em outras palavras, a força vital e a eficácia da Constituição assentam-se na sua vinculação às forças espontâneas e às tendências dominantes do seu tempo, o que possibilita o seu desenvolvimento e a sua ordenação objetiva. A Constituição converte-se, assim, na ordem geral objetiva do complexo de relações da vida (HESSE, 1991, p. 18).

Realmente, a Constituição deve representar os valores sociais, econômicos, culturais de um determinado povo, permitindo, entretanto, o seu desenvolvimento, com as inserções de novos, impostos pela realidade do tempo do seu estágio civilizatório. Se o texto constitucional se afasta dessa necessidade, corre-se o risco de acumular frustrações, ineficácias, promessas não cumpridas, inflações jurídicas, insinceridades.

Luís Roberto Barroso, a propósito, escreveu uma obra que se distingue por apresentar os problemas e os desafios para se concretizar o ideário constitucional brasileiro de 1988. Em meio aos trancos, retrocessos e avanços, a histórica constitucional brasileira está marcada por golpes militares, ditaduras, repetidas ameaças à estabilidade das instituições, renúncias, suicídio, impeachments, tudo isso a obstaculizar o amadurecimento democrático que o país carece.

Não foi por outro motivo que em 1988, o constituinte originário se viu movido a fazer promessas exageradas para prevenir o passado, olvidando o presente e antevendo um futuro que não se realiza. Mas, segundo Barroso, "*não é incomum a existência formal e inútil de Constituições que invocam o que não está presente, afirmam o que não é verdade e prometem o que não será cumprido*" (BARROSO, 2003, p. 61).

E nesse afã, o constituinte originário foi tentado a lançar minúcias, produzindo um texto reconhecidamente prolixo, repleto de pormenores que nele não poderiam constar. O que poderia ter sido considerado um texto com participação democrática, acabou por exigir repetidas reformas, que acabam por desestimular um sentimento constitucional e, via reflexa, acaba por tornar a Constituição cada vez menos efetiva.

Assinala Luís Roberto Barroso:

> Na acidentada trajetória institucional do Estado brasileiro, o elevado número de constituições – que conduz à média de uma a cada vinte anos – não diluiu sequer a quantidade de emendas e de remendos, de boa e má inspiração, que buscaram adaptá-las a um figurino cada vez mais disforme. A Carta de 1967, em cerca de vinte anos, viu-se esgarçada por 27 emendas. Nas primeiras edições desse livro, este era o exemplo utilizado para simbolizar a compulsão normativa aqui estigmatizada. Mas, na verdade, o pior ainda estava para vir: a Constituição de 1988, em pouco mais de uma década, sofreu mais de três dezenas de emendas, na estatística espantosa que supera duas modificações por ano (BARROSO, 2003, p. 47).

Entretanto, não pode essa constatação ofuscar a efetividade da Constituição. A luta que hoje se estabelece é pela efetividade de direitos fundamentais, mesclados pelas ideias de liberdade e de igualdade, que foram formatadas por séculos de lida, de disputas, de sacrifícios e composições que enfeixam a dignidade do homem.

Se é verdade que o direito é luta[17], então é verdade que o Estado Social trava repetidas batalhas na história para superar a tese do Estado--Nação, de modo a universalizar especialmente, a dignidade da pessoa humana enquanto pressuposto de todo e qualquer ordenamento jurídico.

Isso porque, como se viu, todas as conquistas do homem desde as Revoluções Francesas e Americana, ocorreram senão em virtude desse princípio universal que hodiernamente, expressa a necessidade de prestações positivas e negativas do Estado, a sua rigorosa observação entre particulares, Estados, órgãos públicos, pessoas jurídicas, coletividades.

A dignidade da pessoa humana, dessa sorte, é o fim último do Estado Social, e por isso mesmo, deve esse postulado orientar todos os demais direitos fundamentais[18]. É o que anuncia Ingo Sarlet ao proclamá-la como a razão de existir das forças estatais:

> Assim, como bem lembra Martinez, ainda que a dignidade preexista ao direito, certo é que o seu reconhecimento e a sua proteção por parte da ordem jurídica constituem requisito indispensável para que esta possa ser tida como legítima. Aliás, tal dignidade tem sido reconhecida à dignidade da pessoa humana que se chegou à sustentar, reescrevendo o conhecido e multicitado art. 16 da Declaração Francesa dos Direitos do Homem

---

[17] Em relação ao tema, Rudolf Von Ihering parece não ter dúvida: "*O elemento da luta que Herbart quer eliminar da noção do direito é, pelo contrário, o mais primordial e aquele que sempre lhe é imanente – a luta é o trabalho eterno do direito. Sem luta não há direito, como sem trabalho não há propriedade*" (IHERING, 1998, p. 87).

[18] Ingo Wolfang Sarlet corrobora a tese: "*Se, por um lado, consideramos que há como discutir – especialmente na ordem constitucional brasileira – a afirmação de que todos os direitos e garantias fundamentais encontram seu fundamento direto, imediato e igual na dignidade da pessoa humana, do qual seriam como que meras concretizações, por outro lado, é possível endossar a existência de uma relação forte (maior ou menor) entre os direitos e garantias fundamentais e a dignidade da pessoa humana. É que – em princípio e ainda que de modo e intensidade variáveis –, os direitos fundamentais e direitos humanos podem ser reconduzidos de alguma forma à noção de dignidade da pessoa humana, já que todos os direitos remontam à ideia de proteção e desenvolvimento das pessoas, de todas as pessoas, como bem destaca Jorge Miranda*" (SARLET, 2019, p. 97).

> e do Cidadão (1789), que toda a sociedade que não reconhece e garante a dignidade da pessoa não possui uma Constituição. Também por este motivo assiste inteira razão aos que apresentam a dignidade da pessoa humana como critério aferidor da legitimidade substancial de uma determinada ordem jurídico-constitucional, já que os fundamentos e objetivos e com a razão de ser do próprio poder estatal (SARLET, 2019, p. 96).

Considerando que a dignidade da pessoa humana é o fundamento primeiro do Estado – como aliás, demonstra a evolução do Estado Liberal até a sua passagem para o Estado Social, por conta especialmente, do esforço operário –, percebe-se que esse princípio universal é bastante para promover outras e igualmente importantes transições.

Por isso, não é desarrazoado proclamar uma terceira fase do Estado – a ambiental, marcada e movida pela construção de uma dignidade de bem estar associada à preservação do meio ambiente, e pela formulação de novos modelos de produção e consumo que permitam à humanidade manter as suas conquistas de liberdade e de igualdade.

Essa transição ocorre a olhos vistos, pois sob os padrões de consumo e de produção engendrados desde a Revolução Industrial, o homem e a sociedade estariam condenados a sacrifícios, privações e experiências até então desconhecidas.

Com efeito, a terceira fase do Estado, igualmente guiada pela promoção da dignidade da pessoa humana e fortalecida pelo Estado Democrático de Direito, deve ser consolidada e é nesse tema que o trabalho se ocupa no capítulo seguinte.

2

A AFIRMAÇÃO DO DIREITO FUNDAMENTAL AO MEIO AMBIENTE SADIO E A ASSERÇÃO DO ESTADO AMBIENTAL

O Estado moderno, ao longo dos séculos, tem se submetido a inúmeras transformações que, hodiernamente, o conduzem a uma nova realidade – a necessidade de asserção do seu conteúdo ambiental ao lado dos postulados liberais e sociais que constituem seus elementos essenciais.

Segundo visto, o Estado moderno nasceu das cinzas do absolutismo para afirmar os atributos da liberdade e a proteção da propriedade privada, notadamente dos burgueses. Essa consolidação de direitos, de conteúdo liberal, levou a sociedade, sobretudo o proletariado, a se submeter a condições de vida e de trabalho degradantes.

A partir disso, iniciou-se movimentos dos mais diversificados dessa massa de excluídos para conclamar do Estado a sua intervenção e assim, prescrever e garantir o que se denomina direitos sociais. É fato, que nesse processo outros direitos igualmente importantes foram reconhecidos, quais sejam os culturais, políticos e econômicos. Todos esses, entretanto, conformados em torno do valor substancial da dignidade da pessoa humana, que é o fundamento primeiro dos direitos humanos.

A assertiva se faz, porquanto a dignidade da pessoa humana é tratada como centro do ordenamento jurídico:

> O princípio da dignidade da pessoa humana tem sido compreendido também como uma espécie de direito a ter direitos, ou seja, como o direito fundamental de toda e qualquer pessoa humana ser titular de direitos fundamentais que assegurem e promovam justamente a sua condição de pessoa (com dignidade) no âmbito de uma comunidade (SARLET, 2019, p. 122-123).

Dessa maneira, a dignidade humana é o que move a existência e o conteúdo do Estado moderno. Não é por outra razão que uma constituição deve estar intimamente atrelada ao que se considera projeto de uma determinada sociedade, gestada a contar do que se consideram valores fundantes da dignidade daquele povo. E no nosso tempo, é indispensável que entre os direitos essenciais se encontre o meio ambiente assentado no topo das necessidades de observação contínua e progressiva.

Com efeito, a pauta ecológica, dentro das estruturas políticas e econômicas dos Estados, é das mais significativas e enseja a edição iterativa de legislações para adaptar o Estado e a sociedade a este novo tempo, pois se sabe que o tradicional modelo de produção e de consumo se encontra em seus estágios finais, dada a sua insustentabilidade. Ora, os sistemas produtivos existentes consomem os recursos naturais que não são renováveis e, por consequência, produzem toda sorte de poluição e consequências que podem colocar em xeque outros direitos que decorrem ou podem derivar desse processo de deterioração.

José Luiz Quadros de Magalhães e Jorge Fulgêncio Silva Chaves, oportunamente, reconhecem em razão desse esgotamento que se avizinha, o surgimento de novos direitos essenciais, em complemento aos direitos fundamentais já exaustivamente decantados:

> Torna-se imprescindível repensar toda uma forma de controle sobre a apropriação de recursos naturais, de convivência em sociedade e mesmo sobre os limites à ciência e à produção tendo em vista que há direitos irrenunciáveis que dizem respeito à própria sobrevivência de tudo e todos.
>
> O estudo aprofundado de cada um desses direitos elencados como essenciais daria um tratado. Assim, a seguir enumeramos

> estes direitos que serão estudados em outra obra. São fartos os exemplos de crimes perpetrados por corporações transnacionais e, na maioria das vezes, com desídia ou incapacidade de reação por parte dos Estados e de parte significativa da sociedade.
>
> a) Do direito ao ar atmosférico respirável;
>
> b) Do direito à água potável;
>
> c) Do direito ao alimento consumível;
>
> d) Do direito à luz solar;
>
> e) Do direito à reprodução. (MAGALHÃES, 2018, p. 174-175).

São novos direitos que se anunciam em meio ao emaranhado de situações geradas pelo estilo de vida que hodiernamente a sociedade está submetida. Porém, como se pode observar, todos esses estão interligados à promoção da qualidade de vida.

Dessa maneira, parece inequívoco que o conteúdo ambiental está irremediavelmente entrelaçado com a dignidade da pessoa humana. E se assim for, existe uma verdadeira simbiose entre a dignidade humana e a proteção ecológica. Não existe dignidade sem meio ambiente sadio; e não há proteção ecológica sem a afirmação da dignidade humana. São bens jurídicos, portanto, dependentes entre si.

O professor Antônio Augusto Cançado Trindade, na década de 1990, já evidenciava essa interdependência:

> Que a proteção do meio-ambiente e a proteção da pessoa humana se constituem prioridades inequívocas da agenda internacional hodierna é atestado pela grande mobilização internacional em torno de ambas, culminando na recente realização da Conferência das Nações Unidas sobre Meio-ambiente e Desenvolvimento (Rio de Janeiro, junho de 1992) e na convocação, em princípio para 1993 em Viena, da Conferência Mundial das Nações Unidas sobre Direitos Humanos. A história recente de muitos países está a revelar que não é simples casualidade o fato de que foi precisamente nos períodos de repressão política e regimes autoritários que ocorreram os mais graves atentados tanto contra os di-

> reitos humanos quanto contra o meio-ambiente. E a práxis está sugerir que, não raro e em distintas situações factuais, a luta pela proteção do meio-ambiente acaba se identificando em grande parte com a luta pela proteção dos direitos humanos, quando se tem em mente a melhoria das condições de vida (TRINDADE, 1993, p. 23-24).

Dentro desse contexto, vê-se que, movido pela dignidade da pessoa humana, o Estado moderno alcança uma terceira fase, a do Estado Ambiental, que pretende promover a conciliação entre o meio ambiente, o desenvolvimento e a salvaguarda das necessidades do homem.

Para corroborar com a asserção, faz-se preciso encontrar o caminho da afirmação do direito fundamental ao meio ambiente ecologicamente equilibrado, tanto no plano interno, quanto no âmbito internacional. É o que se pretende fazer.

O ambientalismo possui raízes antigas. Como se sabe, o conservacionismo e o preservacionismo ambientais surgiram no século XIX para defender a visão biocêntrica, fundada nas proposições iluministas e românticas da época.

Consta que os protecionistas vindicavam reservas ecológicas, ao passo que os conservacionistas objetivavam uma defesa mais específica para o meio ambiente urbano, desde que as cidades sofreram impactos significativos com o surgimento das fábricas. É o que revelam Sérgio Ulisses Silva Jatobá, Lúcia Cony Faria Cidade e Glória Maria Vargas em ilustrativo artigo:

> Dentro da visão biocêntrica abrigam-se as tendências do preservacionismo e do conservacionismo. Os primeiros grupos preservacionistas surgiram na Inglaterra na mesma época em que a ecologia florescia como ramo científico (MCCORMICK, 1992, p. 15).
>
> Os preservacionistas ou protecionistas defendiam a reserva de áreas territoriais específicas para a proteção integral da natureza. A partir de suas propostas são criados os primeiros parques nacionais, dentre eles o de Yellowstone, em 1872 nos EUA, o

> primeiro do mundo. O conservacionismo, por sua vez, fortaleceu-se na virada do século XX.É uma resposta à aceleração do processo de industrialização que, além da Inglaterra, disseminou-se também por outras nações europeias e tomou impulso nos EUA após a Guerra da Secessão. Embora com propostas muito semelhantes, preservacionistas e conservacionistas se diferenciavam pelo enfoque que os primeiros davam à criação de reservas naturais, enquanto os últimos se preocupavam também coma relação homem-meio ambiente no meio urbano (JATOBÁ, 2009, p. 51).

Roger Scruton, em sua *Filosofia Verde*, corrobora:

> Na Grã-Bretanha, o ambientalismo deita suas raízes no culto iluminista da beleza natural e na reação, no século XIX, contrária à Revolução Industrial, em que *tories* e radicais tiveram importância semelhante; ademais, o antagonismo inicial contra a agricultura industrializada teve apoio de socialistas de guildas como H. J. Massingham, *tories* como Lady Eve Balfour, gurus seculares como Rudolf Steiner e radicais excêntricos como Rolf Gardiner, que se valeu das ideais da esquerda e da direita e foi caracterizado (por Patrick Wright) como fascista (SCRUTON, 2016, p. 11-12)

É fato que os conservacionistas do século XIX constataram o rápido declínio das condições de higiene e de bem-estar das cidades. Com a vinda de mais e mais operários para os centros urbanos em busca de trabalho e de comida, a poluição passou a ser um grave problema social, sobretudo de saúde pública.

A desenfreada aglomeração de pessoas submetidas a condições miseráveis aumentava exponencialmente o risco e a proliferação de doenças. Por isso, a pauta higienista desse movimento propugnava pela estruturação sanitária de determinados bairros operários, marcados pelo superpovoamento e deixados à própria sorte (JATOBÁ, 2009).

A propósito, Manchester na Inglaterra, é exemplo paradigmático desse mundo em transformação. Consta que, nessa cidade, a Revolução

Industrial teve seus primeiros impulsos. A sua população saltou de 17 mil para 180 mil habitantes entre 1760 e 1830, num cenário dominado pelas chaminés das fábricas que se viam por todo canto daquela urbe enfumaçada.

Eric Hobsbawm faz o registro daquela realidade:

> Quem fala da Revolução Industrial fala do algodão. Quando pensamos nela, vemos, tal como os estrangeiros que visitavam a Inglaterra, a nova e revolucionária cidade de Manchester, cuja população decuplicou entre 1760 e 1830 (de 17.000 para 180.000 habitantes), onde 'observamos centenas de fábricas com cinco ou seis pavimentos, cada qual com uma chaminé colossal a seu lado, exalando negro vapor de carvão'; a cidade que proverbialmente pensava hoje o que a Inglaterra iria pensar amanhã, e que deu seu nome à escola de Economia Política liberal que dominou o mundo (HOBSBAWM, 1969, p. 53).

Das consequências mais funestas da Revolução Industrial, então, ocorreram elementos para a construção das bases do ambientalismo, porquanto foi naquele momento histórico que o seu gérmen foi espalhado, haja vista que as cidades e a condições de trabalho e de vida foram precarizadas pela assunção e consolidação das fábricas.

Pari pasu, havia o movimento dos protecionistas, que fazia culto às belezas naturais. E conforme já destacado, esse pensamento contribuiu para a instalação de inúmeros parques nacionais ao longo dos séculos XIX e XX. Ingo Sarlet e Tiago Fensterseifer dão exemplos nos Estados Unidos e no Brasil:

> A criação de áreas naturais protegidas traduz a ideia de 'conservação' dos recursos naturais, caracterizando os primeiros indícios do aparecimento de valores relacionados à proteção da Natureza nas sociedades modernas. A título de exemplo, podemos citar o caso dos parques nacionais nos Estados Unidos da América (EUA) ainda no século XIX, como o Hot Springs National Park (1832), no Estado de Arkansas, o Yosemite National Park

> (1864), localizado nas montanhas da Serra Nevada, no Estado da Califórnia, o Yellowstone National Park (1872), localizado nos Estados de Wyoming, Montana e Idaho, e o Andirondack Public Park (1885), situado no Estado de Nova Iorque. No Brasil, com certo traço conservacionista, tem-se, no ano de 1808, ainda no período pré-imperial, a criação do Jardim Botânico do Rio de Janeiro (apontado por alguns como a primeira unidade de conservação em território nacional). Quase um século depois, já sob influência do movimento conservacionista, foi criada primeira reserva florestal brasileira, o que se deu no Estado do Acre (à época apenas território), no ano de 1911, por meio do Decreto 8.843, de 26 de junho daquele ano (SARLET, 2014, p. 70).

Ressalte-se que a instalação do Parque de Yellowstone influenciou a criação de outros tantos. Cogita-se que os norte-americanos, após a independência da Inglaterra, movidos pelo romantismo e pelo pensamento de cientistas que estudavam a natureza, passaram a elegê-la como seu grande monumento em contraposição aos da sua antiga sede europeia.

É o que apontam José Luiz de Andrade Franco, Gilberto de Menezes Schittini e Vivian da Silva Braz:

> Os primeiros europeus a chegarem no continente americano hostilizavam as florestas nativas devido às ameaças, reais ou míticas, que elas representavam. Entretanto, ao longo do século XIX, por influência do transcendentalismo romântico, começou a emergir, entre alguns artistas e intelectuais norte-americanos, uma valorização e apreciação estética das paisagens naturais.
>
> O divino passou a ser reconhecido na natureza selvagem (wilderness) e a felicidade e o bem-estar dos humanos passaram a ser entendidos como entrelaçados com uma vida simples e mais próxima da natureza (NASH, 2014, RUNTE, 2010). Essa significativa mudança na percepção da natureza e das paisagens silvestres tem raízes, também, nos avanços das ciências naturais nos séculos XVIII e XIX. Os trabalhos de Carl Von Linné (1707–1778), Charles Darwin (1809 – 1882) e de Alfred

> Russel Wallace (1823-1913) estimularam a curiosidade, o respeito e uma responsabilidade moral pela natureza (MCCORMICK, 1992; NASH, 2014).
>
> Outro evento importante que marcou uma mudança de postura em torno das florestas e ambientes naturais nos EUA foi a sua independência da Inglaterra. Intelectuais norte- americanos justificaram a liberdade da colônia e enfatizaram as perspectivas do jovem país ressaltando aspectos culturais que o distinguissem da antiga metrópole européia. Como os norte-americanos não tinham um patrimônio histórico, artístico e arquitetônico comparável ao da Europa, as paisagens naturais selvagens deixaram de ser vistas como algo negativo e passaram a ser defendidas como 'monumentos' naturais importantes para a afirmação da cultura e da identidade nacional norte-americanas (NASH, 2014, RUNTE, 2010) (FRANCO, 2015, p. 235-236).

Assim, estabelece-se os primeiros passos do ambientalismo, embora ainda embrionário, disforme, muito distante do modelo atual de proteção ecológica que busca arrimo na experiência política, humana e nas evidências científicas que salientam a importância de sua implementação.

Com efeito, somente a partir da segunda metade do séc. XX é que as questões ambientais encontram fulcro na ciência, e assim, conquistam um *status* até então não considerado[19].

---

[19] Sérgio Ulisses Silva Jatobá, Lúcia Cony Faria Cidade e Glória Maria Vargas destacam a assertiva: *"A visão ecológica, que se fortaleceu a partir da segunda metade do século XX, difere da biocêntrica por dar um tratamento mais científico às questões ambientais, afastando-se da postura mais romântica dos primeiros ambientalistas. O contexto socioeconômico era o do amadurecimento e a consolidação do fordismo como regime de acumulação. O mundo vivia o boom econômico do período pós-guerra e o fordismo e o taylorismo impunham uma nova escala à produção industrial. A produção e o consumo de massa, baseados no uso intensivo do petróleo e da eletricidade como fontes energéticas, geraram uma mudança radical no uso dos recursos naturais e nos seus efeitos ambientais. O uso militar da energia atômica e desastres ambientais como os do Dust Bowl nos anos de 1930, nos Estados Unidos; Donora na Pensilvânia USA (1948); o smog londrino de 1952; a contaminação da baía de Minamata, no Japão (1956) e outros, alertavam para os grandes riscos das atividades potencialmente poluidoras para o homem e para o meio ambiente"* (JATOBÁ, 2009, p. 52).

É preciso destacar que a salvaguarda ambiental, na verdade, veio sendo desenvolvida dentro da noção do Estado Liberal e do Estado Social, embora muitas vezes, como tema implícito e absorvido pela ideia de dignidade humana.

O assunto, portanto, somente com o decorrer dos anos encontrou identidade própria e respaldo científico, conforme a evolução do conhecimento e da sociedade. E consoante se verá, a sua existência perpassa pela conquista de outros direitos também decorrentes da promoção da dignidade. E dentro desse contexto, a Declaração dos Direitos Humanos de 1948[20] é um documento simbólico, pois traz para a ordem internacional uma ética universal baseada, senão, na afirmação de uma dignidade para o ser humano[21] – um valor mutável

[20] A observação de Flávio Piovesan e Fábio Rezende Braga são relevantes para destacar a importância da Declaração de 1948 para o nosso tempo: "*A Declaração de 1948 vem inovar a gramática dos direitos humanos ao introduzir a chamada concepção contemporânea de direitos humanos, marcada pela universalidade e indivisibilidade desses direitos. Universalidade, porque clama pela extensão universal dos direitos humanos sob a crença de que a condição de pessoa é o requisito único para a titularidade de direitos, considerando o ser humano como um ser essencialmente moral, dotado de unicidade existencial e dignidade, esta última como valor intrínseco à condição humana. Indivisibilidade, porque a garantia dos direitos civis e políticos é condição para a observância dos direitos sociais, econômicos e culturais e vice-versa. Quando um deles é violado, os demais também o são. Os direitos humanos compõem, assim, uma unidade indivisível, interdependente e inter-relacionada, capaz de conjugar o catálogo de direitos civis e políticos com o catálogo de direitos sociais, econômicos e culturais. Sob essa perspectiva integral, identificam-se dois impactos: a) a inter-relação e a interdependência das diversas categorias de direitos humanos; e b) a paridade em grau de relevância de direitos sociais e de direitos civis e políticos*" (PIOVESAN, 2016, p. 312).

[21] Observação lúcida de Bruno Torquato e Émilien Vilas Boas sobre a dignidade humana: "*Por isso, a dignidade não pode ser avaliada somente como condição natural do ser humano, pois há um aspecto importante na sua constituição que é obscurecido pela naturalização: o aspecto cultural. A 'dignidade é, antes de tudo, uma construção histórico-social, resultante de diversas gerações'. Por isso, pode-se mesmo afirmar a universalidade da dignidade, mas não do seu conteúdo, pois o 'digno' depende de aspectos sociais diversos, manifestados por religião, temporalidade, ideologia política e econômica. E, dentre os quais, manifesta-se também uma dimensão ecológica, que considera o espaço de desenvolvimento da personalidade, com todos os riscos envolvidos. A construção da pessoa é processo*

segundo uma série de fatores sociais, políticos, culturais, religiosos, econômicos e ambientais.

Essa declaração, então, protege os valores éticos e morais do Estado-nação e induz uma ordem de dignidade extramuros. Estava, destarte, preparada a argamassa para o direito ao meio ambiente ser erguido sob o rótulo de um direito humano fundamental.

A década de 1960, enfim, se torna o palco para a construção do alicerce do ambientalismo moderno. Naquele período, a degradação ambiental apresentava sinais mais claros, depois de anos e anos de Revolução Industrial e de suas nefastas consequências – a poluição e a precarização dos centros urbanos[22].

Naquele ensejo, Rachel Carson, uma destacada bióloga, lança sua obra *Primavera Silenciosa* e consegue chamar a atenção para o uso desenfreado de substâncias tóxicas (agrotóxicos), extremamente nocivas aos insetos, aves e ao meio ambiente em geral.

O livro de Carson se dedica a denunciar o silêncio da primavera[23] ocasionada pelo uso de substâncias químicas venenosas para o controle

---

constante, logo sua dignidade também se faz em um percurso de inter-relações que moldam sua subjetividade, sua visão de mundo, sua autonomia" (NAVES, 2019, p. 159-160).

[22] Segundo anota Leandro Dias de Oliveira, geólogo da UFRRJ, as principais obras do ambientalismo são: "*Ao percorrermos a história recente do ambientalismo, logo notaremos que não são poucas as obras que produziram grande impulso nos debates internacionais sobre a temática. Além de Silent Spring (1962), de Rachel Carson, podemos destacar que trabalhos como 'This Endangered Planet' (1971), de Richard Falk e 'Blueprint for Survival' (publicado em janeiro de 1972 pela revista inglesa The Ecologist), e ainda os ensaios e livros de Garrett Hardin, como 'Exploring New Ethics for Survival' (1962) e 'The Tragedy of Commons' (1968) (LAGO, 2007: 28-30), foram obras importantíssimas para a consolidação da problemática ambiental em escala global*" (OLIVEIRA, 2012, p. 73).

[23] Cria-se uma fábula da Primavera Silenciosa e, diante tanta poluição, o mundo se torna silêncio na primavera: "*Havia uma estranha quietude. Os pássaros, por exemplo – para onde tinham ido? Muitas pessoas falavam neles, confusas e inquietas. Os alimentadores de pássaros nos quintais estavam desertos. Os poucos pássaros que se viam estavam moribundos; tremiam violentamente e não conseguiam voar. Era uma primavera sem vozes. Nas manhãs que outrora palpitavam com o coro de pintarroxos, tordos, pombas, gaios, carriças e diversas vozes de outros pássaros, agora não havia nenhum som. Apenas o silêncio pairava sobre os campos, bosques e pântanos*" (CARSON, 2018, p. 21).

de determinados insetos, que todavia, resultava no extermínio de aves e de outros tantos insetos benéficos para a agricultura. O caminho proposto por ela passaria necessariamente pela compreensão dos organismos vivos, a fim de que o controle fosse biológico e não químico[24].

Ingo Salert e Tiago Fensterseifer explicam o contexto em que fora publicada a obra e os seus impactos que balançaram a opinião pública, desnudando a urgência de uma consciência ambiental:

> O contexto histórico em que Carson escreveu sua obra coincide com o momento do surgimento do movimento ambientalista em algumas partes do mundo, notadamente nos Estados Unidos e na Alemanha. As ideias transmitidas por sua obra e a forma combativa como as defendeu lançaram a semente do que se tornaria uma verdadeira revolução social e cultural, alcançando, mais tarde, também os universos político e jurídico. O seu livro projetou para o espaço público o debate a respeito da responsabilidade da ciência, dos limites do progresso tecnológico e da relação ser humano e natureza. Embora o livro de Carson situar-se no espectro da questão da poluição por substâncias tóxicas – diga-se de passagem, ainda hoje central na crise ambiental –, a sua reflexão extrapola tal perspectiva e alcança a questão ecológica de modo amplo (SARLET, 2014, p. 75).

A obra de Carson é histórica e projeta para o público a necessidade de encarar o meio ambiente de forma diferente, sem as paixões meramente românticas e de adoração à natureza como se fosse um fim em si mesma. Fazia-se oportuno censurar algumas condutas humanas e sobretudo, alguns métodos de combater o que se considerava pragas na agricultura, notadamente numa sociedade pós-guerra que via explodir

[24] As consequências dessa guerra química contra os insetos geraria as seguintes consequências: "*O controle de pragas por meio de produtos químicos em uma floresta é, na melhor das hipóteses, uma medida tapa-buracos que não proporciona nenhuma solução real; na pior das hipóteses, mata os peixes dos rios, cria pragas de insetos e destrói os controles naturais e aqueles controles que talvez estejamos tentando introduzir*" (CARSON, 2018, p. 249).

sua população e a sua indústria. A coexistência entre a atividade agrícola e o cuidado com o meio ambiente era algo a ser promovido, e a ciência tinha que reconhecer certos limites.

Nessa mesma década de 1960, surgem nos Estados Unidos grupos de defesa ecológica e leis são editadas para preservar recursos naturais. Ingo Sarlet e Tiago Fensterseifer fazem o registro:

> Em parte como resposta à contestação social sobre a poluição ambiental propugnada pela obra de Carson, mas também pelo surgimento de inúmeros grupos ecológicos na sociedade norte-americana, o Governo norte-americano, na década que seguiu a publicação do livro, editou alguns dos diplomas legislativos ambientais mais significativos, e que se confundem com o próprio surgimento do Direito Ambiental norte-americano (e mesmo mundial, em perspectiva comparada), conforme trataremos a frente. É o caso, entre outras legislações, da Lei de Política Nacional do Meio Ambiente (National Environmental PolicyAct), de 1970, da Lei do Ar Limpo (Clean Air Act), de 1972 (SARLET, 2014, p. 75).

A poluição[25], todavia, dominava a pauta da proteção ecológica. Isso porque se experenciava ao lado do que se denominava progresso, os efeitos nocivos causados ao meio ambiente[26]. Nesse período de

---

[25] Edis Milaré anota: "*O final da década de 60 foi o indicador de que o crescimento econômico e o processo de industrialização predatória estavam trazendo resultados desastrosos para o planeta. Preocupara com a poluição do ar, da água e do solo, com o acúmulo de dejetos e o surgimento de críticos da degradação ambiental, a Suécia propôs a ONU a realização de uma conferência internacional para discutir os principais problemas ambientais que já alcançavam uma dimensão global, relacionando-os a questões socioeconômicas, em especial à pressão do crescimento demográfico sobre os recursos naturais dos países pobres*" (MILARÉ, 2015, p. 1599).

[26] Hans Jonas, ao discutir os limites, desafios e contradições do progresso, destaca seus deletérios efeitos ao meio ambiente, notadamente quando se busca promover a alimentação de bilhões de seres humanos: "*O problema de como alimentar a crescente população mundial vem naturalmente em primeiro lugar, pois dele depende tudo o mais. Esse é o* locus *essencial da utópica 'reconstrução da natureza' de Bloch. Mas, mesmo sem utopia, a magnitu-*

anunciação de uma catástrofe, outrossim, foi publicada a Vingança de Gaia, de James Lovelock. Nessa obra, numa linguagem apocalíptica, o cientista procura demonstrar o quanto é grave a poluição[27] para o equilíbrio existente no planeta, equilíbrio esse que seria fundamental para proporcionar a vida.

Tinha-se um quadro desalentador e de urgência que foi realçado pelos *Limites do crescimento* (ou Relatório Meadows), que traz uma hipótese de desastre de proporções dantescas, caso não se obstasse o crescimento populacional e industrial.

Assim, no âmbito das Nações Unidas, o tema obteve notoriedade para alcançar a sua abrangência necessária. Em 1968, a Assembleia Geral das Nações Unidas convocou os seus membros para a Conferência sobre o Meio Ambiente Humano que se realizou em 1972, na cidade de Estocolmo na Suécia.

Essa conferência é considerada um marco na história do Direito Ambiental e confirma a internacionalização da salvaguarda ecológica. A pauta, contudo, estava em torno da poluição e do uso dos recursos naturais e restou construída sob o manto das advertências e admoestações da ciência – encartadas, especialmente, no Relatório Meadows

---

de da população planetária já requer, e seu crescimento é inevitável no futuro próximo (uma ou duas gerações) certamente exigirá mais ainda, o emprego maciço dos fertilizantes artificiais festejados por Bloch, que 'encorajam' o solo a multiplicar os seus frutos, ou seja, por causa do seu êxito biológico e do seu crescimento irresistível, a humanidade se vê forçada a adicionar produtos químicos à camada produtiva da crosta terrestre, conseguindo com isso apenas garantir a subsistência atual, um quadro que não é nada tranquilizador. As tecnologias agrárias de maximização têm impactos cumulativos sobre a natureza que mal começaram a revelar-se em âmbito local, por exemplo, na poluição química dos recursos hídricos e das águas costeiras (para o que contribuem as indústrias), com efeitos nocivos transmitidos pela cadeia alimentar. A salinização dos solos pela irrigação constante, a erosão provocada pela aragem dos campos, as mudanças climáticas decorrentes do desmatamento (e eventualmente até a diminuição do oxigênio disponível na atmosfera) são outros castigos advindos de uma agricultura cada vez mais intensiva e expansiva" (JONAS, 2011, p. 302).

27 LOVELOCK, James. A Vingança de Gaia. Rio de Janeiro: Intrínseca, 2006, p. 27-28.

– que anunciava uma realidade catastrófica se não fosse obstado o crescimento econômico e populacional do planeta[28].

O Brasil, acompanhado por outros países em desenvolvimento, impôs forte resistência à proposta. Não era razoável coadunar com a suspensão do crescimento econômico que o país sul-americano experimentava, tendo em vista que se vivia a fase do milagre econômico e era momento de deixar para trás o seu estigma de subdesenvolvimento e de produção restritivamente agrária.

Os *tigres asiáticos* também fizeram coro ao Brasil, e desse modo, conseguiram infirmar a proposição que se baseava nas conclusões científicas de um apocalipse que se aproximava em razão do uso irracional de recursos naturais, que por sua vez, redundava esgotamento e poluição ao meio ambiente.

---

28 "*Na Conferência de Estocolmo, foi proposta a moratória no crescimento econômico e populacional global. A ideia tinha o apoio dos países industrializados e se coadunava com a redução do crescimento econômico provocado pela crise energética e pela crise de hiperacumulação, mas era fortemente rejeitada pelos países em desenvolvimento, que naquele momento recebiam grandes investimentos externos e experimentavam altas taxas de crescimento.Argumentava-se que não seria possível vencer a pobreza sem crescimento econômico e que a pobreza era um problema mais grave do que a poluição ambiental. Apesar de o crescimento econômico dos países em desenvolvimento na década de 1970 não ter reduzido a pobreza, a postura deles fez com que a ONU, tentando conciliar os interesses conflitantes, começasse a preparar a tese que propunha o casamento do crescimento com a conservação ambiental. Essa veio ser a base do conceito de desenvolvimento sustentável, proposto no Relatório Brundtland e adotado oficialmente na Conferência do Rio, em 1992 (Pierri, 2001)*" (JATOBÁ, 2009, p. 56).

O Relatório Meadows foi o objeto de discussão dessa Conferência, pois havia a proposta de suspender o crescimento populacional e a o desenvolvimento no planeta em face das projeções que se fazia em relação a um futuro tenebroso da terra. Porém, como observa Leandro Oliveira, o relatório, por sua proposição, coloca os países ricos e os em subdesenvolvimento em posições antagônicas: "*Em relação ao fato do 'Limites do Crescimento' ter se tornado a 'âncora' daConferência das Nações Unidas sobre Meio Ambiente Humano [Estocolmo, 1972], éimportante asseverar que não foi possível encontrar neste estudo uma ideia-forçacapaz de aproximar os interesses dos diferentes conjuntos de países, de servir demotor para os acordos da Conferência de Estocolmo, o que explica os desencontrosdesta conferência marcada pela grave cisão Norte x Sul – os 'Países do Norte' propugnando o 'crescimento zero', enquanto os 'Países do Sul' apostavam no 'desenvolvimento a qualquer custo'*" (OLIVEIRA, 2012, p. 81).

Dessa forma, via-se a divisão construída entre os *desenvolvimentistas* e os *zeristas* que se apoiavam na tese de *desenvolvimento zero* formulada, como já se registrou, pelo Instituto de Tecnologia de Massachusetts (MIT)[29], por meio do Relatório Meadows.

Ademar Romeiro faz o apontamento:

> A controvérsia opondo desenvolvimentistas e 'zeristas' inicia-se com publicação do relatório preparado pelo casal Meadows, do MIT, sob os auspícios do chamado Clube de Roma, sobre os limites ambientais ao crescimento econômico (Meadows et al., 1972) cuja conclusão fora que o crescimento econômico precisava parar para se evitar que o esgotamento dos recursos naturais e a poluição provocassem uma queda brusca do nível de vida. A primeira Conferência das Nações Unidas sobre meio ambiente realizada em Estocolmo em 1972 foi palco dessa polarização tendente a gerar impasses. Essa conclusão chega num momento de forte crescimento econômico mundial, puxado pela recuperação do pós-guerra (os 'Trinta anos gloriosos') e a ascensão de alguns emergentes como os 'Tigres asiáticos' e o Brasil do milagre econômico. Por sua vez, a grande maioria dos países permanecia pobre, com dificuldades de iniciar um processo de crescimento econômico sustentado (ROMEIRO, 2012, p. 68).

---

[29] Sobre o relatório preparado pelo Instituto de Tecnologia de Massachusetts (MIT), Carlos Henrique Rubens Tomé Silva leciona: "*Na época, alcançou muita repercussão um relatório elaborado pelo Massachusetts Institute of Technology (MIT), no bojo do Projeto do Clube de Roma sobre o Dilema da Humanidade. Intitulado 'Limites do Crescimento', o documento segue nitidamente a linha neomalthusiana do pensamento ecológico. As conclusões do relatório foram, entre os diversos cenários possíveis, bastante pessimistas. O relatório destaca a enorme desigualdade entre os países do Norte (que representam a minoria da população do planeta, consomem a maior parte dos recursos naturais e desfrutam de melhor qualidade de vida) e os do Sul (onde milhões de habitantes sofrem com carências básicas, como a escassez crônica de alimentos). Embora o Clube de Roma tenha sido financiado e tenha recebido apoio de industriais e banqueiros, enfatizou que a produção industrial e a exploração dos recursos naturais precisavam ser revistas e até estagnadas. O ponto principal da proposta foi a defesa do crescimento zero, o que impossibilitava o desenvolvimento dos países mais pobres*" (SILVA, 2011, *online*).

O texto da Conferência de Estocolmo foi produzido dentro desse impasse. Ao passo que os países subdesenvolvidos ou em desenvolvimento não podiam concordar com a suspensão do crescimento, os países desenvolvidos propunham a moratória do crescimento.

O *desenvolvimento zero* não prevaleceu[30]. Mas restou da Conferência a implementação de algumas medidas que iriam ser importantes para a realização da Conferência do Rio, em 1992.

Entre essas iniciativas, editou-se a Declaração sobre o Meio Ambiente Humano, criou-se o PNUMA, Programa das Nações Unidas para o Meio Ambiente, e possibilitou a construção do Relatório *Brundtland* (ou Nosso Futuro Comum), sob os auspícios da Comissão Mundial sobre o Meio Ambiente e Desenvolvimento (CMED).

No âmbito internacional, consoante anotado, a edição do Relatório *Brundtland* altera, de forma substancial, o eixo da preocupação ambiental: na verdade, a degradação ambiental é que poderia ensejar o comprometimento do desenvolvimento, e não o contrário.

---

30 Não é, realmente, possível acreditar que a solução seria o desenvolvimento zero, porque os países pobres, ou em desenvolvimento, não tinham possibilidade de impedir a expansão da sua indústria, do seu comércio, enfim, das atividades que poderiam ser capazes de alavancar a qualidade de vida dos seus nacionais. Luís Roberto Barroso, em artigo publicado em 1992, expôs o drama dos países do Terceiro Mundo, mesmo com a proposição de desenvolvimento sustentável, se comparados com a situação dos países ricos do Norte: "*Como bem observado no relatório preliminar elaborado pelo Governo Brasileiro para a Conferência das Nações Unidas sobre Meio Ambiente e Desenvolvimento, 'além de sofrerem os efeitos negativos desses problemas, sem no entanto usufruir dos benefícios do desenvolvimento, os países do Sul são convocados a compartilhar a responsabilidade e o custo das medidas para atenuar a situação de crise'. O tratamento desta questão nos países do terceiro mundo tornou-se extremamente complexo, por exigir a compatibilização de fatores heterogêneos, a saber: crescimento econômico, desenvolvimento social e preservação ambiental. Este equilíbrio dificulta-se ainda mais por força da relação extremamente desigual entre o Norte e o Sul, marcada pela dominação mercantil (trocas comerciais), financeira (dívida externa) e pelo progressivo distanciamento tecnológico, agravado pelas dificuldades impostas no acesso a tais tecnologias. Os países ricos, na verdade, controlam os mercados mundiais, os fluxos de recursos, os preços e as finanças*" (BARROSO, 2015, p. 1004-1005).

No documento, ressalta-se que a qualidade de vida das pessoas é uma preocupação ecológica. Por isso, não é possível que a salvaguarda ambiental leve às pessoas, especialmente as que se encontram privadas do mínimo existencial, ainda mais miséria. Outrossim, assinala-se que o tamanho da população não constitui, por si só, um fator de risco, desde que exista distribuição equitativa dos recursos naturais.

Dentro desse contexto de aparente harmonização entre a proteção ambiental e a necessidade de desenvolvimento, notadamente das nações subdesenvolvidas, o relatório propõe o que hoje se denomina *desenvolvimento sustentável*[31] – uma romântica fórmula abstrata de afirmar a possibilidade da técnica e da ciência dominar a natureza para proporcionar a sua integridade e perpetuação.

Não obstante, é uma inovação em relação à tese do desenvolvimento zero. A percepção é de que o desenvolvimento não poderia ser suspenso, pois a tutela ecológica se encontra dentro do núcleo da dignidade humana. Dessa forma, a proteção ambiental também deveria se ocupar em garantir condições de vida digna para os seres humanos.

---

[31] Não obstante a construção do que se denominaria desenvolvimento sustentável, críticas são feitas pela sua conceituação fluída, genérica e que, na prática, não possibilita a completa conciliação entre desenvolvimento e salvaguarda ambiental. Leandro Oliveira explicita as fragilidades do texto de Nosso Futuro Comum: "*O Relatório Brundtland apresenta uma visão otimista, ao contrário do que apresentava a obra 'Limites do Crescimento'. Lança com esta perspectiva uma cortina de fumaça nas contradições e conflitos com a constituição de uma ideia capaz de preconizar um futuro comum para todos, através de uma estratégia de desenvolvimento dentro do sistema capitalista: o desenvolvimento sustentável. As catástrofes relatadas no documento, como a seca prolongada na África, os acidentes nucleares de Tchernobyl, um vazamento em uma fábrica de pesticidas na Índia e de produtos tóxicos no Rio Reno – todos de gigantescas proporções e vários óbitos – não abalaram a confiança da proposta de desenvolvimento sustentável, contida no Relatório Brundtland. Para José Carlos Barbieri (2007: 22), e também David Carvalho (2003: 197), o otimismo presente neste relatório baseia-se no entendimento de que a humanidade seria capaz de aprimorar suas atividades de acordo com os limites do planeta*" (OLIVEIRA, 2012, p. 83). Destarte, admite-se que a técnica, em um sistema capitalista, poderia ser capaz de colocar a proteção ambiental em sintonia com o desenvolvimento – o que não é bem verdade.

E, portanto, o desenvolvimento era necessário para a implementação desses objetivos. Sob essa perspectiva, em 1992, a ONU realiza no Rio de Janeiro, a Conferência das Nações Unidas sobre o Meio Ambiente e Desenvolvimento.

Muitos autores dedicados aos direitos humanos e ao direito ambiental consideram que a Conferência do Rio foi a que projetou de forma definitiva, o meio ambiente para o centro das preocupações sociais, políticas e econômicas do planeta. Antônio Augusto Cançado Trindade sustenta essa posição:

> Em sua resolução 44/228, de 22 de dezembro de 1989, pela qual decidiu convocar uma Conferência das Nações Unidas sobre o Meio Ambiente e Desenvolvimento em 1992, a Assembleia Geral das Nações Unidas reconheceu que o caráter global dos problemas ambientais requeria ação em todos os níveis (global, regional e nacional), envolvendo o compromisso e a participação de todos os países; a resolução afirmou ademais que a proteção e o fortalecimento do meio-ambiente eram questões de importância capital que afetavam o bem-estar dos povos, e singularizou, como uma das questões ambientais de maior interesse, a 'proteção das condições da saúde humana e a melhoria da qualidade de vida' (TRINDADE, 1993, p. 43).

E a Cúpula da Terra, então adotando a tese do relatório *Nosso Futuro Comum,* propõe programas globais de ação sobre o desenvolvimento sustentável, quebrando o paradigma de que meio ambiente e desenvolvimento seriam expressões inconciliáveis. Brundtland, em artigo, rememora essa assertiva:

> La Cumbre de la Tierra de 1992 y la Agenda 21, el programa global de acción sobre desarrollo sostenible, anunciaron um nuevo enfoque para el tratamiento de cuestiones medioambientales y de desarrollo. El término desarrollo sostenible, utilizado para describir estas iniciativas, capta la idea de una vía que dé respuesta a las necesidades de las personas preservando, al mismo

tiempo, las bases sociales, económicas y medioambientales de las que depende el desarrollo (BRUNDTLAND, 2002, p. 174)[32].

A fórmula do desenvolvimento sustentável dentro da conferência representou a alternativa para o apocalipse que se desenhava para a terra e para os homens.

Assim, a partir da Conferência do Rio, que foi capaz de reunir mais de uma centena de Chefes de Estado, o meio ambiente se firma, efetivamente, no plano internacional e com objetivos extremamente ambiciosos, especialmente em relação às mudanças climáticas.

Beatriz Souza Costa, em *Meio ambiente como direito à vida*, assinala os resultados da Cúpula da Terra:

> De forma objetiva, pode-se destacar, desses resultados, a criação de duas importantes convenções: a Convenção sobre Mudanças Climáticas, que naquela época foi assinada por 154 países, inclusive os Estados Unidos que, tendo em vista seus interesses comerciais, em 15 de junho de 2001, retirou-se do Protocolo de Kyoto, por não concordar com a redução dos níveis de emissões de CO^2 previsto no protocolo.
>
> Como resultado positivo, em 30 de maio e 4 de junho de 2002, as 15 nações da União Europeia e o Japão ratificaram o protocolo de Kyoto. O Brasil, no dia 23 de julho de 2002, tornou-se o 77º país a proteger o planeta contra as emissões de gases-estufa (COSTA, 2016, p. 47-48).

A Rio 92 propõe a redução dos gases de efeito-estufa. Isso implicaria, necessariamente, diminuição da atividade industrial – o que foi levado adiante pelo Protocolo de Kyoto, e mais recentemente, pelo Acordo de Paris.

---

[32] Tradução nossa: "*A Cúpula da Terra de 1992 e a Agenda 21, o programa de ação global sobre desenvolvimento sustentável, anunciaram um novo enfoque para abordar questões ambientais e de desenvolvimento. O termo desenvolvimento sustentável, usado para descrever essas iniciativas, capta a ideia de um caminho que responda às necessidades das pessoas, preservando, ao mesmo tempo, as bases sociais, econômicas e ambientais das quais depende o desenvolvimento*" (BRUNDTLAND, 2002, p. 174).

Com efeito, desde então, assomam-se conferências, tratados, programas e medidas em torno do meio ambiente, notadamente por iniciativa da Organização das Nações Unidas, por intermédio de seus órgãos constituídos para essa finalidade[33]. A proteção ecológica se tornou assunto que permeia todo o cenário internacional.

No plano interno, a afirmação do Estado Ambiental também está consolidada, e tal como alhures, convém desfilar o itinerário de sua asserção. O Brasil vivenciou alguns dos fenômenos que contribuíram para a afirmação do meio ambiente[34]. A partir da década de 1930, foram criados parques de proteção da natureza. O mais antigo é o Parque Nacional do Itatiaia, criado em 1937 pelo Governo de Getúlio Vargas por meio do Decreto 1.713, de 14 de junho, e está localizado na Serra da Mantiqueira, entre os Estados do Rio de Janeiro e Minas Gerais. A esse, em 1939, se seguiram a instalação dos Parques Nacional do Iguaçu (Estado do Paraná) e o da Serra dos Órgãos (Estado do Rio de Janeiro).

De forma fragmentária e difusa, havia legislação para proteger os recursos naturais, a exemplo do Código das Águas de 1934 (Decreto 24.643/1934), Código de Minas (Decreto-Lei 1985 de 1940), Código Florestal (Lei 4.771/1965), Lei de Proteção à Fauna (Lei 5.197/67), entre outras.

Depois da Conferência de Estocolmo foi criada a Secretaria Especial do Meio Ambiente (SEMA) por meio do Decreto 73.030 de 30 de Outu-

---

[33] No âmbito da Organização das Nações Unidas destaca-se o Programa das Nações Unidas para o Meio Ambiente – ONU Meio Ambiente.

[34] Raul Machado Horta advertia, contudo, que a preocupação com a natureza remontava as Ordenações Filipinas: "*As Ordenações Filipinas – compiladas por ordem de D. Philippe 1º, Rei de Portugal e dos Algarves, e, onze de janeiro de 1603, posteriormente confirmadas por Dom João, em 29 de janeiro de 1643, que ao título de 'Rei de Portugal e Algarves daquém e dalém mar', por graça de Deus, acrescentava que o Brasil entre os territórios do domínio lusitano abrangido pela Lei Confirmadora da Compilação Philipina – previam, no Livro Quinto, Título LXXV, pena severa ao que 'cortar árvore ou fruto', sujeitando o transgressor ao açoute e ao degredo para África por quatro anos e, se o valor de estimação ao dano fosse de 'trinta cruzados e dahi para cima', o infrator, dizia o implacável Livro Quinto, 'será degredado para sempre para o Brasil'*" (HORTA, 2010, p. 237).

bro de 1973, e anos mais tarde, em 1981, editou-se a Lei da Política Nacional do Meio Ambiente (Lei Federal 6.938, de 31 de agosto de 1981)[35], que estabeleceu salvaguarda ecológica de forma integrada e sistêmica.

Não se pode deixar de consignar a Lei Federal 7.347, de 24 de julho de 1985, que regula a Ação Civil Pública e entregou ao Ministério Público e a outros entes, a responsabilidade e a legitimidade para propor ações ambientais. Dotava-se a sociedade, dessa maneira, de instrumento processual para cobrar efetividade das normas protetivas da ordem ecológica.

Após o período de exceção foi discutida uma nova Constituição com bases fortemente democráticas, e dentro do texto foi inserido um capítulo especial dedicado ao meio ambiente, e o assunto foi ascendido ao âmbito de direito fundamental.

Trata-se de verdadeira revolução, pois a proteção do meio ambiente foi elencada não só no rol de obrigações estatais, mas igualmente no dever de ação de toda a coletividade. Isso resulta obrigação universal, que envolve rigorosamente, a todos sem distinção.

E mais: a Constituição ressalta a importância do meio ambiente em diversas passagens do seu texto, a ressaltar que a sua proteção é das mais relevantes. É o que observa Raul Machado Horta:

> A Constituição da República de 1988 promoveu incorporação do meio ambiente ao texto constitucional, em decisão que não encontra precedentes nas Constituições que a precederam no Direito Constitucional Brasileiro. As referências ao meio ambiente são abundantes e elas percorrem a Constituição em toda a sua exten-

---

[35] Antônio Herman Benjamin, sobre a Lei Federal 6.938/81, explicita: "*Indicando uma (re)orientação radical de rumo, aparece a Lei da Polícia Nacional do Meio Ambiente (1981), dando início à fase holística, na qual o ambiente passa a ser protegido de maneira integral, vale dizer, como sistema ecológico integrado (resguardam-se as partes a partir do todo) e com autonomia valorativa (é, em si mesmo, bem jurídico). Só com a Lei 6.938 de 1981, portanto, é que verdadeiramente tem início a proteção ambiental como tal no Brasil, indo o legislador além da tutela dispersa, que caracteriza o modelo fragmentário até então vigente*" (BENJAMIN, 2015, p. 46).

> são, desde os direitos individuais, em título localizado na abertura do documento, para findar no capítulo derradeiro da parte permanente da Lei Fundamental (HORTA, 2010, p. 241).

Realmente, o tema passa a obter um espaço especialíssimo no texto constitucional – o que reflete na ampla e iterativa produção legislativa infraconstitucional, a corroborar com a ascensão do Estado Ambiental. Em verdade, o conteúdo do Estado Democrático de Direito é eminentemente verde.

A contar de tudo isso, a agenda ecológica passou a figurar entre as mais importantes da pauta política, econômica e social. De lá para cá, foram editadas inúmeras leis que escancaram a assertiva.

Enumere-se algumas que exemplificam: Lei Federal 8.171/1991 (dispõe sobre a política agrícola), Lei Federal 9.433/1997 (institui a Política Nacional de Recursos Hídricos), Lei Federal 9.605/1998 (prevê os crimes ambientais), Lei Federal 9.795/1999 (dispõe sobre a educação ambiental, institui a Política Nacional de Educação Ambiental), Lei Federal 9.885/2000 (institui o Sistema Nacional de Unidades de Conservação da Natureza), Decreto 4.339/2002 (institui princípios e diretrizes para a implementação da Política Nacional da Biodiversidade), Lei Federal 11.105/2005 (Lei da Biossegurança), Lei Federal 11.284/2006 (dispõe sobre a gestão de florestas públicas), Lei Federal 11.445/2007 (estabelece diretrizes nacionais para o saneamento básico), Lei Federal 11.516/2007 (cria o Instituto Chico Mendes de Conservação da Biodiversidade – Instituto Chico Mendes), Lei Federal 12.187/2009 (institui a Política Nacional sobre Mudança do Clima), Lei Federal 12.305/2010 (institui a Política Nacional de Resíduos Sólidos), Lei Complementar 140/2011 (cooperação entre os entes federados para a proteção do meio ambiente), Lei Federal 12.651/2012 (Código Florestal), entre outras tantas.

A intensa produção legislativa experimentada desde a edição da Lei Federal 6.938/1981 demonstra que o Estado brasileiro alterou seu paradigma, estabelecendo ampla e irrestrita proteção sobre os bens de interesse ambiental.

Outrossim, essa alteração de modelo do Estado reflete uma profunda mudança no estrato social, nas organizações, na administração pública e no pensamento científico cada vez mais preocupado com as questões ecológicas, não obstante a falta de consenso sobre determinados temas, como é o caso do aquecimento global. A propósito, nessa encruzilhada se situa a divisão entre os céticos e os alarmistas, não obstante a constatação de problemas sociais decorrentes do exaurimento do modelo industrial.

Roger Scruton faz interessante abordagem sobre esse divisionismo:

> As mudanças climáticas levaram a questão do meio ambiente para outro patamar, acima da política tradicional, mostrando-nos um cenário catastrófico e tornando obsoletas as antigas formas de assegurar o bem comum. Políticas ambientais devotadas à reciclagem, à limpeza dos rios e à defesa dos esquilos mantêm o seu charme, inspiradas, nesse ou naquele ponto, em visões da OldEngland, da Dixieland, da Douce France. Enquanto isso, todavia, esses lugares estão fadados a desaparecer, por obra da elevação dos oceanos, ou mesmo sob o ardor calcinante dos raios solares. Os cenários mais sombrios, agora oferecidos e reavaliados diariamente, são tão completamente alarmistas que parecem desordenar todos os nossos planos e políticas; e enquanto o medo e a apreensão afligem pessoas de todas as tendências políticas, nenhuma filosofia ou ideologia parece conseguir oferecer a solução que todos anseiam (SCRUTON, 2016, p. 38).

E mais, admite que a ciência está permeada por interesses políticos e isso ocasiona certas conclusões direcionadas para fins inconfessáveis:

> É ingênuo supor que verdades inconvenientes serão facilmente aceitas por aqueles cuja visão de mundo será diretamente afetada (por essas verdades). Uma pessoa hostil às grandes corporações, ao industrialismo, ao consumismo e ao capitalismo 'selvagem' tenderá a achar que essas coisas nos levam à catástrofe, e que o pior será evitado com a radical mudança do nosso estilo de

> vida. Por outro lado, aquele que acredita no livre mercado e que talvez tenha investido parte de seu próprio capital nesse mercado ficará tentado a acreditar que não é essa a causa do aquecimento global, e que as previsões foram exageradas (SCRUTON, 2016, p. 41).

Nesse embate científico, o cidadão se vê compelido a escolher uma ou outra hipótese, ainda que não tenha nenhuma condição de fazer escolha livre e desapaixonada, até porque lhe falta conhecimento para tanto.

Há também, aqueles cientistas de pensamento mais moderado, que reconhecem a necessidade de monitorar o clima, pois em verdade, nesse caso, a ciência ainda é neófita[36].

Essa discussão em torno do clima (que é decisiva, pois é através desse tema que a sociedade haverá de se conscientizar ambientalmente) e por conseguinte, sobre a forma de organização social, da sua produção e de consumo, evidencia que a temática ambiental passou a ocupar o centro do poder e as preocupações globais.

Isso porque, seja qual for a conclusão da ciência, é inegável que a atuação antrópica modifica a natureza, e no atual estágio da civilização, qualquer ação humana especialmente para alimentar o povo e satisfazer as necessidades de consumo, indústria e de comércio de uma população que cresce de forma acentuada, produz interferência relevante. Mas, por outro lado, não há dúvida que a dignidade da pessoa humana está a depender do uso de recursos naturais para se estabelecer e se efetivar enquanto direito fundamental.

---

[36] Roger Scruton faz o registro: "*Respostas de pensadores mais moderados, como Tony Giddens (mais à esquerda), em The Politics of Climate Change, e Kenneth P. Green (mais à direita), em Plain English Guide to the Science of Climate Change, reconhecem o fenômeno e a necessidade de monitorá-la para que possamos compreender as causas e fazer o que pudermos para retificar os seus piores efeitos. Mas esses pensadores concordam que a ciência ainda está engatinhando e que não podemos predizer, com certeza, o que acontecerá se os seres humanos continuarem a descarregar na atmosfera as quantidades atuais de gases do efeito estufa*" (SCRUTON, 2016, p. 46).

Aliás, não se pode deixar de registrar que a qualidade de vida dos cidadãos (e de IDH dos países) está baseada no uso de recursos naturais que são finitos. É o que explicam Carlos Afonso Nobre, Júlia Reid e Ana Paula Soares Veiga:

> Na verdade, o modelo do desenvolvimento socioeconômico tradicional sempre foi muito focado em aumentar a qualidade de vida e levar um país ao desenvolvimento social avançado, contando com recursos naturais inesgotáveis e sem pensar nas externalidades ambientais deste modelo de crescimento econômico. Esse era o único paradigma levado em conta. Pois reside em mudar tal paradigma de desenvolvimento o grande desafio. Fazer com que os países alcancem o desenvolvimento sem comprometer a sustentabilidade ambiental do planeta Terra e fazer com que os países desenvolvidos se mantenham com alto desenvolvimento humano, mas diminuindo brutalmente a pegada ecológica. Às vezes as pessoas têm certa inocência de acreditar que é possível para esses países chegar a algum ponto de desenvolvimento e continuar lá para sempre, sem nenhuma mudança de comportamento de consumo. Não é. Os recursos naturais são finitos (NOBRE, 2012, p. 36-37).

Há constatações que não podem ser negadas. E duas delas são justamente a finitude dos recursos naturais e os significativos impactos que a atividade antrópica exerce sobre eles. Quanto maior a população, quanto maior o nível de desenvolvimento, maior será a pressão sobre os recursos naturais. Isso é inegável, pelos menos no modelo socioeconômico que permanece e prepondera no planeta.

Por essa razão é que eclodem aqui e acolá inovações científicas e tecnologias verdes que, cada vez mais, buscam minorar os impactos ao meio ambiente. É o que atualmente se denomina economia verde:

> Apesar da falta de consenso sobre o que caracteriza uma economia verde, a transição do modelo econômico, com base no

> sistema de produção tradicional para o de uma economia verde, não é uma opção, mas uma tendência da economia mundial (GLASS, 2012). Suportada por novos marcos regulatórios que modificam os preços relativos do uso de recursos (por exemplo, o mercado de carbono) e, também, por mudança de comportamento dos consumidores, como as que se verificam no norte da Europa, a economia verde concretiza-se não só em termos de necessidades de adaptação à novas regulações, mas também em oportunidades de novos negócios.
>
> Apresentando-se, sob essa perspectiva, como uma alternativa a fim de incentivar e promover o crescimento econômico, acompanhado da proteção ambiental que assegure o equilíbrio estável entre o sistema produtivo e o seu entorno, a concepção e a implementação da Estratégia de Crescimento Verde, conforme proposta pela OCDE, busca atingir, de forma simultânea, três desafios: o desenvolvimento e a redução da pobreza, a criação de novas economias baseadas em tecnologias ambientalmente amigáveis, também ditas tecnologias verdes, e a garantia de um mundo cada vez mais verde (HULTMAN et al., 2012). (SANTOS, 2017, p. 279).

A defesa do meio ambiente se tornou, portanto, a salvaguarda da dignidade humana das gerações vindouras também, pois não se pode concretizá-la por meio de um custo ambiental que venha a comprometer a das gerações futuras.

Hodiernamente, nota-se que a técnica e a ciência, as românticas exclamações na Conferência do Rio para o desenvolvimento sustentável, se tornam medidas cada vez mais importantes para a promoção de uma dignidade esverdeada, que todavia, nunca pode se afastar de sua conhecida limitação para dar respostas definitivas ao que se denomina proteção ecológica.

Nesse ponto, para suprir as fragilidades da técnica e da ciência, é absolutamente necessário que se fomente uma política de Estado que seja capaz de promover uma consciência ambiental na sociedade de tal forma, que estejam todos minimamente capacitados para participar de maneira responsável[37], da discussão de soluções para os problemas ecológicos que haverá, cada vez mais, de se assomar no cotidiano das pessoas comuns.

Seria ingenuidade acreditar que essa política poderia ser erigida sem a participação do Estado, contando apenas com a iniciativa privada. Na verdade, para que isso se realize se fazem necessários financiamento público, regulamentações, contenção de interesses meramente econômicos, sistema de responsabilização adequado etc. – nada disso se faz sem o poder público.

É igualmente indispensável que se disponha de sistemas democráticos que estimulem a participação popular e das instituições. Nada se faz sem esse complexo de medidas.

Mas, há um ponto de partida para que tudo isso ocorra. O gatilho sem dúvida, está na própria sociedade civil. Sem a sua participação, tudo tende a caminhar para o desastre, pois o debate e as medidas se

---

[37] Hans Jonas contribuiu de forma decisiva para uma ética da responsabilidade. Esse autor, critica de forma veemente os paradigmas da utopia, que incentivaram o desenvolvimento sem discussão sobre a responsabilidade que o homem deve ter com o futuro do próprio homem. Escreve ele: "*Portanto, a crítica da utopia serve não tanto como refutação de um equívoco cognitivo, por mais influente que seja, mas, sobretudo, à fundamentação da alternativa que nos incumbe: a da ética da responsabilidade, que hoje, após vários séculos de euforia pós-baconiana e prometeica, de onde se originou também o marxismo, deve segurar as rédeas desse progresso galopante. Conter tal progresso deveria ser visto como nada mais do que uma precaução inteligente, acompanhada de uma simples decência em relação aos nossos descendentes. Se não o fizermos, a natureza o fará, de maneira terrível*" (JONAS, 2011, p. 349).
Dentro dessa perspectiva, Hans Jonas conclama para a preservação da imagem e da semelhança do homem que se projeta no futuro, por meio do medo que faz com que a responsabilidade se manifeste em todos os seus atos: "*Também temos novamente de recuperar o respeito e o medo que nos projetam dos descaminhos do nosso poder (por exemplo, de experimentos com a constituição humana). O paradoxo da situação está em que precisamos recuperar esse respeito a partir do medo, e recuperar a visão positiva do que foi e do que é o homem a partir da representação negativa, recuando o horror diante do que ele poderia tornar-se, ao encararmos fixamente essa possibilidade no futuro imaginado*" (JONAS, 2011, p. 353).

iniciam a partir dos próprios flagelados. Roger Scruton defende essa hipótese em matéria de aquecimento global, o que em última instância, interfere em toda e qualquer seara ecológica:

> Existe apenas uma resposta: somos os agentes capazes de uma ação coletiva, aqueles que detêm recursos, vontade e preocupação mútua de agir como um. Em outras palavras, somos comunidade com real capacidade para ação conjunta, podendo assumir responsabilidade coletiva por aquilo que fazemos. No contexto da política internacional, isso significa que somos a nação – o organismo de pessoas governadas pela lei, cujos destinos estão ligados por um processo político comum. A única resposta ao aquecimento global virá de ações dos Estados nacionais – ricos o bastante para conduzir pesquisas e atuar na escala exigida, suficientemente responsáveis para responder às necessidades de tamanha empreitada, dotados de uma opinião pública moldada pelo debate livre e aberto. Nessas circunstâncias, isso significa, em primeiro lugar, os Estados Unidos da América e, em segundo, todas as nações nas quais direito, democracia e liberdade de expressão sirvam para provocar no cidadão um sentido genuíno de responsabilidade coletiva (SCRUTON, 2016, p. 353-354).

Participação democrática da sociedade portanto, é fundamental. E o direito ambiental está estruturado para suportar essas discussões, mesmo diante de incertezas e das precariedades que a ciência produz em determinados assuntos, como parece ser o caso das mudanças climáticas em decorrência do aquecimento global. Basta lembrar que entre seus mais destacados princípios se situam o da precaução[38], o da

---

[38] Sobre a precaução e a sua valia: "*Además el principio de precaución apunta a una cuestión primordial acerca de la legitimidad con la que las autoridades deciden sobre cuestiones que nos afectan a todos. Como ha sugerido el filósofo Jean-Pierre Dupuy, el problema fundamental planteado por el principio de precaución no sería tanto el de la falta de conocimientos como el de la falta de credibilidad (de los expertos y los responsables públicos) ante el escenario de una posible catástrofe. El principio de precaución constituiría una pieza importante a la hora de proporcionar a la sociedad civil una vía para exigir responsabilidades a los gobiernos y a las industrias por sus acciones, dejar oír su voz en las cuestiones que les atañen y 'democratizar*

prevenção[39] e *in dubio pro natura*, modulados para comportar os avanços científicos e as suas incertezas para preservar o postulado da dignidade humana. E o que é essencial nisso tudo: a participação democrática deve nortear todo e qualquer exame. Sem participação democrática não existe proteção ambiental.

Encaminha-se dessa forma, a demonstração da feição do Estado Ambiental, que se perfez ao longo dessa jornada de décadas, desde o momento em que se descobriu a relevância do meio ambiente para a perpetuação da humanidade e para concreção da qualidade de vida.

Com efeito, a dimensão ecológica do Estado está consolidada porquanto, desde a edificação da Carta do Rio em 1992, momento em que a quase totalidade dos Chefes de Estado do planeta se reuniram para discutir o meio ambiente e o desenvolvimento, e todos os assuntos globais não podem nem devem mais ser considerados fora do viés ambiental.

Assim, esse Estado Ambiental, em meio a tantas incertezas que cercam as pessoas diante das muitas limitações do conhecimento humano,

---

el conocimiento experto'" (ESCALANTE, 2005, *online*). Tradução nossa: "*Além disso, o princípio da precaução aponta para uma questão fundamental sobre a legitimidade com que as autoridades decidem sobre questões que nos afetam a todos. Como o filósofo Jean-Pierre Dupuy sugeriu, o problema fundamental colocado pelo princípio da precaução não seria tanto a falta de conhecimento como a falta de credibilidade (de especialistas e líderes públicos) em face de uma possível catástrofe. O princípio da precaução seria uma parte importante de proporcionar à sociedade civil uma forma de responsabilizar os governos e as indústrias pelas suas ações, de deixar que as suas vozes sejam ouvidas sobre as questões que lhes dizem respeito e de 'democratizar conhecimento especializado*'"(ESCALANTE, 2005, *online*). Porém, só faz sentido cogitar nesse princípio se a sociedade tiver uma consciência ecológica, o que se faz mediante educação ambiental, como advertem Bruno Torquato e Émilien Vilas Boas (NAVES, 2019, p. 164).

[39] Em relação ao princípio da prevenção, Paulo Affonso Leme Machado ensina: "*O posicionamento preventivo tem por fundamento a responsabilidade no causar perigo ao meio ambiente. É um aspecto da responsabilidade negligenciado por aqueles que se acostumaram a somente visualizar a responsabilidade pelos danos causados*" (MACHADO, 1993, p. 209). Nesse caso, o dano já é conhecido, por isso busca-se evitá-lo.

deve e carece asserção, como a propósito, proclamam as Constituições das nações democráticas e a universidade dos tratados e acordos sobre o meio ambiente, em suas mais diversas manifestações.

No caso brasileiro, como já se anotou, a Constituição de 1988 ao solidificar o Estado Democrático de Direito, não deixou de fornecer o conteúdo ecológico como diretriz primeira com o que está consagrado o Estado Ambiental.

Firmada essa premissa, é preciso que se avance sobre a proteção judicial desse fundamento estatal.

3

PRESSUPOSTOS DA DEFESA JUDICIAL DO MEIO AMBIENTE

Estabelecida a premissa da existência do Estado Ambiental e a sua estrutura normativa, faz-se necessário perquirir a efetivação da sua tutela protetiva e quais haverão de ser os pressupostos do processo que deverá ser implementado com essa finalidade.

Sem dúvida, que para esse propósito, alguns paradigmas do processo deverão ser infirmados, sobretudo diante da constatação de que a proteção verde deve se guiar de modo prospectivo diante os desafios e os riscos próprios deste tempo.

Com efeito, os antigos paradigmas do processo de índole liberal e patrimonialista, não socorrem a necessidade da tutela ecológica verdadeiramente eficaz e apontada para o futuro. Por esse motivo, carecem ser trazidos à baila os pressupostos seguintes.

3.1 Acesso à justiça e participação democrática

A doutrina ambiental brasileira tem posição firme no sentido de que o meio ambiente sadio constitui direito fundamental. Aliás, se é admissível a existência de um Estado Ambiental a discussão seria inócua, tendo em vista que a assertiva constitui o seu principal pressuposto. Ou seja, dentro da noção de Estado Ambiental a proteção ao meio ambiente é dever primeiro.

Estabelecida essa premissa, surge a necessidade de se verificar quais são as características e as garantias constitucionais que devem ser observadas, a fim de que se tenha uma proteção ecológica universal, compartilhada e efetiva, nos termos do art. 225 da Constituição de 1988.

O acesso à justiça constitui um dos mais elevados momentos da defesa do meio ambiente. É preciso dotar o cidadão e a coletividade de meios processuais para que tenham condições de exercer a obrigação que o texto constitucional lhes impôs.

Com efeito, a proteção do meio ambiente ecologicamente equilibrado não é tarefa apenas do poder público, cumpre a todos esse encargo. Por isso, torna-se indispensável que o Constituinte reformador garanta esse acesso à jurisdição constitucional ambiental, inclusive para que o direito fundamental em destaque se torne efetivo em tempos de escassez de recursos naturais, de modificações climáticas, de acelerado crescimento populacional, e enfim, de asserção do Estado Ambiental. Igual esforço deve ser realizado no âmbito da legislação infraconstitucional[40], de sorte a, de uma vez por todas, fornecer ao cidadão e à

[40] Não se desconhece a possibilidade da ação civil pública ambiental ser ajuizada por associações e pelo próprio Ministério Público. Ocorre, contudo, que ainda não se reconheceu, de forma expressa, na legislação ordinária, a legitimidade do cidadão para tanto. De mais a mais, não teria o cidadão nem a associação atribuição para utilizar de instrumentos da Lei Federal 7.347/85, a exemplo do Termo de Ajustamento de Conduta. Tem-se, por outro lado, cogitado a possibilidade do cidadão manejar Ação Popular. Contudo, para esse objetivo, se faz preciso superar o significado do vocábulo "patrimônio" e estender a sua expressão para abranger também o meio ambiente. Mas, de acordo com a mais avançada doutrina, essa limitação foi retirada. Celso Antônio Pacheco Fiorillo, a propósito, destaca o objeto da ação popular: "*O inciso LXXIII do art. 5º da Constituição traz como objeto da ação popular a proteção do patrimônio público, da moralidade administrativa, do patrimônio histórico e cultural quanto a atos lesivos contra eles praticados, inclusive por entidade da qual o Estado participe. Com isso, importante frisar que a ação popular presta-se à defesa de bens de natureza pública (patrimônio público) e difusa (meio ambiente), o que implica a adoção de procedimentos distintos. Com efeito, tratando-se de defesa do meio ambiente, o procedimento a ser adotado será o previsto na Lei de Ação Civil Pública e no Código de Defesa do Consumidor, como sabemos, a base jurídica da jurisdição civil coletiva*" (FIORILLO, 2016, p. 264).

sociedade a possibilidade de cumprir o seu múnus constitucional, com meios mais avançados de prevenir e precaver ilícitos ambientais, notadamente em função de omissão estatal.

Essa conclamação se faz na medida em que o paradigma desse Estado é justamente garantir qualidade de vida para os cidadãos, baseado em algumas constatações, a exemplo do reconhecimento da escassez de recursos naturais; da necessidade de se partilhar esses recursos, notadamente em razão do crescimento populacional; dos impactos ambientais causados por atividades humanas; do crescimento vertiginoso das grandes cidades e a necessidade de repensá-las a partir de um projeto verdadeiramente sustentável; das conhecidas limitações da ciência para dar respostas definitivas sobre todas as consequências da ação antrópica sobre a natureza etc.

É por isso que se afirma a existência de uma sociedade de risco[41],

---

Há, também, o mandado de injunção ambiental, entre outras ações. Contudo, ainda não se tem o cidadão como protagonista, sobretudo o que poderá ser atingido por eventual dano ecológico. A novel disciplina Direito dos Desastres está a demonstrar a insuficiência dos instrumentos legislativos para se garantir ao cidadão participação efetiva. Ainda, nesse tema, prevalece o dever de ação do Estado e, existindo omissão, o quadro se agrava sobremaneira.

[41] Em entrevista concedida a Maria Lúcia Garcia Pallares-Burke e publicada pela Revista Tempo, Bauman destaca o que se denomina sociedade de risco: "*Uma das características do que chamo de 'modernidade sólida' era que as maiores ameaças para a existência humana eram muito mais óbvias. Os perigos eram reais, palpáveis, e não havia muito mistério sobre o que fazer para neutralizá-los ou, ao menos, aliviá-los. Era óbvio, por exemplo, que alimento, e só alimento, era o remédio para a fome. Os riscos de hoje são de outra ordem, não se pode sentir ou tocar muitos deles, apesar de estarmos todos expostos, em algum grau, a suas conseqüências. Não podemos, por exemplo, cheirar, ouvir, ver ou tocar as condições climáticas que gradativamente, mas sem trégua, estão se deteriorando. O mesmo acontece com os níveis de radiação e de poluição, a diminuição das matérias-primas e das fontes de energia não renováveis, e os processos de globalização sem controle político ou ético, que solapam as bases de nossa existência e sobrecarregam a vida dos indivíduos com um grau de incerteza e ansiedade sem precedentes. Diferentemente dos perigos antigos, os riscos que envolvem a condição humana no mundo das dependências globais podem não só deixar de ser notados, mas também deixar de ser minimizados mesmo quando notados. As ações necessárias para exterminar ou limitar os riscos podem ser desviadas*

que demanda cautela redobrada defronte o modelo econômico e padrões de produção e consumo construídos ao longo dos últimos dois séculos, e que estão a produzir consequências até agora não bem compreendidas em sua totalidade, e se bem entendidas, não suficientemente arrefecidas.

É o que dentro dessa perspectiva, comentam Zenildo Bodnar e Paulo Márcio Cruz:

> A sociedade de risco é a consequência ou o resultado do modelo de produção e consumo industrial baseado na maximização do lucro e no desenvolvimento a qualquer preço. Trata-se da consolidação de uma sociedade em situação periclitante de risco pluridimensional, em que a insegurança e a imprevisibilidade consubstanciam o componente básico e a única certeza decorrente das condutas humanas na atualidade.
>
> O novo cenário é movediço, inspira cautela, requer atuação estratégica e antecipada. Portanto, não é compatível com o imobilismo, ou seja, com a omissão. A convivência com situações de risco será uma constante no futuro da humanidade, gerando

---

das verdadeiras fontes do perigo e canalizadas para alvos errados. Quando a complexidade da situação é descartada, fica fácil apontar para aquilo que está mais à mão como causa das incertezas e das ansiedades modernas. Veja, por exemplo, o caso das manifestações contra imigrantes que ocorrem na Europa. Vistos como 'o inimigo' próximo, eles são apontados como os culpados pelas frustrações da sociedade, como aqueles que põem obstáculos aos projetos de vida dos demais cidadãos. A noção de 'solicitante de asilo' adquire, assim, uma conotação negativa, ao mesmo tempo em que as leis que regem a imigração e a naturalização se tornam mais restritivas e a promessa de construção de 'centros de detenção' para estrangeiros confere vantagens eleitorais a plataformas políticas .Para confrontar sua condição existencial e enfrentar seus desafios, a humanidade precisa se colocar acima dos dados da experiência a que tem acesso como indivíduo. Ou seja, a percepção individual, para ser ampliada, necessita da assistência de intérpretes munidos com dados não amplamente disponíveis à experiência individual. E a sociologia, como parte integrante desse processo interpretativo – um processo que, cumpre lembrar, está em andamento e é permanentemente inconclusivo –, constitui um empenho constante para ampliar os horizontes cognitivos dos indivíduos e uma voz potencialmente poderosa nesse diálogo sem fim com a condição humana" (PALLARES-BURKE, 2004, *online*).

> um ambiente notabilizado pela insegurança e imprevisibilidade, o que requer um esforço sinérgico e cumulativo de todos na sua gestão e no seu controle em níveis de tolerabilidade. Isso deve ser entendido como alavanca propulsora ou chave que aciona a inteligência coletiva para atuar cooperativamente na definição dos destinos da humanidade.
>
> Esse quadro desafiante gera um clamor generalizado por mais justiça ambiental, pois a distribuição dos bens e, principalmente, dos riscos e malefícios do desenvolvimento insustentável não mais acontece de maneira equitativa (BODNAR, 2012, p. 323).

É claro que não se está a pontuar que o processo haverá de superar essas limitações, tampouco haverá de ser remédio para todos os desafios do Estado Ambiental. Porém, não se pode negar que em determinados casos, sobretudo de omissão do poder público sobre o tema de grave importância, haverá o cidadão de ter alternativa em relação à violação ecológica de que é, de alguma forma, direta ou indiretamente lesado. E ademais, não se deve descurar que o texto constitucional impôs obrigação à coletividade – logo também, ao cidadão – de promover essa salvaguarda verde.

Dessa maneira, torna-se imperiosa inovação constitucional, de modo a permitir ao cidadão o acesso à jurisdição constitucional ambiental, inclusive para cumprir a obrigação que lhe foi imposta. Contudo, sem tornar essa via apanágio da omissão estatal. Não é essa a proposição.

O que se propugna é o cumprimento da ordem constitucional de acesso à justiça, notadamente perante o Supremo Tribunal Federal, que se fez em decorrência da conclamação da participação democrática, da efetividade dos direitos fundamentais e da inafastabilidade da jurisdição constitucional.

Canotilho, em conferência, advertiu que a participação democrática faz com que o cidadão atue na condição de procurador dos seus concidadãos, e em consequência, acaba por impor ao poder público a instauração de reflexão muito mais profunda em relação a assuntos de interesse coletivo:

> A Constituição (e as leis) reconhece ao particular o direito de 'mobilizar' e depôr em andamento a ordem jurídica de forma a promover a defesa de interesses
>
> públicos (saúde, qualidade de vida, preservação do ambiente, patrimônio cultural, domínio público). Tudo se passa como se o particular (individual ou colectivamente) se constituísse em procurador dos seus concidadãos na defesa da *res publica*. Em rigor, os particulares não se substituem à administração pública, visando antes utilizar direitos procedimentais e processuais autónomos para democratizar e racionalizar as decisões públicas. Através destes direitos, os particulares contribuem para a reflexão decisória dos poderes públicos, obrigam a um autocontrolo mais intenso os responsáveis pelas tomadas de decisão, abrem esquemas funcionais e organizatórios à comunicação com os interessados, agilizam a aceitação dos actos autorizativos, e, em último recurso, preparam o acesso à via jurisdicional. A 'mobilização cidadã' introduz-se no processo decisório transformando-o num processo transparente e contínuo de comunicação com os cidadãos ('utentes', 'particulares', 'interessados') e possibilitando um exercício de tarefas públicas materialmente mais adequado e justo (CANOTILHO, 2011, *online*).

Se o processo não haverá de ser remédio, que seja então, o gatilho, o impulso, para mobilização da sociedade em torno do assunto defronte a omissão estatal, pois o cidadão possui o dever de defender o direito fundamental ao meio ambiente sadio. E a jurisdição constitucional, nessas condições de inércia estatal, é o caminho mais legítimo e democrático de se viabilizar a afirmação do direito fundamental:

> Por razão disso, cresce a extraordinária relevância da jurisdição constitucional, ou seja, do controle de constitucionalidade, campo de batalha da Lei Fundamental onde se afiança juridicamente a força legitimadora das instituições. Em verdade, a

> justiça constitucional se tornou a premissa da democracia: a democracia jurídica, a democracia com legitimidade (BONAVIDES, 2008, p. 317).

Carece ser destacado que, nesse âmbito da jurisdição, a participação democrática do cidadão (na sua dimensão coletiva) é um dogma constitucional, porquanto não se pode colocar somente sobre os ombros do juiz, ou de qualquer outro agente político, a resolução de demanda de alcance coletivo, como é o caso do direito fundamental ao meio ambiente sadio. E essa participação se legitima ainda mais, se acolhida a tese de que a interpretação constitucional deve acontecer por meio de uma sociedade aberta, como propugna Peter Häberle.

Aliás, Peter Häberle sublinha a importância de se superar a forma de interpretação do texto constitucional por meio de uma sociedade fechada. Segundo o constitucionalista alemão, deve-se propor e efetivar uma sociedade aberta de interpretação, conclamando diversos atores a fim de se discutir o alcance da norma constitucional.

Vale recorrer ao pensamento do mestre alemão:

> Subsiste sempre a responsabilidade da jurisdição constitucional, que pronuncia, em geral, a última palavra sobre a interpretação (com a ressalva da força normatizadora do voto minoritário). Se se quiser, tem-se aqui uma democratização da interpretação constitucional. Isso significa que a teoria da interpretação deve ser garantida sob a influência da teoria democrática e vice-versa. Portanto, é impensável uma interpretação da Constituição sem o cidadão e sem as potências públicas mencionadas.
>
> Todo aquele que vive no contexto regulado por uma norma é, indireta ou até mesmo diretamente, um intérprete dessa norma. O destinatário da norma participa do processo hermenêutico de forma muito mais intensa do que geralmente se supõe. Como não são apenas os intérpretes jurídicos da Constituição que vivem a Constituição, não são eles também os detentores da condição de intérpretes principais da ordem jurídica fundamental (HÄBERLE, 2007, p. 57-58).

O processo de interpretação constitucional não pode ficar adstrito aos juízes e às partes no processo. A ampliação é uma demanda de democratização do processo, a fim de que todos possam participar da construção de uma decisão, que por meio desse pluralismo, haverá de encontrar legitimidade e conformação no estrato social:

> A ampliação do círculo dos intérpretes, aqui sustentada, é apenas a consequência da necessidade, por todos sempre defendida, de integração da realidade no processo de interpretação. É que os intérpretes, em sentido amplo, compõem essa realidade pluralista. Se se reconhece que a norma não é uma decisão prévia, simples e acabada, há de se indagar sobre os participantes no desenvolvimento funcional, sobre as forças ativas da law in publicaction (personalização e pluralização da interpretação constitucional) (HÄBERLE, 2007, p. 63).

Mais adiante arremata:

> A própria abertura da Constituição, cuja 'veste' é feita por muitos, demonstra que não apenas o constitucionalista participa desse processo de interpretação! A 'unidade da Constituição' surge da conjugação do processo e das funções de diferentes intérpretes. Aqui devem ser desenvolvidas reflexões sob a perspectiva da Teoria da Constituição e, especialmente, da Teoria da Democracia (HÄBERLE, 2007, p. 64).

Assim, torna-se essencial que a decisão seja compartilhada, fruto de esforço e sacrifícios comuns, com todos os ônus e bônus para concreção do direito, especialmente nesse tema que repercute no estrato social de forma ampla e concreta, com as decantadas e proclamadas limitações impostas pelo conhecimento científico.

O acesso à jurisdição constitucional tem este condão: tornar a justiça constitucional permeada às manifestações dos diversos segmentos da sociedade. E através desse processo, permitir a construção de uma decisão consensual, ou ao menos, uma deliberação possível, mas com a vantagem de que os envolvidos haverão de se sentir responsáveis pela efetividade e efetivação do que fora construído em decorrência da inércia do Estado.

Por esse motivo, decisões dessa envergadura não podem partir de gabinetes, mesmo de cabeças privilegiadas. Essas devem ser construídas a contar da força normativa da Constituição, do caso concreto[42], das diversas experiências – sobretudo dos que estão a vivenciar de perto o ilícito – e dos mais diferentes matizes do conhecimento humano.

Por isso, a jurisdição constitucional deve abrir as suas portas para que o cidadão e a sociedade possam participar[43], pois assim, ter-se-á uma democracia ambiental mais justa e legitimada:

> O direito de acesso à justiça constitucional será, neste contexto, a pedra de toque sobre a juridicidade e jusfundamentalidade informadoras do exercício do poder. Mais do que isso a abertura do

---

[42] Luiz Guilherme Marinoni, a propósito, evidencia a importância do pluralismo e a compreensão do caso concreto para orientar o juiz na elaboração da decisão: "*Quando se insiste na necessidade de o juiz atribuir sentido ao caso levado à sua análise, deseja-se, antes de tudo, dizer que ele não pode se afastar da realidade em que vive. Se a percepção das novas situações, derivadas do avanço cultural e tecnológico da sociedade, é fundamental para a atribuição de sentido aos casos que não estão na cartilha do judiciário, a apreensão dos novos fatos sociais, que atingem a família, a empresa, o trabalho etc. é igualmente imprescindível para a atribuição de um sentido contemporâneo aos velhos modelos capazes de ser estratificados em casos. Embora essas duas atitudes também importem para desvendar a necessidade de uma nova elaboração legislativa, o seu peso maior recai sobre o juiz, uma vez que é evidente que o legislador não pode andar na mesma velocidade da evolução social – o que, aliás, já constitui ditado vulgarizado. Por isso, o surgimento de novos fatos sociais dá ao juiz legitimidade para construir novos casos e para reconstruir o significado dos casos já existentes ou simplesmente para atribuir sentido aos casos concretos*" (MARINONI, 2012, p. 64-65).

[43] Paulo Affonso Leme Machado, no mesmo sentido, sublinha que a participação é um atributo antigo da defesa do meio ambiente:" *A participação popular, visando à conservação do meio ambiente, insere-se num quadro mais amplo da participação diante dos interesses difusos e coletivos da sociedade. É uma das notas características da segunda metade do século XX. O voto popular, em escrutínio secreto, passou a não satisfazer totalmente o eleitor. A ausência de um conjunto de obrigações dos eleitos, previamente fixadas, tem levado as cidadãs e os cidadãos a pleitear uma participação contínua e mais próxima dos órgãos de decisão em matéria de meio ambiente*" (MACHADO, 2016, p. 127).

> direito de acesso pode ser hoje indício de uma democracia mais participativa, mais justa, segundo os impulsos daquilo que designamos por direitos *procuratoris* (CANOTILHO, 2004, *online*).

Não obstante, esse acesso não deve se dar no atacado a ponto de ao invés de fortalecer esse direito fundamental, colocá-lo em xeque, sob o signo da banalização. O ingresso deve estar pautado pela existência de atos do poder público, que direta e significativamente, neguem a vigência e a efetividade do direito fundamental ao meio ambiente sadio.

Pode-se pontuar algumas situações que recomendariam a medida: decisões de tribunais que neguem sistematicamente em casos relevantes, e que não se restrinjam a interesses individuais, a força normativa do art. 225 da Constituição; a omissão legislativa ou o seu excesso, que venha causar lesão significativa ao patrimônio ambiental da sociedade; ações e políticas públicas do poder público, que igualmente proporcionem o arrefecimento substancial dessa promessa constitucional. Em casos tais, a participação é indispensável, sobretudo se admitida a eficácia vertical dos direitos fundamentais.

O acesso à jurisdição constitucional, consoante visto, amalgama-se com a participação democrática do cidadão no processo de afirmação do Estado Ambiental. Porém, esse predicado da participação não só figura na via constitucional. Nas ações coletivas[44], da mesma forma, existe

---

[44] Luiz Gustavo Gonçalves Ribeiro e Ricardo Ferreira Barouch, em artigo intitulado *A necessária participação da sociedade nas ações civis públicas em prol da tutela ambiental,* pugnaram que a participação da sociedade não pode ficar restrita ao catálogo do art. 14 da Constituição. Veja-se: "*Consagrou a Constituição de 1988 a participação popular em seu art. 14, conferindo ao povo a participação no exercício do poder estatal por meio de referendo, plebiscito e iniciativa popular. Como se sabe, são instrumentos da maior importância, inclusive para efetivação do comando constitucional que confere ao povo a soberania do poder (parágrafo único do art. 1º).Contudo, a participação popular não pode ser resumida nesses instrumentos constitucionais, até mesmo em função de sua subutilização que frustram, muitas vezes, o ideário constitucional que evoca a efetivação da democracia participativa, a exigir, portanto, a participação popular nas escolhas e nos rumos da sociedade brasileira, em suas mais diversas dimensões de direitos. Não por outra razão*

a necessidade de se fomentar de uma vez por todas, o envolvimento do cidadão, e por conseguinte, da sociedade.

É o que defende Marinoni:

> As ações coletivas, ainda que vistas apenas como módulos processuais organizados pelo legislador, representam muito mais do que simples procedimentos concebidos para a tutela jurisdicional, pois são verdadeiros instrumentos de uma faceta muito especial dos direitos fundamentais. Ora, como foi dito acima, os direitos fundamentais requerem a possibilidade da participação na estrutura social e no poder mediante instrumentos e procedimentos adequados. Essa participação deve ser oportunizada e incentivada não só através da reserva de locais de participação em órgãos públicos ou em procedimentos voltados a decisões públicas, mas também mediante procedimentos judiciais aptos à tutela dos direitos transindividuais (MARINONI, 2012, p. 80).

É importante sim, que o cidadão seja provocado cada vez mais a contribuir para a construção e edificação do Estado Ambiental, a fim de que não se fique a depender de juízes hércules[45].

Se o processo moderno busca efetividade e legitimidade de suas decisões, a contribuição da sociedade constitui elemento indispensável,

---

que o eminente constitucionalista Paulo Bonavides acentua que soberania popular e soberania constitucional possuem o mesmo significado e conteúdo. Ou seja, povo e constituição são conceitos indissociáveis – não se cogita povo sem constituição, tampouco constituição sem povo" (RIBEIRO, 2017, p.343).

[45] Habermas, em sua notável obra, questiona a figura do Juiz Hércules: "*Dworkin sabe que, para desempenhar essa tarefa, é preciso pressupor um juiz cujas capacidades intelectuais podem medir-se com as forças físicas de um Hércules. O 'juiz Hércules' dispõe de dois componentes de um saber ideal: ele conhece todos os princípios e objetivos válidos que são necessários para a justificação; ao mesmo tempo, ele tem uma visão completa sobre o tecido cerrado dos elementos do direito vigente que ele encontra diante de si, ligados através de fios argumentativos. Ambos os componentes traçam limites à construção da teoria*" (HABERMAS, 2012, p. 263).

especialmente para revelar as peculiaridades do caso concreto e as consequências na realidade social[46].

3.2 Princípio da precaução e prevenção

Sabe-se que entre os princípios informadores mais importantes do Direito Ambiental estão a prevenção e a precaução. Por meios desses, o juiz haverá de manter cautela especial, a fim de que não seja efetivado o ilícito ambiental e, se ocorrente, deve ser buscada a forma de sua máxima mitigação, orientando-se, em todo caso, para o futuro em relação às consequências possíveis.

Para essa tarefa, dentro do processo ou através dele, é imperioso que se conheça não só aspectos científicos do tema judicializado, mas também os impactos sociais experimentados pela comunidade envolvida. Uma vez mais, se torna indispensável que haja pensamentos e expectativas plurais no âmbito do processo ambiental. E esses princípios corroboram para que isso seja levado a efeito.

Perceba-se que o princípio da precaução atua justamente, para amainar a confiança de que a ciência é capaz de fornecer as respostas

[46] Luiz Guilherme Marinoni, em artigo intitulado *o direito à tutela jurisdicional efetiva na perspectiva da teoria dos direitos fundamentais*, destaca que o processo não pode se desenvolver sem a constatação da realidade social:" *Já passou o tempo em que bastava estudar a ação una e abstrata e o universo de sentenças que estava ao seu redor. A ideia de direito de ação, como mero direito a uma sentença de mérito, não tem muita importância para quem está preocupado com um processo efetivo, isto é, com um processo capaz de dar efetividade aos direitos que precisam ser através dele protegidos. Na fase em que se encontra o direito processual civil, é imprescindível redescobrir as relações entre o processo e o direito material, que – como bem observou Denti – a tão proclamada autonomia da ação e da relação processual acabou por obscurecer, deixando de lado a estrita dependência dos institutos do processo (de um processo em determinado momento histórico) da influência do direito substancial e, portanto, do papel que o direito hegemônico desenvolve na sociedade. Se o processo pode ser visto como instrumento, é absurdo pensar em neutralidade do processo em relação ao direito material e à realidade social. O processo não pode ser indiferente a tudo isso. Nesse sentido, é correto dizer que nunca houve autonomia do processo, mas sim uma relação de interdependência entre o direito processual e o direito material*" (MARINONI, s/d, *online*).

para todas as indagações e todos os desafios que possam surgir no decorrer da tramitação do processo.

Com efeito, a construção desse princípio remonta especialmente, o período em que se iniciou a formação do Estado Ambiental, marcado pelos confrontos entre os relatórios Meadows e Brundtland e desse embate resultou a constatação de que a ciência não poderia enfim, fornecer certezas sobre temas de alta indagação, a exemplo do aquecimento global e as suas causas. Germano Luiz Gomes Vieira fornece o nascedouro:

> De fato, uma das primeiras manifestações do princípio da precaução no cenário internacional deu-se na década de oitenta, na Segunda Conferência Internacional sobre a proteção do Mar do Norte, em 1987. A seguir, na Declaração do Rio de Janeiro sobre o Meio Ambiente e Desenvolvimento de 1992, o princípio em tela também encontrou terreno fértil.
>
> O cerne deste princípio é a tomada prévia de medidas diante da incerteza dos riscos provocados por determinadas ações sobre o meio ambiente. A pergunta que se deve colocar é: há certeza científica sobre o risco ambiental? Há certeza de que não existe perigo ambiental? Neste ponto o princípio da precaução se aplica num enfoque de prudência e vigilância (VIEIRA, 2009, p. 565-566).

Porém, como adverte Paulo de Bessa Antunes, a invocação desse princípio não pode se transformar em alegações vazias, genéricas, simplesmente para frear o desenvolvimento econômico e servir de bandeira na luta contra o capitalismo. Confira-se:

> A desmedida expansión del principio de la precaución y a su indefinición conceptual son elementos desestabilizadores de la orden jurídica, o sea, exactamente el contrario de lo que se espera de un principio jurídico. És desestabilizador porque a su aplicación es aleatoria y, por consiguiente, un instrumento que no se presta para la tomada de decisiones cuando el administrador se ve delante de una situación de incertidumbre científica, pero, al

> contrario – como demuestra a su práctica brasileña - transformo se en mecanismo de parálisis administrativa y obstáculo al desenvolvimiento del conocimiento científico.
>
> (...)
>
> El miedo – justificable o no – se ha tornado un de los componentes más influentes de la vida social moderna, con visibles efectos júratenos (SUNSTEIN, 2005). La amplificación mediática de tragedias, de crímenes y dificultades sociales y económicas hacen con que el ciudadano mediano se imagine en un mundo peor del que de los 'tiempos dorados del pasado', un 'mundo intolerable' (DUMONT, 1988). A partir de eso, se cría un caldo de cultura esencialmente regresivo, en constante atrito com innovaciones tecnológicas y científicas y que, en el caso especificamente brasileño, ha generado verdaderas perplejidades. No se puede olvidar también que el PP es un 'último refugio' de la 'lucha anticapitalista'. (ANTUNES, 2016, p. 68-69)[47].

É justamente para não cair nessa armadilha da superexposição, das invocações iterativas e desmedidas, do proselitismo, da retórica, que o princípio da precaução não pode ser utilizado sem a participação da sociedade e do cidadão, pois dessa forma, a discussão sobre a sua aplicabilidade será vertida no caso concreto, ocasião em que será apurada,

---

[47] Tradução nossa: "*A desmedida expansão do princípio da precaução e a sua indefinição conceitual são elementos desestabilizadores da ordem jurídica, ou seja, exatamente o oposto do que se espera de um princípio jurídico. É desestabilizar porque sua aplicação é aleatória e, portanto, um instrumento que não se presta à tomada de decisões quando o administrador está diante de uma situação de incerteza científica, mas, pelo contrário – como demonstra a sua prática brasileira – transformou-se num mecanismo de paralisia administrativa e obstáculo ao desenvolvimento do conhecimento científico. (...) O medo – justificável ou não – tornou-se um dos componentes mais influentes da vida social moderna, com efeitos visíveis de júratenos (SUNSTEIN, 2005). A amplificação midiática das tragédias, dos crimes e dificuldades sociais e econômicas faz com que o cidadão médio se imagine em um mundo pior do que dos 'tempos de ouro do passado', um 'mundo intolerável' (DUMONT, 1988). A partir daí, se cria um caldo de cultura essencialmente regressivo, em constante atrito com inovações tecnológicas e científicas e que, especificamente no caso brasileiro, gerou verdadeiras perplexidades. Também não se pode esquecer que o PP é um 'último refúgio' da 'luta anticapitalista*" (ANTUNES, 2016, p. 68-69).

mediante diálogo plural (por intermédio da inter, trans e multidisciplinaridade), a sua aplicabilidade ou não.

Nesse ponto, em função da participação democrática, aparece forte a indagação sobre o verdadeiro compromisso da sociedade nesse diálogo para efetivar a tutela ecológica. Os participantes haverão de se comportar em benefício da coletividade, das gerações futuras[48], ou defenderão seus interesses privados?

Cass Sunstein defende que o caráter coletivo da discussão política haverá de guiar esses participantes para respostas altruístas, desde que ocorra compromisso de todos.

Vale conferir a sua posição:

> As pessoas podem não querer pôr em prática seus julgamentos levados em conta ou ser altruístas ao menos que haja uma garantia de que os demais também o farão. Mais simplificadamente, as pessoas podem preferir não contribuir para um benefício coletivo se as doações forem feitas individualmente, sem a garantia de que outros participarão, mas seu sistema preferido, obtenível somente ou melhor por meio de formas democráticas, pode ser um

---

[48] Gomes Canotilho lembra que a solidariedade intergeracional, compromisso constitucional, induz a incidência do princípio da precaução: "*Se pretende, además, que la inclusión de esos intereses gane operatividad práctica. Articulado con otros principios, el principio de la solidaridad entre generaciones presupone desde luego, como punto de partida, la efectividad del principio de precaución. Configurado como verdadero principio fundante y primario de la protección de los intereses de las futuras generaciones, es el que impone prioritariamente y anticipadamente la adopción de medidas preventivas y justifica la aplicación de otros principios como el de la responsabilización y utilización de las mejores tecnologías disponibles*" (CANOTILHO, 2010, p. 360). Tradução nossa: "*Pretende-se também que a inclusão desse interesse ganhe operacionalidade prática. Articulando-se com outros princípios, o princípio da solidariedade entre gerações certamente pressupõe, como ponto de partida, a eficácia do princípio da precaução. Configurado como um verdadeiro princípio fundante e primário da proteção dos interesses das gerações futuras, é aquele que impõe prioritária e antecipadamente a adoção de medidas preventivas e justifica a aplicação de outros princípios, como o da responsabilização e utilização das melhores tecnologias disponíveis*" (CANOTILHO, 2010, p. 360).

> do tipo em que eles contribuem (mas tão-somente se) existe uma segurança de que os demais farão o mesmo. Talvez as pessoas se sentissem envergonhadas se os outros contribuíssem e elas não. Talvez elas se sentissem vitimizadas se contribuíssem enquanto os outros não (SUNSTEIN, 2009, p. 237).

No caso ambiental, admitindo-se e convocando a participação dos que estão diretamente envolvidos na análise, seguramente poder-se-á obter esse compromisso, pois todos os locais haverão de se submeter aos ônus impostos para a salvaguarda ecológica, desde que serão os maiores atingidos pelo dano acaso ocorrente.

Do contrário, sem essa pluralidade e garantia de respeito a uma solução possível, a precaução utilizada de modo injustificado se tornará princípio que emoldurará textos sem eficácia.

E mais, mesmo existindo esses predicados, é de se ter por certo, outrossim, que em questão de intervenção antrópica de forma geral, não existe a possibilidade de risco zero. Por isso, não é pertinente utilizar a fórmula *evitar por prudência*, na medida em que a situação fática, com os seus contornos e especificidades, é que demonstrará os riscos possíveis ou hipotético-plausíveis[49], com a consideração de que o desenvolvimento é uma necessidade para implementar inclusive, as necessidades básicas do ser humano.

Por isso, o princípio da precaução não pode ser utilizado para evitar os medos da sociedade[50], mas sim para orientar a decisão sobre uma

---

[49] Maurício Mota, em interessante artigo, pontua sobre os riscos hipotéticos porém plausíveis, e a sua conciliação com o progresso: "*A prudência jurídica na estimação da ameaça hipotética porém plausível recomenda ainda a harmonia entre o desejo de progresso e a consciência até onde chegue efetivamente as possibilidades reais das medidas de precaução*" (MOTA, 2006, p. 12).

[50] Sobre a associação dos temores da sociedade e a precaução, Roger Scruton faz severa crítica: "*O resultado pode ser ilustrado na proibição, por lei, do uso de certos ftalatos, que são amaciantes de PVC usados na fabricação de brinquedos e chupetas, entre outros artigos. No caso, a avaliação científica 'preliminar' consistiu em fracas evidências fornecidas por um único pesquisador dinamarquês, segundo o qual os ftalatos podem ser canceri-*

situação determinada, a fim de que a proteção ecológica não fique à mercê dos acontecimentos.

Outro ponto sensível da defesa verde em juízo é estabelecer proteção preventiva (tutela inibitória) em contraposição com as antigas balizas do processo, que indicavam que a tutela somente ocorreria por meio da ocorrência de dano, a pretender resolução por meio de indenização em dinheiro. É o que evidencia Luiz Guilherme Marinoni:

> Existe um dogma – de origem romana – no sentido de que a tutela ressarcitória é a única forma de tutela contra o ilícito. Isso quer dizer que a unificação entre as categorias da ilicitude e da responsabilidade civil, já realizada no direito romano, percorreu a história do direito, inclusive do direito processual civil, sem suscitar maior inquietude de parte da doutrina. Pior do que isso: chegou-se a identificar o ilícito com o ressarcimento em dinheiro (MARINONI, 2019, p. 13).

Para infirmar definitivamente essa possibilidade, a doutrina criou o instituto de tutela inibitória, com a finalidade de reprimir as condutas de perigo, e desse modo, estabeleceu-se distinção entre ato ilícito e fato danoso[51].

E de forma a ressaltar essa utilidade do processo, há no direito ambiental a assunção do princípio da prevenção, pois se sabe que em

---

genos. Essa pesquisa nunca foi confirmada por colegas e foi rejeitada pelo comitê científico da Comissão Europeia. Mesmo diante da não evidência, o princípio da precaução entrou em vigor e gerou pânico nos usuários. O que o princípio realmente propõe, quando examinado o contexto de sua aplicação, é o seguinte: 'se você pensa que pode haver risco, então há risco; e se há risco, proíba-o'" (SCRUTON, 2016, p. 97-98).

51 Luiz Guilherme Marinoni explica a evolução doutrinária: "*Uma das mais importantes conquistas da doutrina, para efeito de tutela jurisdicional adequada, está na distinção – elaborada a partir de uma revisão do conceito de ilícito civil – entre ato ilícito e fato danoso. A necessidade de uma tutela antecedente ao dano levou os estudiosos a tentar explicar o fundamento e a finalidade desse tipo de tutela. Se a tutela não visa a reparar o dano, qual seria o seu fundamento e escopo? Esta pergunta foi respondida, no curso da evolução da doutrina, de várias formas*" (MARINONI, 2019, p. 15).

tema de dano ecológico, o processo não se presta a obter uma solução que recomponha o ambiente degradado.

Esse princípio, para o processo não constitui necessariamente uma novidade, tendo em vista que no direito italiano já havia doutrinador a defender a possibilidade de defesa da tutela inibitória em face de direitos absolutos. Marinoni rememora essa assertiva:

> Sustentou-se, no direito italiano, mediante interpretação analógica das normas que previam a inibitória para a proteção de determinados direitos absolutos, que os direitos pertencentes a esta categoria sempre poderiam ser protegidos mediante tutela inibitória. Partindo-se da premissa de que os direitos que comumente são tutelados pela inibitória são absolutos, pretendeu-se estender para os outros direitos absolutos esta forma de tutela (MARINONI, 2015, p. 53).

Todavia, deve-se destacar que a possibilidade de requerer tutela inibitória está, hodiernamente, ligada à ideia de prevenção, de sorte que o acesso à justiça e o processo tenham utilidade de efetivar direitos previstos no ordenamento jurídico[52].

Com efeito, não basta garantir acesso ao Poder Judiciário. É preciso igualmente, dar efetiva proteção aos direitos, sobretudo ao meio ambiente sadio. Para essa tarefa, é preciso ter interlocutores, juízes, advogados, membros do Ministério Público, cientistas, cidadãos, enfim, a sociedade, engajados na promoção do bem ambiental, por meio de discurso responsável[53], a fim de que a tutela verde se

---

[52] Luiz Guilherme Marinoni, nesse ponto, é assertivo: "*O direito de ação, nos dias de hoje, não pode ser mais visto como o simples direito de ir ao Judiciário, mas sim como o direito à predisposição da técnica processual realmente capaz de dar tutela ao direito. Não basta dizer que todos podem afirmar, perante o Judiciário, um direito à tutela, mas é preciso garantir ao cidadão o direito a técnica processual capaz de viabilizar a sua obtenção*" (MARINONI, 2015, p. 61).

[53] Hans Jonas, acerca do seu princípio de responsabilidade, fornece lição que merece ser recordada, até porque se está diante de um dever coletivo que não pode ser adiado:

revista do que realmente deve ser prevenido para a garantia desse postulado.

É o que afirma Luciana Cordeiro de Souza, ao salientar a necessidade de se ter educação ambiental e participação democrática como pontos elevados:

> Vale enfatizar que no princípio da prevenção a educação e a informação ambiental são requisitos essenciais para a tomada de decisões da coletividade sobre a questão ambiental, possibilitando a atuação da coletividade na busca de prevenir e precaver danos ambientais (SOUZA, 2009, p. 663).

Por isso, a prevenção constitui medida moderadora entre o lícito, ilícito e o perigo de dano, mesmo porque, para fins de utilidade do processo, esta é muito mais eficaz do que a recuperação ou a recomposição do dano, que não raro constituem ações insuficientes quando não se transformam em indenização pecuniária.

Para cumprir esses objetivos, a legislação processual civil brasileira avançou a fim de possibilitar que no processo, se pudesse tomar as cautelas para se efetivar a proteção ambiental.

Com efeito, o parágrafo único do art. 497 do Código de Processo Civil é assertivo quanto à possibilidade de o juiz adotar a tutela específica, sem a necessidade de comprovação do dano ou da existência de dolo ou culpa:

"*O futuro da humanidade é o primeiro dever do comportamento coletivo humano na idade da civilização técnica, que se tornou 'todo-poderosa' no que tange ao seu potencial de destruição. Esse futuro da humanidade inclui, obviamente, o futuro da natureza como sua condição sine qua non. Mas, mesmo independentemente desse fato, este último constitui uma responsabilidade metafísica, na medida em que o homem se tornou perigoso não só para si, mas para toda a biosfera. Mesmo que fosse possível separar as duas coisas – ou seja, mesmo que em um meio ambiente degradado (e em grande parte substituído por artefatos) fosse possível aos nossos descendentes uma vida digna de ser chamada humana, mesmo assim a plenitude da vida produzida durante o longo trabalho criativo da natureza e agora entregue em nossas mãos teria direito de reclamar nossa proteção*" (JONAS, 2011, p. 229).

> Art. 497. Na ação que tenha por objeto a prestação de fazer ou de não fazer, o juiz, se procedente o pedido, concederá a tutela específica ou determinará providências que assegurem a obtenção de tutela pelo resultado prático equivalente.
>
> Parágrafo único. Para a concessão da tutela específica destinada a inibir a prática, a reiteração ou a continuação de um ilícito, ou a sua remoção, é irrelevante a demonstração da ocorrência de dano ou da existência de culpa ou dolo (BRASIL, 2015, *online*).

Em relação ao que dispõe a Lei da Ação Civil Pública representa uma inovação, pois não se cogita a existência de dano. E em matéria ambiental, destaque-se que há uma conquista importante, pois são nesses temas que a tutela ressarcitória revela-se indubitavelmente insuficiente, como demonstram os casos das tragédias de Brumadinho e Mariana, ocorridas no Estado de Minas Gerais.

Marinoni traz lição sobre o assunto, inclusive a salientar a proibição de substituir a tutela inibitória por ressarcitória:

> A ação inibitória coletiva pura tem sido utilizada com certa frequência, sendo significativo o seu uso nas ações que, visando à proteção do meio ambiente, impedem, v.g., que uma fábrica que ameaça agredir o meio ambiente inicie as suas atividades.
>
> Aliás, para a demonstração da importância da tutela contra o ilícito no plano dos direitos transindividuais é importante a análise da proteção do meio ambiente, uma vez que este é um dos lugares em que a inefetividade da tutela ressarcitória evidencia-se de modo mais claro. Se é verdade que cresce em importância, nos últimos tempos, a reparação específica do dano ecológico e é necessária a responsabilização, ainda que pelo equivalente, daquele que agride o meio ambiente, o certo é que não se pode admitir a troca da tutela específica do bem ambiental pela tutela ressarcitória, sob pena de admitir-se, implicitamente, uma lógica perversa, que justifica o cínico 'poluo, mas pago' (MARINONI, 2015, p. 96-97).

Realmente, inverteria completamente a lógica dos princípios da precaução e prevenção convolar a tutela inibitória em ressarcitória, pois a razão de ser desses princípios é justamente de se antecipar ao dano.

3.3 Tutela de urgência inibitória e de remoção de ilícito

Na defesa do meio ambiente, constatada a possibilidade da concessão da tutela inibitória ou de remoção do ilícito, é preciso ter em conta que medidas judiciais devem ser imediatamente concedidas, porquanto o tempo é medida exata da extensão do dano ambiental.

Tem-se assim, que se houver demora, certamente mais difícil será evitar o dano[54]. De igual forma, se em curso, o tempo é fator primordial para a sua mitigação, haja vista que o ilícito ambiental prolonga seus efeitos destrutivos de acordo com a omissão ou a ação que é sua causa.

Portanto, a intervenção para obstaculizar o ilícito ecológico deve ser oportuna, rápida e efetiva, sob pena de tornar o processo absolutamente inútil, inócuo para satisfazer as pretensões da salvaguarda esperada. Dessa sorte, a tutela de urgência é medida essencial e visa pôr a salvo a eficácia da tutela final, e nessa perspectiva, obstar o ilícito ou reduzir o tanto quanto possível os efeitos do dano.

Para tanto, forçoso se faz que o acesso à justiça se correlacione com as medidas de urgência, porém, sem que se desconheça os eventuais

---

[54] Comumente as pessoas ainda não são capazes de perceber os danos ecológicos como parte do cotidiano das cidades. Por exemplo, em matéria de mudanças climáticas, não há uma educação capaz de sensibilizar que o estilo de vida impacta significativamente na emissão de gases nocivos para a saúde do planeta. É o que ressalta Irineu Tamaio: "*Para as pessoas é difícil estabelecer uma conexão entre o seu estilo de vida e as emissões de gases. Daí a necessidade de pensar a Mudança Climática em nível local, doméstico e cotidiano, para poder superar a atual percepção como uma questão distante. E, além disso, as pessoas têm dificuldade de entender qual a sua contribuição concreta para o agravamento do fenômeno. Portanto, é fundamental promover a ideia de que as Mudanças do Clima não são assunto restrito à esfera da ciência e da tecnologia, e que as soluções deverão emergir das construções e mobilizações coletivas (GAUDIANO & MEIRA, 2009)*" (TAMAIO, 2010, p. 09).

obstáculos que possam surgir, inclusive da própria incapacidade da sociedade se organizar para demonstrar o ilícito ambiental na sua inteireza. É o que destaca Karla Ureta:

> El acceso a la justicia para la protección del derecho al medio ambiente, lleva implícita la posibilidad de obtener una solución jurídica pronta y expedita en un conflicto de naturaleza ambiental. Ahora bien, como nos dice Herrera Torres, el acceso a la justicia en general puede presentar barreras u obstáculos, como el costo y el tiempo del litigio en el caso de demandas y la fuerza de los litigantes, así como sus diferentes capacidades económicas y técnicas para reclamar justicia, y la capacidad de la organización de los propios litigantes. Sin embargo, también se dice que el acceso a la justicia ambiental puede presentar algunas complicaciones adicionales, por la complejidad científico-técnica de los casos ambientales y los intereses en juego que pueden ser sociales, económicos o políticos. Aunado a esto, el derecho a un medio ambiente sano se ha considerado complejo porque sirve de pauta para otros derechos (URETA, 2017, p. 33)[55].

Diante desse cenário, para que se tenha tutela efetiva é preciso que o juiz não se comporte como mero observador ou espectador, tampouco se mantenha como um inerte presidente do processo.

O juiz, ao contrário, deve dialogar com as partes, participar e cooperar para a construção uma solução que seja efetiva e eficaz, ter

[55] Tradução nossa: "*O acesso à justiça para a proteção do direito ao meio ambiente conduz de forma implícita à possibilidade de obter uma solução jurídica pronta e expedita em um conflito de natureza ambiental. No entanto, como nos diz Herrera Torres, o acesso à justiça em geral pode apresentar barreiras ou obstáculos, como o custo e o tempo de litígio no caso de ações judiciais e a força dos litigantes, bem como suas diferentes capacidades econômicas e técnicas de reivindicar a justiça, e a capacidade da organização dos próprios litigantes. Não obstante, diz-se também que o acesso à justiça ambiental pode apresentar algumas complicações adicionais, devido à complexidade técnico-científica dos casos ambientais e dos interesses em jogo que podem ser sociais, econômicos ou políticos. Além disso, o direito a um ambiente sadio tem sido considerado complexo porque serve como diretriz para outros direitos*" (URETA, 2017, p. 33).

iniciativas probatórias em determinados casos (notadamente em face de direitos fundamentais, como o é o meio ambiente sadio), ou seja, um partícipe ativo, para que os postulados constitucionais, dirigidos ao processo, sejam observados em toda a sua plenitude[56]. E essa nova função do julgador tem sido acolhida pelo legislador, como se vê do Código de Processo Civil de 2015[57].

Fredie Didier Júnior, a propósito, quanto a proatividade judicial, comenta com arrimo no princípio da cooperação:

> Atualmente, prestigia-se no direito estrangeiro – mais precisamente na Alemanha, França e Portugal – e já com alguma

[56] Cândido Rangel Dinamarco destaca a postura do juiz no processo moderno em relação ao contraditório, ao diálogo das partes e iniciativas probatórias: "*A garantia constitucional do contraditório endereça-se também ao juiz, como imperativo de sua função no processo e não mera faculdade (o juiz não tem faculdades no processo, senão deveres e poderes). A doutrina moderna reporta-se ao disposto no art. 16 do nouveau côde de procédure civile francês, como a expressão da exigência de participar, endereçada ao juiz*" (DINAMARCO, 2000, p. 130-131).
Sobre o dever de dirigir e sanear o processo: "*A efetiva direção do processo, pelo impulso e saneamento, constitui fator importantíssimo para a celeridade da oferta de tutela jurisdicional, evitando atividades inúteis e retrocessos indesejáveis*" (DINAMARCO, 2000, p. 133).
Quanto à iniciativas probatórias: "*Outro dever do juiz moderno é o de ter iniciativas probatórias em certos casos. A visão tradicionalista do processo, como exagerado apego àquela idéia de um jogo em que cada um esgrima com as armas que tiver, levava à crença de que o juiz, ao tomar alguma iniciativa de prova, arriscar-se-ia temerariamente a perde a imparcialidade para julgar depois*" (DINAMARCO, 2000, p. 133).
O Diálogo com as partes também constitui dever do magistrado: "*o juiz participa em contraditório, também, pelo diálogo. A moderna ciência do processo afastou o irracional dogma segundo o qual o juiz que expressa seus pensamentos e sentimentos sobre a causa, durante o processo, estaria prejulgando e, portanto, afastando-se do cumprimento do dever de imparcialidade. A experiência mostra que ele não perde a equidistância entre as partes quando tenta conciliá-las, avançando prudentemente em considerações sobre a pretensão mesma ou a prova, quando as esclarece sobre a distribuição do ônus da prova ou quando as adverte da necessidade de provar melhor*" (DINAMARCO, 2000, p. 135).

[57] Diz o professor Kazuo Watanabe: "*Poucos se aperceberam do real objetivo do legislador, que é a indução do papel mais ativo do juiz na condução dos processos e para o efetivo cumprimento do princípio da imediatidade, que é uma das bases do processo oral adotado pelo nosso legislador processual*" (WATANABE, 2005, p. 687).

> repercussão na doutrina brasileira, o chamado princípio da cooperação, que orienta o magistrado a tomar uma posição de agente-colaborador do processo, de participante ativo do contraditório e não mais a de um mero fiscal de regras (DIDIER JUNIOR, 2009, p. 50).

Dessa forma, o magistrado deve cooperar para a efetivação da tutela ambiental, até porque ao Poder Judiciário foi confiado o dever de promover a eficácia e a efetividade de direitos fundamentais.

Todas essas exigências modernas de processo justo e juiz proativo devem ser cumpridas no caso de demandas ambientais, especialmente nos primeiros momentos do processo, na medida em que, se a tutela cautelar não for adequada, a sentença final suportará os seus efeitos mais nefandos.

Por isso, revela-se de extrema importância a análise e a adequação da decisão que examina e concede a tutela de urgência, pois é nesse instante processual que se definirá a utilidade e a efetividade da tutela jurisdicional.

Feita essa observação, é preciso fazer uma distinção. Se o processo for manejado para prevenir ou precaver o dano, deve ser utilizada a tutela inibitória, que nesse tema, deve ser prioridade. Assinala Ursula Almeida:

> No âmbito do direito ambiental, a tutela inibitória é cabível contra aquele que exerce atividade de risco e não adota medidas necessárias de prevenção e precaução. Ainda que não tenha ocorrido o dano ambiental, a violação do dever de evitar ou minimizar o risco ao meio ambiente é suficiente para a concessão da tutela inibitória.
>
> É cabível, por sua vez, a concessão de tutela de urgência para resguardar a efetividade da tutela inibitória. Os requisitos para a sua concessão são: relevância do fundamento e 'justificado receio da ineficácia do provimento final' (art. 84, §3º, do CDC e art. 298, caput, do NCPC). Assim como nas demais tutelas, o

autor deve demonstrar a probabilidade do direito alegado, mas não é necessário comprovar a iminência de dano irreparável ou de difícil reparação, e sim o risco de ineficácia do provimento final, que na tutela inibitória é a possibilidade da prática de ato ilícito (ALMEIDA, 2015, p. 111-112).

Acentue-se que esta tem por pressuposto, a probabilidade da prática de ato contrário ao direito, sem se exigir qualquer demonstração de probabilidade de dano:

> A tutela inibitória tem como pressuposto a probabilidade da prática de ato contrário ao direito – não a probabilidade de dano. Mas não é importante apenas sublinhar que a tutela inibitória requer apenas alegação de probabilidade de violação de direito. É também necessário evidenciar que o dano e a culpa não podem ser objeto da cognição do juiz, da investigação probatória ou da discussão das partes na ação endereçada à obtenção desta tutela (MARINONI, 2018, p. 97).

Nessa hipótese de iniciativa contrária ao direito (*in casu*, ao meio ambiente ecologicamente equilibrado), o juiz então, poderá conceder tutela de urgência, a fim de que se previna possível ação danosa[58]. Trata-se de medida que é endereçada para o futuro, e nessa situação certamente, ter-se-á a concreção mais vantajosa da proteção ecológica.

É bom pontuar que não é obrigatória a demonstração da probabilidade do dano, bastando a ameaça do ilícito (que não se confunde com aquele).

---

[58] Sobre a tutela cautelar inibitória e a sua natureza preventiva, que justificou a abolição das ações cautelares acessórias de uma principal, Marinoni pontifica: "*A tutela cautelar passou a ser admitida como tutela preventiva quando a prática forense percebeu que as novas situações de direito material necessitavam de uma tutela capaz de impedir o ilícito. A transformação da tutela de segurança em tutela preventiva fez com que se percebesse que essa tutela, por ser uma tutela não caracterizada pela instrumentalidade, não necessitava de duas ações processuais, ou de uma ação principal seguindo a ação que passou a ser rotulada de cautelar*" (MARINONI, 2018, p. 106).

De outra senda, se o dano estiver em curso, objetiva-se a tutela de remoção do ilícito, a fim de que o juiz dê prestação jurisdicional que determine medidas adequadas de contenção dos efeitos do dano. Ursula Almeida, uma vez mais explica:

> Se o dano ambiental ocorreu antes do ajuizamento da ação ou durante a sua tramitação, a tutela jurisdicional mais adequada é aquela que garante a reparação in natura, pois a indenização pecuniária não é suficiente para a efetiva proteção do meio ambiente. Por exemplo, se o dano ambiental consistiu no desmatamento da área de preservação ambiental, deve-se impor a obrigação de fazer para replantar a vegetação nativa, se for possível (ALMEIDA, 2015, p. 112).

Nesse caso, é de rigor que sejam tomadas medidas suficientes para obstar os efeitos deletérios do ato ilícito, para ao final, mediante o desenvolvimento válido dos atos processuais, promover e exigir o dever de reparação integral do dano ambiental[59], que constitui uma exigência constitucional.

Com efeito, o fim último da demanda ecológica não pode ser outro, senão o de evitar o ilícito ambiental ou, não sendo possível, garantir que exista recuperação do que foi objeto de violação. Convertê-la em pecúnia implica desacreditar tudo o que foi erigido para pôr a salvo o meio ambiente sadio.

Dentro desse contexto, o deferimento da tutela de urgência para remoção do ilícito, se afigura igualmente relevante para que se obtenha por intermédio do processo uma tutela final (inibitória ou de remoção[60]), realmente passível de ser concretizada.

---

[59] José Rubens Morato Leite e Melissa Ely Melo comentam o princípio da reparação integral do dano, com arrimo na doutrina de Herman Benjamin: "*A reparação integral significa que o dano ambiental deve ser recomposto na sua integridade, e não limitadamente, trazendo uma proteção mais efetiva ao bem ambiental. Benjamim diz que no direito brasileiro prevalece o princípio da reparabilidade integral do dano ao ambiente, por força de norma constitucional. Resultam deste princípio todas as formas de exclusão, modificação e limitação do reparo do dano ambiental*" (LEITE, 2007, p. 202).

[60] Nesse caso, deve se ter por certo a distinção entre ato ilícito e dano. Não são sinônimos.

Para a sua concessão, conforme os mesmos requisitos para a inibitória, não se cobra probabilidade do dano. Marinoni explica:

> A tutela de remoção do ilícito objetiva eliminar os efeitos concretos posteriores à prática da ação ilícita, nada tendo a ver com dano ou com a sua probabilidade. Não obstante, em virtude da não percepção da distinção entre ilícito e dano ou da não compreensão da necessidade de uma tutela civil dirigida unicamente contra o ilícito, a prática forense não conseguiu admitir outra coisa além de uma tutelada voltada contra a probabilidade do dano (MARINONI, 2018, p. 107).

A demonstração está limitada à demonstração do risco de ineficácia do provimento final, na forma do art. 300 do CPC. Isso porque a tutela de urgência nessas situações, visa resguardar o resultado útil do processo.

Destaque-se, por derradeiro, que por meio da tutela de urgência não se busca a antecipação da tutela. A sua finalidade é de resguardar o resultado útil do processo, ou em linhas gerais, o provimento jurisdicional que de forma efetiva, realiza o direito.

De outra senda, é perfeitamente possível a tutela de urgência nas ações de ressarcimento, sobretudo porque se deve antes de tudo, buscar a recuperação a fim de que se retorne ao *status quo ante* e não a indenização em dinheiro, que a seu turno, representa enfraquecimento desse destacado direito fundamental.

Em matéria ambiental portanto, a proteção da efetividade do processo é momento muito especial. Por isso, a tutela cautelar é substancial para a promoção do meio ambiente sadio.

3.4 Ônus probatório

O ilícito ambiental nem sempre representa a ocorrência de dano. Consoante visto, para se requerer tutela cautelar não é preciso que se demonstre a existência do dano, mas sim o ato contra o direito. Trata-se de inovação ao direito civil tradicional, de viés liberal e patrimonialista, que somente admitia responsabilidade se presente o fato danoso.

É o que destaca Marinoni em seu artigo *Prova e convicção judicial na tutela do meio ambiente*, a recordar a lição de Orlando Gomes:

> Portanto, é fora de dúvida que a unificação da categoria da ilicitude com a da responsabilidade civil, infiltrada em nossa tradição jurídica, é resultado de uma visão 'mercificante' dos direitos. O problema é que até hoje essa concepção prevalece em sede doutrinária e repercute sobre a formação da jurisprudência. Bom exemplo é a referência à obra de Orlando Gomes, dada a sua grande repercussão sobre a prática forense e as decisões dos tribunais. Eis o que nela está escrito: 'Não interessa ao Direito Civil a atividade ilícita de que não resulte prejuízo. Por isso, o dano integra-se na própria estrutura do ilícito civil. Não é de boa lógica, seguramente, introduzir a função no conceito. Talvez fosse preferível dizer que a produção do dano é, antes, um requisito da responsabilidade, do que do ato ilícito. Seria este simplesmente a conduta contrajus, numa palavra, a injúria, fosse qual fosse a consequência. Mas, em verdade, o Direito perderia seu sentido prático se tivesse de ater-se a conceitos puros. O ilícito civil só adquire substantividade se é fato danoso' (MARINONI, s/d, *online*).

Se fosse manter esse entendimento, a tutela ambiental estaria fulminada, notadamente os princípios da precaução e da prevenção que estão a exigir iniciativa e intervenção para evitar os danos, que são em sua maioria, irreversíveis. E mesmo que reversíveis, sabe-se que a recuperação da natureza leva décadas e décadas, senão séculos para ocorrer.

Desse modo, nota-se que a prova em demandas que têm por desiderato inibir o ilícito não pode ser a do dano, mas sim o do ato contrário ao direito, vale dizer ato que contrarie o direito fundamental ao meio ambiente sadio. Para a procedência do pedido, então deverá ser revelada a potencialidade e o perigo do dano, que é uma consequência do ato ilícito.

Mas, como ensina Marinoni, no seu artigo antes citado, deve existir diante do caso concreto, indícios de que o ato contrário ao direito gerará uma situação de risco com fundamento numa experiência passada ou numa presunção razoável, fulcrada no mínimo em elementos indiciários:

> De qualquer forma, é inevitável concluir que se a prova recai em um indício, e o juiz, a partir dele, raciocina com base na experiência e no senso comum para elaborar uma presunção sobre a ocorrência de um fato futuro, o juízo sobre o mérito, na ação inibitória, não se submete aos mesmos rigores dos juízos 'tradicionais'. Apanhadas as razões e a extensão do equívoco, torna-se fácil a sua dissolução. Basta aceitar a obviedade de que aquilo que deve ser demonstrado é a afirmação de que um fato futuro provavelmente ocorrerá, e não a afirmação de que um fato aconteceu. Os fatos passados se destinam apenas a demonstrar a afirmação de que o réu provavelmente praticará o ato contrário ao direito. Ou seja, o que se alega, e por isso deve ser demonstrado, é a probabilidade da prática do ato, ainda que essa demonstração se dê por meio de raciocínio presuntivo, isto é, a partir da prova do indício – que é fato passado.
>
> Note-se que, se o fato passado fosse um fato direto, o juiz não precisaria relacioná-lo com o fato temido. Aliás, ver o fato passado como fato direto implica admitir que o autor deve necessariamente alegá-lo na petição inicial, visto que apenas os fatos indiciários podem ser provados independentemente de alegação. Nesse sentido, se faltasse ao autor a alegação de um ato preparatório, a prova não poderia ser produzida. O absurdo dessa conclusão está em impor a aceitação de que um ato, indicativo da prática de um ilícito futuro, pode ser descartado pelo juiz pela razão de não ter sido afirmado na petição inicial. Um ato dessa espécie, em essência indicativo, possui indisfarçável natureza indiciária pelo simples motivo de que é um fato que gravita ao redor do fato essencial, servindo apenas para demonstrá-lo (MARINONI, s/d, *online*).

O mesmo raciocínio deve ser empregado para a remoção do ilícito, hipótese em que se pretende evitar os efeitos do ato ilícito. Não se exigirá prova do dano, mesmo porque não é esse o escopo da ação.

O caso concreto, certamente, orientará o juízo à formação de sua convicção, a fim de que seja tutelado o direito ao meio ambiente sadio, até porque, nesse assunto, nem sempre é possível retirar senão indicativos e presunções de que é preciso precaver-se ou prevenir-se diante de algumas situações[61].

Aliás, Herman Benjamin, a respeito do ônus da prova, desde muito sustenta que esse poderia ser invertido, colocando-se a cargo do poluidor demonstrar que sua ação não ensejaria degradação:

> A prova do nexo causal no campo ambiental pode ser facilitada de inúmeras maneiras. Primeiro, com as presunções de causalidade, principalmente levando em conta que, como regra, estamos 'na presença de uma atividade perigosa', onde, com maior razão, presume-se *iuris tantum* o nexo. Segundo, com

[61] Délio Winter de Carvalho, sobre a imposição de se prevenir em face de situações abstratas, faz lembrar que o Direito Ambiental deve antecipar aos danos: "*Sensível, cognitivamente, às irritações produzidas pela Sociedade de Risco, o Direito Ambiental tem imposto a consideração dos riscos ambientais como condição para a adoção de decisões com o escopo de prevenir danos ambientais, na formação de uma Teoria do Risco Abstrato. De ser ressaltado que este dever fundamental de prevenção (BENJAMIN, 1998; TESSLER, 2004) em matéria ambiental, encontra sua legitimidade no texto constitucional (art. 225), cujo conteúdo estabelece serem as presentes e as futuras gerações titulares do direito ao meio ambiente ecologicamente equilibrado. Este dever de prevenção compreende a obrigatoriedade de gestão jurídica tanto dos riscos concretos como dos riscos abstratos. Enquanto os riscos concretos são diagnosticáveis pelo conhecimento científico vigente, os abstratos encontram-se em contextos incerteza científica. Para o gerenciamento destas espécies de riscos, o Direito Ambiental prevê, respectivamente, os Princípios da Prevenção e da Precaução, como programas de decisão. Portanto, a Teoria do Risco Abstrato se trata da ressonância jurídica às incertezas científicas contemporâneas e à necessidade de gestão dos riscos ambientais no combate à falta de gestão ambiental pelos diversos sistemas sociais e suas instituições tradicionais, naquilo que Ulrich Beck denomina de irresponsabilidade organizada (BECK, 1992)*" (CARVALHO, 2008, p. 16-17).

> a inversão mais ampla do ônus da prova, uma vez verificada a multiplicidade de potenciais fontes degradadoras e a situação de fragilidade das vítimas. Terceiro, com a previsão de sistemas inovadores de causalidade, como o da responsabilidade civil alternativa ou baseada em 'parcela de mercado' (Market share-liabillity) (BENJAMIN, 2015, p. 129).

Dessa forma, diante das especificidades do caso concreto, poderá o juiz atribuir ao demandado o dever de provar que a sua ação ou omissão não enseja caracterização do ilícito.

É bom destacar que nesses casos, na forma do parágrafo único do art. 497 do Código de Processo Civil, não é preciso demonstrar a ocorrência de dolo ou culpa. O que está em simetria com o §1º do art. 14 da Lei 6.938/81 e com outras previsões normativas[62].

Haverá, outrossim, situações em que se pretenderá buscar a reparação dos danos causados ao meio ambiente[63]. Aí o fundamento

---

62 Acerca da responsabilidade civil objetiva por danos ambientais, Mancuso explicita: "*Esse regime de responsabilidade objetiva está acolhido na CF (art. 225, §1º, incisos II, IV e V e §3º; art. 21, XXIII, d) e vem contemplado em vários textos legais: Lei 6.453/1977, sobre danos nucleares – art. 4º; Lei 10.308/2001, sobre responsabilidade civil por danos radiológicos; Lei 10.406/2002 – Código Civil -, art. 927, § único; Lei 11.105/2005 – 'Lei da Biossegurança', art. 20. Vale destacar que o Código Florestal (Lei 12.651/2012) dispõe, no §1º do art. 2º, que a '(...) utilização e exploração da vegetação, as ações ou omissões contrárias às disposições desta Lei são consideradas uso irregular da propriedade' (g.n.), sujeitando o infrator à '(...) responsabilidade civil, nos termos do §1º do art. 14 da Lei 6.938, de 31 de agosto de 1981 e das sanções administrativas, civis e penais'. Esse regime repressivo-punitivo é completado com o §2º, dispondo que 'as obrigações previstas nesta Lei têm natureza real e são transmitidas aos sucesso, de qualquer natureza, no caso de transferência de domínio ou posse do imóvel rural' (g.n.)*" (MANCUSO, 2019, p. 456).

63 No Direito Espanhol, para o proprietário obter prestação jurisdicional que obste determinadas ações daqueles que violam o meio ambiente e seu respectivo ressarcimento, existe a ação negatória, conforme relata Joan Fernández: "*La acción negatoria constituye la tutela máxima y comprende no sólo la cesación en su sentido estricto, sino también la obligación de indemnizar por los daños que hayan sido ocasionados (artículo 3.1 de la LANISRV), sin necesidad de recurrir al artículo 1902 del CC, lo que a su vez incluye el restablecimiento de la cosa al estado anterior a la perturbación*" (FERNÁNDEZ, 2004, p. 415). Tradução nossa: "*A ação negatória constitui a máxima tutela e*

não será inibir nem remover os efeitos do ato ilícito, mas sim de obter ressarcimento. E esse ressarcimento, por imperativo constitucional e legal, haverá de ser a recuperação do meio ambiente degradado.

Uma vez mais, é possível ao juiz facilitar a realização da prova, invertendo o ônus, a fim de que a proteção ecológica se dê de forma eficaz, na medida em que, como reconhece a doutrina, a demonstração do nexo de causalidade não é tarefa das mais simples. Antes, representa desforço significativo, e algumas vezes, óbice intransponível para aquele que sofreu a lesão. É o que destaca Cafferatta, com amparo em outros doutrinadores:

> Así, Isidoro H. GOLDENBERG enseña que 'si el examen de la relación de causalidad constituye uno de los temas más conflictivos en el área de la juridicidad como lo enfatizaron los más destacados autores a punto tal de ser considerada inasequible desde una óptica epistemológica, en el caso particular del daño ambiental los problemas cognoscitivos se acentúan notablemente. Es que en el ITER causal se impone en primer lugar precisar la fuente del daño, la identificación de los agentes productores y la aportación de cada uno de ellos en el desmedro resultante.
>
> Se trata de situaciones de causalidad difusa reacias a ser atrapadas por el derecho, en virtud de la falta de certidumbre del saber científico en caso de concurrencia plural de los componentes degradantes, para delimitar los cursos dañosos del medioambiente, que pueden por otra parte actuar en forma coadyuvante, acumulativa o bien disyuntiva'.

---

compreende não só a cessão em seu sentido estrito, como também a obrigação de indenizar pelos danos que tenham sido ocasionados (artigo 3.1 da LANISRV), sem necessidade de recorrer ao art. 1902 do CC, o qual por sua vez inclui o restabelecimento da coisa no estado anterior ao dano" (FERNÁNDEZ, 2004, p. 415).

Contudo, como explica o mesmo autor, essa ação não pode ser utilizada para socorrer direitos difusos, senão os da própria propriedade lesada: *"Es una acción (la negatoria) que responde a una sistemática típica de tutela de la propiedad (no de la persona en sí, ni del medio ambiente, como interés difuso) en el marco de las relaciones de vecindad"*(FERNÁNDES, 2004, p. 410). Tradução nossa: "É uma ação (a negatória) que atende a uma típica sistemática da tutela da propriedade (não da pessoa em si, nem do meio ambiente, como interesse difuso) no âmbito das relações de vizinhança" (FERNÁNDES, 2004, p. 410).

> De las dificultades para adaptar la Teoría General del Derecho de Daños a esta subespecie del Derecho de Daños, que constituye el Daño Ambiental, ELENA I. HIGHTON señala que: 'Las particularidades de la causalidad en materia de medioambiente son difíciles de integrar dentro de los esquemas habituales de la causalidad jurídica. Los elementos que producen molestias son difusos y lentos, se suman y acumulan entre sí y son susceptibles de producir efectos a grandes distancias". (CAFFERATTA, 2008, p. 51-52)[64].

Por todas essas complexidades, poderá o juiz diante do caso concreto, evidenciada a hipossuficiência da parte e a necessidade de se levar a salvaguarda ecológica às últimas consequências, inverter o ônus da prova – o que é amplamente permitido pelo ordenamento jurídico brasileiro em situações desse jaez.

3.5 Sentença e a sua forma de cumprimento

Em razão de tudo o que foi argumentado, é preciso admitir que determinados dogmas do processo devam ser afastados quando da

[64] Tradução nossa: "*Assim, Isidoro H. GOLDENBERG ensina que 'se o exame do nexo de causalidade constitui uma das questões mais conflitantes na área de jurisdição, como enfatizaram os autores mais proeminentes a ponto disso ser considerado inacessível por uma ótica epistemológica, no caso particular de danos ambientais os problemas cognitivos se acentuam significativamente. É que o ITER causal exige primeiramente especificar a fonte dos danos, a identificação dos agentes produtores e a contribuição de cada um deles no resultado. Trata-se de situações de causalidade difusa relutantes em ser aprisionadas pelo direito, em virtude da falta de certeza do conhecimento científico em caso de concorrência plural dos componentes degradantes, para delimitar os cursos nocivos ao meio ambiente, que por outro lado podem atuar de forma coadjuvante, cumulativa ou disjuntiva'. Das dificuldades em adaptar a Teoria Geral do Direito de Danos a esta subespécie do Direito de Dano, que constitui danos ambientais, Elena I. HIGHTON observa que: 'As particularidades da causalidade no campo do meio ambiente são difíceis de integrar dentro dos esquemas usuais de causalidade jurídica. Os elementos que causam danos são difusos e lentos, se somam e se acumulam entre si, e são suscetíveis de produzir efeitos em longas distâncias'* (CAFFERATTA, 2008, p. 51-52).

prolação da sentença e do seu cumprimento, para que se cumpram os postulados do mandamento constitucional estatuído no art. 225 da Constituição de 1988.

Consoante visto, o dano ambiental é dinâmico, e no decorrer do processo em razão do tempo pode-se agravar, e com isso, modificar a situação de fato delineada na inicial. Desse modo, a sentença quando da sua prolação ou do seu cumprimento torna-se absolutamente ineficaz. Por isso, é preciso que determinados dogmas do processo sejam afastados diante do caso concreto, a exemplo da estabilização da demanda[65] e adstrição ao pedido.

Sérgio Cruz Arenhart corrobora:

> Imagine-se o princípio da demanda. Segundo sua essência – e a consequente ideia da adstrição – o juiz está limitado ao pedido formulado pela parte. Assim, cabe à parte autora determinar exatamente aquilo que pretende em juízo, devendo o juiz observar esses limites em sua atuação. Ora, é fácil perceber que a discussão judicial de políticas públicas implica conflitos cujas condições são altamente mutáveis e fluidas. As necessidades de proteção em um determinado momento, muito frequentemente, serão distintas daquelas existentes em outra ocasião. Isso impõe uma dificuldade imensa para o autor da demanda em determinar, no início do litígio, exatamente aquilo que será necessário para

[65] Sabrina Nasser de Carvalho tem posição idêntica á defendida em relação às demandas coletivas: "*Justamente pelas características fluidas dos direitos transindividuais, difíceis de dimensionar com precisão, o sistema rígido de estabilização da demanda proposto pelo vigente Código de Processo Civil, que veda a alteração dos elementos objetivos da demanda após o despacho saneador (art. 329), também se revela insuficiente para corroborar com a efetividade do instrumento coletivo. Neste ponto, não houve avanços no Novo Código de Processo Civil, vez que não prevaleceu a proposta do Anteprojeto de alteração dos elementos objetivos (causa de pedir e pedido) até o proferimento da sentença, observado o contraditório. Neste diapasão, sem embargo do respeito e da proteção da cláusula do contraditório e do ônus imputado ao legitimado de especificar as alegações na petição inicial, deve ser permitida a alteração do pedido e da causa de pedir a qualquer tempo ou grau de jurisdição, quando houver reais circunstâncias que justifiquem esta flexibilização, permitindo o alcance do resultado esperado*" (CARVALHO, 2016, p. 146-147).

> atender adequadamente ao direito protegido. Por isso, neste campo, exige-se que esse princípio tenha sua incidência atenuada, permitindo que o juiz possa, em certas situações, diante das evidências no caso concreto da insuficiência ou da inadequação da 'tutela' pretendida pelo autor na petição inicial, extrapolar os limites do pedido inicial (ARENHART, 2017, p. 482).

Com razão o autor, sobretudo se considerar a lição empenhada para a solução das demandas ecológicas, que consoante delineado, contém alta carga de volatilidade capaz de alterar substancialmente o quadro fático narrado na petição inicial.

Diante disso, é necessário afrouxar o princípio da adstrição, com o que se dará, conforme o caso concreto, a proteção exigida pelo texto constitucional ao meio ambiente.

Com efeito, se pretende um processo efetivo que não se mantenha sob as amarras de uma autonomia descabida, outra solução não poderá ser adotada. Afinal, o processo, na concepção moderna, é justamente para garantir a efetividade do direito material. Carlos Alberto Salles pondera sobre o tema:

> O desenvolvimento mais recente do direito processual reflete a preocupação metodológica de um redimensionamento do objeto de estudo dessa área jurídica, reconhecendo a instrumentalidade dos mecanismos processuais em relação ao direito material. Esse redimensionamento metodológico introduz, como preocupação prioritária, a capacidade do processo de produzir resultados consistentes com as necessidades do ordenamento de direito material (SALLES, 2017, p. 199).

Essa proposição, de outra senda, não implica desprezo pelas regras processuais. Não é disso que se está a tratar. O que se propugna é pela possibilidade, diante da situação fática ocorrente no momento da prolação da sentença, do juiz não ficar absolutamente adstrito aos pedidos do autor. Sem dúvida, isso dinamiza a proteção ambiental e garante ao processo um resultado útil.

Do mesmo modo, deve ser adotada igual postura no momento do cumprimento da sentença, oportunidade em que será relativizada a coisa julgada, mas se dará ampla participação das partes envolvidas (ou até mesmo de *amicus curiae*), de sorte que seja o tanto quanto possível efetiva e eficaz a decisão[66].

Não obstante se tratar de um direito fundamental, a coisa julgada foi erigida sob a concepção individualista e patrimonialista, e não para processos que se destinam a discutir e a tutelar direitos difusos e transindividuais. Susana Henriques da Costa e Débora Chaves Martines Fernandes recordam essa perspectiva:

> De fato, essas regras processuais objetivam alcançar distintos fins, em especial evitar a prática de atos dispensáveis ou protelatórios, garantindo o bom termo do processo, e no tocante à coisa julgada conceder imutabilidade à decisão final para possibilitar à parte vencedora o correspondente cumprimento. Todas essas regras, não custa lembrar, foram elaboradas para atender às necessidades dos processos individuais, em um cenário em que a discussão judicial dos direitos coletivos, de modo geral, ainda era incipiente no Brasil. Desta feita, não são elas adequadas aos processos que discutem política pública e concretização de direitos sociais. Isso porque os direitos sociais são, regra geral, essencialmente difusos, de natureza indivisível e sua titularidade é impossível determinar. Com efeito, a contingencialidade e a consequente mutabilidade são características desses direitos (sociais) e qualquer alteração na realidade social pode tornar a tutela jurisdicional pleiteada inapta ou ineficaz com o passar do tempo (COSTA, 2017, p. 375).

---

[66] Ada Pellegrini Grinover, ao comentar sobre as características do novo processo, qual seja para solucionar conflitos de interesse público, enfatizou: "*O cumprimento de sentença, por sua vez, deve ser flexibilizado, com a participação da administração mediante planejamentos aprovados pelo juiz, que deve acompanhar a execução, podendo servir-se para tanto de um terceiro independente, pertencente a órgãos públicos ou privados, que se ocupe do cumprimento da sentença, sempre em comunicação estreita com o juiz e sob seu comando*" (GRINOVER, 2017, p. 446).

Com efeito, a tutela ambiental não pode se apequenar diante de amarras processuais para se concretizar. Num processo de interesse público, a sua concreção deve se afastar das limitações que foram edificadas em torno de um propósito liberal de proteção do patrimônio privado.

Por esse motivo, conforme o caso em exame, o juiz poderá superar a coisa julgada, com o objetivo de conferir a máxima eficácia ao meio ambiente sadio[67], que também constitui direito fundamental, cumprindo destacar que entre esses, não pode haver hierarquia pré-determinada.

É possível afirmar que, em caso de lesão ecológica a atingir toda uma coletividade, haverá de preponderar a salvaguarda ambiental e a existência de cumprimento de sentença, que torne o processo útil para o resultado aguardado.

Enfim, todos esses predicados formam os pressupostos para a defesa do meio ambiente num Estado Ambiental que tem por finalidade promover e garantir a qualidade de vida aos seus cidadãos.

---

[67] Vladimir Passos de Freitas também discorre sobre a necessidade de se flexibilizar a coisa julgada em demandas ambientais: "*Outra grande dificuldade referente ao processo ambiental, diz respeito à coisa julgada em matéria ambiental. A Lei de Introdução do Código Civil, no art. 6º, §3º dispõe que a coisa julgada é a 'decisão judicial que não cabe mais recurso'. Ou seja, com a coisa julgada o direito fica incorporado ao patrimônio do titular por força de uma decisão judicial, imutável. Ademais, trata-se de direito fundamental e garantia constitucional (art. 5º XXXVI). Assim, a coisa julgada parte do pressuposto de que, esgotadas as hipóteses de impugnação da sentença, seu conteúdo é imutável, privilegiando-se a segurança jurídica e as relações entre as partes. No entanto, como adverte Édis Milaré, 'esse expediente processual, todavia, não se ajusta e não satisfaz de modo pleno as necessidades exigidas à tutela de interesses situados em plano superior aos meramente individuais, como é o caso da defesa do meio ambiente, onde, em regra, lesada é a coletividade'. Na verdade, há tendência no ordenamento jurídico brasileiro de relativização da coisa julgada, entendendo-se pela possibilidade de rescisão de sentenças já transitadas em julgado, desde que objetivamente desarrazoadas. Em outras palavras, o brocardo jurídico res judicata pro veritate accipitur, vem perdendo força em tempos recentes. No caso de ações de cunho ambiental a discussão ganha ainda mais relevância, partindo-se do fato de que no momento que a Constituição Federal assegura o direito a um meio ambiente ecologicamente equilibrado e essencial à sadia qualidade de vida, isto daria ensejo à relativização da coisa julgada, pois não haveria sua formação contra a Constituição, já que ela é a base de validade da própria coisa julgada*" (FREITAS, 2018, p. 2960-2961).

4

PROCESSOS COLETIVOS E O ESTADO AMBIENTAL

A concreção do Estado Ambiental, ambicionada pela Constituição de 1988, se faz imperiosa, defronte as suas diversas manifestações em favor da dignidade humana (art. 1º, III), da promoção do bem de todos (art. 3º, IV), da vida (art. 5º, *caput*), liberdade (art. 5º, *caput*), segurança (art. 5º, *caput*), igualdade (art. 6º), saúde (artigos 6º e 196), alimentação (art. 6º), função social da propriedade (art. 170, III), defesa do consumidor (art. 170, V), defesa do meio ambiente (art. 170, VI, e art. 225), redução das desigualdades (art. 170, VII), desenvolvimento das cidades e garantia de bem-estar para seus habitantes (art. 182), assistência social (art. 203), educação (art. 205), cultura (art. 215), desenvolvimento científico e tecnológico (art. 218), proteção dos índios (art. 231).

Note-se que todos esses direitos fundamentais são mandamentos diretivos de uma ordem de bem-estar, mas com intensa participação do cidadão. É, senão, pelo Estado Ambiental que encontram melhor justificação e instrumentos para a sua concreção, na medida em que nesse modelo, se procura promover, preservar e incrementar qualidade de vida (meio ambiente sadio), em toda a sua complexidade, habilitando o cidadão de forma a construir e exigir o extenso rol de direitos fundamentais elencados pela Constituição.

Porém, no ordenamento jurídico brasileiro, ainda não se ofereceu ao cidadão o protagonismo prometido pelo texto constitucional. Veja-se que ainda existem relevantes óbices para que se cumpra a defesa do meio ambiente de forma coletiva, com o que se torna impossível satisfazer, em plenitude, o mandamento constitucional de proteção ecológica. Desse modo, o cidadão não alcança acesso à jurisdição constitucional, tampouco à justiça constitucional para fazer valer a sua legitimidade e a satisfação de seu dever.

Há, portanto, um equívoco legislativo que necessita ser analisado e superado, para que o destino da proteção verde não fique somente a cargo de instituições que, não raro, estão distantes dos problemas cotidianos que afetam a qualidade de vida da coletividade. E dentro desse quadro, quando se oferece oportunidade ao cidadão, os obstáculos são quase intransponíveis, como se verá adiante.

Certamente, não é mais possível haver numa Constituição que iterativamente tem por pilar a cidadania (art. 1º, II) e a participação democrática (art. 3º, I, e art. 14), hesitação em dar ao cidadão os instrumentos processuais adequados para que de fato, possa participar democraticamente das escolhas políticas, sem a dependência das convocações litúrgicas do Poder Público para o exercício da cidadania.

É preciso confiar de uma vez por todas, no cidadão, na sua capacidade de fazer escolhas, no seu senso de justiça (especialmente na seara ambiental), naquele indivíduo coletivamente inserido, que é alcançado e atingido pelos efeitos das agressões ao meio ambiente, nas suas mais diversas formas de expressão[68].

---

[68] O objeto do Direito Ambiental não é inteiramente definido de modo pacífico pela doutrina e pelo ordenamento jurídicos dos países que se ocupam em defendê-lo. O Brasil, a seu turno, adotou uma conceituação bastante ampla, não restringindo a proteção apenas ao meio ambiente natural. Nesse diapasão, colhe-se a observação de Ingo Sarlet e Tiago Fensterseifer: "*O Direito Ambiental brasileiro, por sua vez, acolheu, na regulação jurídico do ambiente, um conceito amplo. Conforme pontua Erasmo Ramos, 'a definição legal brasileira de meio ambiente foi fortemente influenciada pelo direito anglo-saxônico, precisamente pelo direito norte-americano. Trata-se de uma definição geral*

Neste ponto da história, não há mais como negar que cada cidadão tem sua responsabilidade de agir para a preservação do meio ambiente, e de seus mais caros atributos que garantem a todos uma vida digna e sadia. Já não é mais a esperança[69], na utopia que se chega a uma ação.

---

que goza de uma abrangência excepcional englobando, além da fauna, flora e solo, águas, ar, clima, também os aspectos paisagísticos e o meio ambiente criado pelo ser humano em âmbito cultural, econômico e social'. De modo a ancorar normativamente tal entendimento, destaca-se o conceito de ambiente trazido pelo art. 3º, I, da Lei da Política Nacional do Meio Ambiente (Lei 6.938/81), ai dispor que o ambiente configura-se como 'o conjunto de condições, leis, influências e interações de ordem física, química e biológica, que permite, abriga e rege a vida em todas as suas formas'" (SARLET, 2014, p. 311-312).
Igualmente, deve ser salientado que, em alguns países, ainda se discute a proteção ambiental no âmbito constitucional. Assim, ainda existe algum debate se o meio ambiente sadio constitui, ou não, direito fundamental, embora se reconheça o avanço da constitucionalização desse direito mundo afora, conforme assinalam Jaume Vernet e Jordi Jaria: "*La situación planteada, sin embargo, parece apuntar a una evolución hacia un reconocimiento efectivo de un derecho a un medio ambiente sano. Podría decirse que, mientras los estados con ordenamientos jurídicos con mayor eficacia real, avanzan con prudencia hacia ese reconocimiento, afinando progresivamente los instrumentos de protección, los estados que provienen de una tradición constitucional basada en documentos generalmente de tipo semántico van dotando progresivamente de contenido los derechos ambientales ya reconocidos en sus constituciones. Esta visión optimista de las cosas responde, fundamentalmente, a los logros alcanzados en el terreno internacional en los últimos treinta años, que, aunque puedan parecer insuficientes para algunos, representan un avance importantísimo en el nivel de compromiso em un período de tiempo relativamente corto*"(VERNET I LLOBET, 2007, p. 527). Tradução nossa: "*A situação, no entanto, parece apontar para uma evolução para um reconhecimento eficaz do direito a um meio ambiente sadio. Poderia se dizer que, enquanto os estados com sistemas jurídicos mais eficazes, avançam com prudência a esse reconhecimento, ajustando progressivamente os instrumentos de proteção, os estados que vêm de uma tradição constitucional baseada em documentos geralmente do tipo semântico vêm dotando progressivamente de conteúdo os direitos ambientais já reconhecidos em suas constituições. Esta visão optimista das coisas responde, fundamentalmente, às realizações alcançadas no terreno internacional ao longo dos últimos trinta anos, o que, embora possam parecer insuficientes para alguns, representam um passo muito importante no nível de compromisso em um período de tempo relativamente curto*"(VERNET I LLOBET, 2007, p. 527).

[69] Padre Antônio Vieira, desde muito, explicava que a esperança não pode ser apenas o ato de confiar, mas também de querer: "*Mas se a esperança é um afeto que sempre anela a ver, e está suspirando pela vista, e no Sacramento não vê nem pode ver o sumo bem que deseja, como pode o Sacramento e Deus invisível nele ser satisfação da esperança?*

É pelo medo "que nos convida a agir" (JONAS, 2011, p. 351) e defender o presente e o futuro das ameaças que colocam em xeque a sadia qualidade de vida.

Há, todavia, meios para que o cidadão possa participar da salvaguarda do meio ambiente sadio. Um dos mais notáveis é a ação coletiva, que representa uma conquista relevante para a concreção do Estado Ambiental, notadamente para o controle e efetivação de suas políticas públicas.

É válido e oportuno registrar que essa espécie de ação haverá de prevalecer nesse modelo, a preponderar sobre as demandas individuais, com o que se evitará o estrangulamento do Poder Judiciário brasileiro, que se acha inundado por milhões e milhões de processos, sem conseguir exercer a sua competência constitucional de distribuir justiça. Ada Pellegrini Grinover faz essa observação:

> Isso significa fragmentar a prestação jurisdicional, fomentar a contradição entre julgados, tratar desigualmente os que estão

---

Este é o último mistério e o mais escuro ponto do nosso discurso, para cuja inteligência será necessário desentranhar mais interiormente, e fazer uma exata anatomia da esperança. É questão célebre entre os teólogos, se a esperança reside no entendimento ou na vontade: os mais defendem que é ato da vontade, os menos que é ato do entendimento; mas a opinião mais provável, e para mim sem dúvida, é que a esperança compreende ambas as potências, firmando-se com um pé no entendimento e com outro na vontade. Por isso a esperança se chama âncora, nome que lhe deu S. Paulo: Ad tenendam propositam spem, quam sicut anchoram habemus animae tutam ac firmam. E assim como a âncora, para estar segura, há de prender de uma e da outra parte, assim a esperança, para se firmar bem na alma, não só há de estar fundada em uma das potências, senão em ambas juntamente. É a esperança um composto de desejo e confiança: com a vontade deseja, e com o entendimento confia; se desejara sem confiança de alcançar, seria somente desejo; mas como deseja e confia juntamente, por isso é esperança. Daqui se segue que para a esperança estar inteiramente satisfeita, parte da satisfação há de pertencer ao desejo, e parte à confiança: ao desejo para alívio, à confiança para o seguro, e tudo isto tem a esperança no Sacramento. Tem seguro para a confiança, porque o Sacramento é penhor; tem alívio para o desejo, porque o mesmo Sacramento é posse: penhor enquanto o temos fechado naquela custódia; posse enquanto dentro do peito o temos em nós e conosco. Está dito tudo. Vamos à prova por partes" (VIEIRA, 1669, *online*). Ou seja, esperança convoca à ação, e não à espera!

> exatamente na mesma situação (jurídica ou fática) e assoberbar os tribunais que devem processar e julgar em separado milhares, ou centenas de milhares de demandas repetitivas, quando um único julgamento em ação coletiva poderia resolver a questão erga omnes. Principalmente agora que a jurisprudência do STJ se pacificou, posicionando-se pela inaplicabilidade do óbice relativo à competência territorial (art. 16 da LAC) e a favor da coisa julgada de âmbito nacional (GRINOVER, 2015, p. 19).

O processo coletivo é sem dúvida, o que deve imperar no Estado Ambiental, por meio do qual se corrigirá os efeitos deletérios que se aplicam a um Poder Judiciário assoberbado, sem condições materiais de prestar jurisdição célere e com qualidade.

Esse caminho já se encontra delineado, desde a criação da ação popular e da ação civil pública e reafirmado com a instituição do mandado de injunção, mandado de segurança coletivo, do *habeas data* e repercussão geral no recurso extraordinário e o regime de demandas repetitivas no recurso especial, bem como com a prescrição do art. 139, X, do Código de Processo Civil[70].

Mas, ainda existe a necessidade de se aprofundar nesses mecanismos processuais, de sorte a se fazer as alterações legislativas e constitucionais, para que se obtenha a implementação do processo coletivo em toda a sua adequada extensão. E tudo isso deve passar pela participação do cidadão e pela sua imensurável contribuição para a concreção dessa espécie de Estado que ora se apregoa.

4.1 Processo coletivo e o modelo da *class action*

No processo ainda predominam as balizas individuais e patrimonialistas, pois foi por meio desses postulados que se ergueu toda a sua estrutura principiológica. Por isso, não se tem um regime próprio para

---

[70] Haveria outra hipótese de conversão de ação individual em coletiva. Entretanto, vetou-se o art. 333 do CPC/2015.

os processos coletivos, que estão a lidar com o interesse público e com direitos difusos e coletivos.

Em verdade, o processo surgiu para proteger as conquistas liberais do Estado Moderno, a evitar que se pudesse interferir nos assuntos privados.

Luiz Guilherme Marinoni faz importante escorço:

> O processo civil, à época do Estado de Direito de matriz liberal, não tinha preocupação em dar tutela preventiva aos direitos. O direito, nesta época, era voltado a proteger as liberdades e as conquistas da classe burguesa a ameaça de arbítrio do Estado. O Estado, para garantir a liberdade, era obrigado a tratar todos da mesma forma, independentemente das suas diferenças concretas. Tomava-se em conta o conceito de igualdade formal perante a lei, sendo que qualquer tratamento desigual – ainda que a posições desiguais – era visto como 'privilégio'.
>
> Este Estado, porquanto não podia tratar as posições jurídicas e sociais de forma diferenciada, obviamente não podia desenhar políticas públicas voltadas a dar proteção específica ou mais incisiva a determinadas classes de pessoas ou espécies de direitos (MARINONI, 2018, p. 50).

A partir desse escopo liberal é que se iniciou a construção da principiologia processual, que ora se encaminha para uma vertente mais ampla, qual seja a efetivação de direitos em menor tempo possível, sempre a resguardar a utilidade do processo para realizar o direito material, sobretudo, de forma preventiva evitando-se a ocorrência do dano ou dos seus efeitos.

Porém, ainda assim, se tem uma formatação de processo destinado para a solução de controvérsias de natureza individual, ou seja, busca-se resolver conflitos envolvendo particulares entre si ou particulares em face do Estado que se mantém omisso quanto a direitos fundamentais.

Contudo, diante da asserção do Estado Ambiental, que objetiva a promoção de direitos difusos, coletivos e transindividuais, calcado na afirmação da qualidade de vida, vê-se que o processo, tal como se encontra positivado, torna-se instrumento inapropriado para a consecução dos seus fundamentos.

Por esse motivo, sem abandonar o processo de conteúdo individual, se faz absolutamente necessário criar uma dogmática própria dos processos coletivos. Alguns dos seus pressupostos foram indicados no capítulo anterior, e a experiência norte-americana da *class action* também serve como parâmetro seguro, até porque de alguma forma, está presente na legislação brasileira.

Volte-se as atenções para o exemplo norte-americano, que inspira o Estado Ambiental.

A *class action*, a propósito, contém precedentes muito antigos, consoante registra Ada Pellegrini Grinover:

> O instituto da *class action* do sistema norte-americano, baseada na *equity* e com antecedente no *Bill of Peace* do século XVII, foi sendo ampliado de modo a adquirir aos poucos papel central no ordenamento. As *Federal Rulesof Civil Procedure* de 1938 fixaram, no art. 23, as seguintes regras fundamentais: a – a *class action* seria admissível quando impossível reunir todos os integrantes da *class*; b – caberia ao juiz o controle sobre a representatividade adequada; c – ao juiz também competiria a aferição da existência da comunhão de interesses entre membros da *class*. É, ainda, das regras processuais de 1938 a sistematização do grau de comunhão de interesses, da qual resulta uma classificação das *class actions* em *true, hybrid* e *spurious*, conforme a natureza dos direitos objeto da controvérsia (*joint, commom ou secondary*, ou ainda *several*), com diversas consequências processuais (GRINOVER, 2006, p. 186).

Ainda de acordo com Ada Pellegrini, em 1966 foram sedimentados os pré-requisitos de toda e qualquer ação de classe. Confira-se:

> A Regra 23 das Federal Rules de 1966, que tem caráter pragmático e funcional, contém quatro considerações prévias

(pré-requisitos) e estabelece três categorias das *class actions*, sendo duas obrigatórias (mandatory) e uma não obrigatória (not-mandatory), cada uma com seus próprios requisitos.

As considerações prévias fixam pré-requisitos para qualquer ação de classe, da seguinte maneira:

(a) 'Pré-requisitos para a ação de classe: Um ou dois membros de uma classe podem processar ou serem processados como partes, representando a todos, apenas se (1) a classe é tão numerosa que a reunião de todos os membros é impraticável, (2) há questões de direito ou de fato comuns à classe, (3) as demandas ou exceções das partes representativas são típicas das demandas ou exceções da classe e (4) as partes representativas protegerão justa e adequadamente os interesses da classe' (GRINOVER, 2006, p. 186).

Nos Estados Unidos, um dos precedentes mais representativos da *class action* é o caso *Brown vs. Board of education*[71]. Por meio dessa ação,

[71] José Carlos Barbosa Moreira, em artigo lapidar, rememora os grandes julgamentos da Suprema da Corte dos Estados Unidos e, entre eles, identifica o caso *Brown vs. Board of education*: "*Tem-se dito, e não sem boas razões, que a Suprema Corte norte-americana é o órgão judicial mais poderoso do mundo. Com efeito, muitas de suas decisões -certamente com maior frequência e profundidade que as de qualquer outro tribunal- influíram na história e traçaram rumos novos à vida da sociedade nos Estados Unidos. Várias dessas decisões ficaram assinaladas pelo teor inequivocamente progressista: por exemplo, as inspiradas no propósito de fazer cessar a prática da discriminação racial, conforme ocorreu no célebre caso Brown x Board of Education, de1952, que julgou inconstitucional a segregação étnica nas escolas. Algumas provocaram reações mistas, com aplausos entusiásticos de certos setores e acres censuras de outros: assim as que consagraram, em prol dos suspeitos de crime e dos indiciados, garantias vistas como excessivas por uma parte da opinião pública, dentro e fora dos círculos jurídicos. Nesse rol inclui-se, v.g., o primeiro acórdão no caso Miranda x Arizona, de 1966, que tomou obrigatória, em toda detenção pela polícia, a comunicação explícita ao detento de que ele tem o direito de guardar silêncio; de que tudo quanto disser poderá ser usado em seu desfavor no julgamento; de que pode exigira assistência de advogado; de que, se não possuir recursos para pagá-lo, o Estado colocará um gratuitamente à sua disposição. Não existe hoje quem, tendo assistido a filmes policiais norte-americanos, não haja visto aplicar semelhante regra, às vezes em circunstâncias que beiram involuntariamente o cômico, com o detento a debater-se, a fazer todos os esforços para escapulir, e o police officer, quase sem fôlego, a recitar-lhe, bem ou mal, a cantilena de*

discutia-se a constitucionalidade da separação de negros e brancos que preponderava nas escolas estadunidenses. O Poder Judiciário, por meio da Suprema Corte, naquele momento histórico entendeu que a segregação era inconstitucional, na medida em que violava a décima quarta emenda.

Owen Fiss, a respeito do caso que fora desaguar na Suprema Corte, traz o enredo da demanda e o contexto em que ela estava inserida:

> Brown exigia nada menor que a transformação dos 'sistemas duais de escolas', com escolas separadas para brancos e negros, em 'sistemas unitários de escolas, não-raciais', o que implicava uma reforma organizacional profunda. Tal transformação exigia novos procedimentos para a escolha de alunos; novos critérios para a construção de escolas; a substituição dos corpos docentes; a revisão do sistema de transportes para acomodar novas rotas e novas distâncias; nova alocação de recursos entre escolas e atividades; a modificação do currículo; o aumento de verbas; a revisão dos programas desportivos das escolas; novos sistemas de informação para monitorar o desempenho da organização; e muito mais. Entendeu-se a tempo que o fim daquela segregação era um processo de transformação total, no qual o juiz encarregava-se da reconstrução de uma instituição social existente.

---

praxe, indispensável para validar a detenção. Outra decisão extremamente polêmica foi a do caso Roe x Wade, de 1973, em que a Corte, além de declarar a inconstitucionalidade de lei estadual, que restringia severamente a admissibilidade do aborto, editou autêntica regulamentação da matéria. Chegou a ponto de adotar uma divisão do tempo de gestação em trimestres, para cada um dos quais fixou regime próprio: a lei que pretendesse estabelecer restrições ao aborto poderia fazê-lo, com crescente intensidade, a partir do segundo trimestre, mas teria de respeitar a decisão da gestante no primeiro. Não deixou de haver casos em que a Corte tomou posição frontalmente oposta a valores caros à tradição liberal do país. Num deles, Korematsu x United States, de1944, ela legitimou a compulsória remoção da costa do Pacífico, pretensamente fundada em motivos de segurança nacional, de cidadãos norte-americanos de origem japonesa, os quais foram encaminhados a estabelecimentos que não faltou quem equiparasse – decerto com exagero – a campos de concentração. Ora bem: na história de toda instituição longeva há luzes e sombras, e surpreenderia que tal não acontecesse com a Suprema Corte norte-americana" (MOREIRA, 2003, p. 201-202).

> A eliminação da segregação exigia uma revisão das concepções formadas sobre a estrutura de partes, novas formas de controle de comportamento judicial e novas maneiras de observar a relação entre direitos e medidas judiciais (FISS, 2017, p. 121).

Trata-se, dessa forma, de caso que verdadeiramente inaugurou uma nova concepção de processo e de atuação judicial.

Com efeito, o Poder Judiciário, como nunca antes, adentrou no exame de uma escolha política de Estado, a fim de fazer valer a supremacia constitucional que vedava a discriminação entre brancos e negros. Não se tratava de decidir conflitos individuais, mas de discutir o acerto ou o desacerto de uma política pública em face da Constituição, e no caso concreto, impor uma solução que deveria prevalecer sobre a opção estatal.

Isso implica alteração substancial da própria função do processo e do próprio Judiciário, já não mais passivo em face de agressões ao texto constitucional. A partir desse acontecimento, inicia-se uma fase de intenso ativismo judicial que tinha por desiderato afirmar a supremacia constitucional, muito embora com intensa contestação daqueles que intentavam que o Judiciário não se intrometesse na autonomia dos Estados[72].

---

[72] Andrei Koerner, a respeito do ativismo judicial da Corte Warren, comenta: "*O papel político da Suprema Corte é amplo e complexo, pois é mobilizada para decidir sobre questões críticas e suas respostas produzem impactos imprevistos. Suas decisões iniciaram ou prolongaram controvérsias, com forte impacto sobre a luta partidária e a política dos estados. A mobilização política e social desencadeou uma dinâmica de fortalecimento do controle da constitucionalidade e a Corte emitiu fortes mensagens para alguns atores fazê-lo. Decisões judiciais podem gerar estratégias de resistência e contra mobilização. A resistência e as reações às decisões da Corte Warren foram disseminadas nos estados do Sul, que as consideravam abuso de poder, ao estenderem o domínio dos direitos constitucionais e interferirem na autonomia estadual. A campanha de Nixon para a presidência em 1968 elegeu o ativismo da Corte Warren como alvo e prometeu nomear juízes que adotassem a contenção judicial. Mas seus partidários provocaram a Suprema Corte a desempenhar um papel ativo na reversão de suas decisões anteriores*" (KOERNER, 2013, p. 78).

Assim, se está diante de um modelo de processo que indubitavelmente, possui o condão de trazer maior efetividade aos direitos fundamentais, na medida em que a prestação jurisdicional em função da omissão ou ação estatal que os contrariam, alcança uma gama relevante de cidadãos que eventualmente, estejam inseridos no âmbito de incidência da violação.

Diz-se que um dos autores que exerceram papel fundamental para a sedimentação desse modelo foi o professor de Havard, Abram Chayes, para quem os dogmas do processo tradicional não satisfaziam as exigências de justiça efetiva, justa e adequada.

Sabrina Nasser de Carvalho aponta quais seriam as perspectivas delineadas por Abram Chayes para a formatação do processo coletivo:

> Segundo a doutrina de Abraham Chayes, este novo modelo tenta solucionar a questão prospectivamente, estando, portanto, voltado às consequências futuras e não mais históricas, de modo a modificar uma linha de conduta ou uma condição existente. O contorno da controvérsia também não decorre da violação ao direito substancial, mas a decisão judicial é um processo discricionário, construído pelas partes e pelo juiz, com escopo de avaliar as políticas públicas que podem corrigir as irregularidades. Neste modelo de litigância o juiz passivo não mais persiste, passando o órgão julgador a intervir de forma ativa, gerenciando o conflito, de modo a assegurar o resultado justo, uma vez que suas decisões terão efeitos sobre pessoas estranhas ao julgamento. Assim, o juiz passa a ser figura dominante e solicita ajuda não apenas das partes e dos advogados, mas de uma vasta gama de pessoas externas ao caso. Por fim, a intervenção jurisdicional não se restringe a uma decisão final, exigindo-se um acompanhamento prolongado pelo juízo (CARVALHO, 2016, p. 134).

Resta evidenciado que os fundamentos do processo de índole meramente patrimonialista e individualista haverão de ceder nessa espécie de ação de classe.

Essas perspectivas carecem ser aprofundadas no direito brasileiro, muito embora as previsões normativas de ações coletivas, a exemplo da ação civil pública, ação popular, mandado de segurança coletivo e ação coletiva em defesa do consumidor. Todas essas, ainda sem compreensão adequada para se firmarem perante os postulados do Estado Ambiental, que pressupõe a legitimação do cidadão para atuar em benefício da coletividade em casos de relevante omissão estatal, quanto a direitos fundamentais que garantem a sadia qualidade de vida.

A reivindicação desse processo coletivo é antiga! Recorde-se que Fábio Konder Comparato, no ano de 1979 perante o Conselho Federal da Ordem dos Advogados do Brasil, já denunciava a inexistência de lei para dar cabo às omissões estatais e de ações que colocavam em risco a validade das normas constitucionais. Embora a existência da ação popular, não se tinha um processo coletivo para lidar com as demandas que ultrapassavam o interesse individual. Outrossim, reclamava-se uma postura mais ativa do Poder Judiciário, que não raro, não se imiscuía no exame dos atos administrativos em função da alegada prevalência dos critérios de oportunidade e conveniência do administrador público. Por isso, reconhecia a importância da experiência norte-americana, destacando que as proposições de Abram Chayes eram das mais exitosas para se afirmar direitos coletivos:

> Analisando essa espécie de processo judicial, que denominou *publiclawlitigation* o Professor ABRAM CHAYES, da Universidade de Harvard, assim resumiu as suas características:
>
> 1. o escopo da demanda não é exógeno, mas definido primacialmente pelo juiz e as partes;
>
> 2. o contraditório não se estabelece de forma rigidamente bilateral, mas difusa;
>
> 3. a perquirição dos fatos não é histórica, de modo a submetê-los à lei existente, mas em previsão do direito novo a ser criado;
>
> 4. a solução judicial não se reporta a fatos passados, nem se limita às partes na causa, mas visa ao futuro, de modo flexível e largo,

com importantes conseqüências para muitas pessoas, inclusive ausentes à relação processual;

5. a decisão não é imposta, mas negociada;

6. a sentença não esgota a jurisdição no caso, mas implica a participação contínua do juiz na realização do programa por ela traçado;

7 o juiz não é passivo, no sentido de a sua função limitar-se a dizer o direito aplicável à espécie; ele deve estimar os fatos e organizar o procedimento, para facilitar o encontro de um a solução justa e viável;

8. objeto da demanda não é um a lide entre partes sobre direitos próprios, mas um a reclamação sobre ações ou omissões políticas (COMPARATO, 1979, p. 220).

Passados 40 anos, ainda não se avançou totalmente em direção a esses parâmetros traçados pela doutrina de Chayes.

Com efeito, faltam ajustes quanto à dogmática próprias das ações coletivas, de forma a ampliar a legitimação para a sua propositura; sedimentar, na jurisprudência, a separação entre ilícito e dano; amainar o ônus da prova, conforme a necessidade do caso concreto; arrefecer o princípio da adstrição; projetar a decisão para o futuro, de sorte a prevenir ilícitos; flexibilizar a coisa julgada, a fim de que o juiz possa acompanhar o cumprimento do que foi decidido, fazendo ajustes quando necessários, para obter a máxima utilidade do processo.

O processo coletivo, dessa forma, servirá para atender a consecução de um Estado ambientalmente equilibrado, prestando-se para controlar políticas públicas que importem grave violação a esse pressuposto e atos ilícitos que, por ação ou omissão, coloquem em perigo a proteção ecológica.

Passa-se a analisar as ações coletivas do direito brasileiro que podem e devem ser ofertadas ao cidadão. Não se fará referência às ações do controle concentrado de constitucionalidade, haja vista que o texto constitucional reservou expressamente a alguns legitimados.

4.2 Ação popular ambiental

De inspiração romana[73], a ação popular foi instituída pela Lei Federal 4.717 de 1965 e tem por objetivo precípuo a defesa do patrimônio público, que nos termos da lei, são os bens e direitos de valor econômico, artístico, estético, histórico ou turístico.

Trata-se, sem dúvida, de instrumento processual dos mais importantes da história nacional, pois entrega ao cidadão-eleitor o direito de promover a tutela de direitos difusos e coletivos.

Posteriormente, com a promulgação do texto constitucional de 1988, restou clarificado que o seu manejo pode envolver também a proteção ecológica (art. 5º, LXXIII). Essa previsão denota ainda mais a relevância dessa ação coletiva para a concreção do direito fundamental ao meio ambiente ecologicamente equilibrado.

Nesse aspecto, pertinente é a observação feita por Rodolfo Mancuso, apoiada em lição de José Afonso da Silva:

> Para se perquirir sobre o tipo em que se enquadram a ação popular e seu respectivo processo, convém fazer uma prospecção sobre aquilo que pode constituir o seu objeto. Em primeiro lugar, impende considerar que a vigente Constituição Federal procedeu a uma importante ampliação no objeto da ação popular, se cotejarmos o inc. LXXIII do art. 5º da CF de 1988 com seu correspondente na Carta precedente; e isso, sem embargo de a Lei regulamentadora – n. 4.717/65 – já ter, por sua

[73] Rodolfo de Camargo Mancuso discorre sobre as origens da ação popular: "*Para o cidadão romano, os bens de uso comum, tais os caminhos, as praças, os rios, os cemitérios, eram vistos como uma universalidade indivisa, na qual também se integravam o próprio cidadão e o incipiente Estado, o que tornava esbatidos os contornos do que hoje conhecemos como interesse individual e interesse público. Essa circunstância, aduz Waldir Gomes Magalhães, pode explicar que 'o membro da gens, como cidadão romano dos primeiros tempos, só podia agir nos casos em que o interesse público envolvesse também o seu interesse particular. Agindo assim no seu interesse pessoal, o cidadão ao mesmo tempo salvaguardava os interesses de todos, os direitos da comunidade, e, por extensão, os do próprio Estado em sua incipiente configuração*" (MANCUSO, 2015, p. 56).

> conta, expandido o objeto dessa ação, a se ter presente o âmbito que para ela fora traçado na Constituição Federal de 1946. No ponto escreve José Afonso da Silva: 'o objeto da ação popular foi ampliado, em nível constitucional à proteção da moralidade administrativa, do meio ambiente e do patrimônio histórico e cultural. Este último já estava contemplado na lei que regula o processo popular' (MANCUSO, 2015, p. 89).

Se assim está constitucionalizado, a ação popular constitui um dos pilares fundamentais do Estado Ambiental, conquanto nesse modelo existe o pressuposto da participação democrática do cidadão na defesa da qualidade de vida em todas as suas dimensões.

Todavia, deve ser realizada ressalva qual seja a lei e a Constituição que fazem menção à necessidade da ocorrência de ato lesivo, a fim de que seja possível o ajuizamento da ação.

A doutrina de Teori Albino Zavascki enuncia essa exigência:

> Segundo decorre do texto constitucional expresso – que, no particular, reproduz a essência do que também já previam as Constituições anteriores –, a ação popular tem por objeto específico 'anular ato lesivo' a um dos seguintes bens jurídicos: (a) ao patrimônio público, (b) a moralidade administrativa, (c) ao meio ambiente ou (d) ao patrimônio histórico e cultural (art. 5º, LXXIII). A lesividade constitui, portanto, requisito indispensável para que o ato fique submetido a controle por essa via judicial (ZAVASCKI, 2011, p. 80).

A interpretação dessa exigência deve ser adequada, sob pena de tornar a defesa do meio ambiente deficitária, sobretudo se ocorrida após o dano. O requisito de ato lesivo como condição de ajuizamento da ação, se assim fosse, numa leitura precipitada, estaria em desacordo com a própria Constituição e com os postulados do Estado Ambiental, no qual prepondera a salvaguarda preventiva, dispensando-se a demonstração de dano, já que esse não integra o conceito de ato ilícito.

Isso faria com que a ação popular ambiental fosse esvaziada e colocaria em xeque a participação dos cidadãos na defesa do meio ambiente.

Por essa razão, é preciso que se faça a leitura correta do que vem a ser ato lesivo, pois não se pode, consoante já declinado, pretender tutela ressarcitória de forma precípua nesse tipo de demanda.

O ensinamento de Teori Zavascki neste ponto, é essencial, pois está a diferenciar ato lesivo da lesão propriamente dita:

> A interpretação literal das normas de regência pode sugerir que, ao estabelecer como objeto da ação popular a anulação ou a declaração de nulidade de ato lesivo, o legislador tenha limitado a tutela jurisdicional às providências desconstitutivas ou declaratórias negativas. Não é assim, todavia. A ação popular comporta também a tutela preventiva bem como, se for o caso, a de eliminação dos efeitos danosos do ato nulo (restauração do estado de fato anterior ou a de reparação de danos).
>
> O requisito da lesividade não se confunde com a efetiva ocorrência da lesão. Deve-se considerar lesivo (e, consequentemente, desde logo passível de nulidade) qualquer ato que produz efeitos lesivos, mesmo que a lesão ainda não se tenha consumado. Basta, para a propositura da ação e a procedência do pedido, a demonstração da potencialidade lesiva. Ato lesivo, portanto, é não apenas o ato que já produziu efeitos lesivos, mas também o que tem potencial para produzir tais efeitos. A ação popular promovida após a ocorrência do ato, mas antes da consumação dos seus efeitos tem, quanto à nulidade do ato, natureza repressiva e, quanto aos seus efeitos, natureza preventiva: invalidando o ato, impede-se a consumação da lesão (ZAVASCKI, 2011, p. 87).

Igualmente, o Supremo Tribunal Federal, no julgamento do agravo em recurso extraordinário nº 824.781/MT, com repercussão geral reconhecida, entendeu que a lesão aos cofres públicos não constitui requisito para o conhecimento da ação[74].

---

[74] Vide excerto do voto condutor do ministro Dias Toffoli: "*Verifico, portanto, que o Tribunal de origem divergiu do entendimento desta Suprema Corte. Destarte, manifesto-me*

Diante disso, a dimensão do que é ato lesivo não pode se confundir com o dano, já que aquele integra a noção de ato ilícito. Entretanto, ainda assim é possível perceber que o objeto da ação popular está limitado à pretensão de nulidade ou de anulação de ato lesivo, praticado por pessoas jurídicas públicas e privadas e por agentes públicos em face do próprio Estado e dos direitos difusos e coletivos.

Por isso, não estariam abrangidas as ações que importem lesões ao meio ambiente, pois se invadiria a hipótese de cabimento da ação civil pública[75]. E outrossim, não estariam compreendidas as ações ou omissões praticadas por particulares, tampouco a possibilidade de tutelas inibitórias ou de remoção do ilícito, já que ainda assim, haveria pressuposição da prática de um ato com potencialidade de lesão.

Mas, convém rememorar que no capítulo anterior se teve a oportunidade de enfatizar que a tutela inibitória e a de remoção de ilícito não estão atreladas à demonstração de probabilidade de dano. Isso porque a sua concessão está a depender da prática do ato ilícito, que para a sua caracterização, independe da lesão.

Dessa forma, constata-se a pertinência de modificações no âmbito da ação popular, para que de fato, se transforme em ação coletiva[76] que

---

pela repercussão geral da matéria examinada no presente agravo em recurso extraordinário, bem como pela reafirmação da jurisprudência deste Supremo Tribunal Federal, segundo a qual não é condição da ação popular a menção na exordial e a prova de prejuízo material aos cofres públicos, posto que o art. 5º, inciso LXXIII, da Constituição Federal, estabelece que qualquer cidadão é parte legítima para propor ação popular e impugnar, ainda que separadamente, ato lesivo ao patrimônio material público ou de entidade de que o Estado participe, ao patrimônio moral, ao cultural e ao histórico" (BRASIL, Supremo Tribunal Federal, 2015, *online*).

[75] Celso Antônio Pacheco Fiorillo faz a pontuação: "*Por derradeiro, importante frisar que, estando o ato consumado, ainda que as consequências nocivas ao meio ambiente estejam sendo produzidas, não caberá ação popular, porquanto esta não se presta à reparação do dano – senão estaríamos no campo de incidência da ação civil pública –, além do que visa atacar o ato e não as suas consequências*" (FIORILLO, 2016, p. 268).

[76] José Carlos Barbosa Moreira, não obstante a influência norte-americana da *class action*, destaca a pouca vitalidade da ação popular em dar cabo às pretensões coletivas,

previna os ilícitos ambientais, sem que se promova discussão estéril sobre danos.

Está claro portanto, que a ação popular deve receber nova leitura dentro dos cânones do Estado Ambiental.

4.3 Ação civil pública em defesa do meio ambiente

Com a edição da Lei Federal 6.938/1981, edificou-se a proteção integral do meio ambiente. Tinha-se, dessa maneira, uma política nacional do meio ambiente com o objetivo de protegê-lo nas suas mais diversas manifestações.

Entretanto, em que pese a previsão nessa mesma lei de que caberia ao Ministério Público a legitimidade para o ajuizamento da ação de

---

em face de sua subutilização no nosso sistema judicial: "*Ao influxo norte-americano, em boa parte, devem as técnicas de proteção coletiva dos direitos e interesses supraindividuais, a que já se aludiu, o notável desenvolvimento que tiveram entre nós, nos últimos decênios do século XX. Na verdade, o ordenamento brasileiro contava desde mais remota data com um instrumento processual capaz, em certa medida, de prestar aí bons serviços: a ação popular, regulada pela Lei nº 4.717, de 29.6.1965, mas cujas virtualidades nunca haviam sido plenamente exploradas. Na evolução subseqüente, o modelo norte-americano das class actions foi decerto objeto de consideração, ainda que o legislador brasileiro dele se haja afastado em pontos capitais, como o da legitimação para agir. Com efeito, não se adotou aqui o critério da* Rule 23 *das* Federal Rules of Civil Procedure, *que legitima qualquer dos membros da classe interessada, desde que se afigure, aos olhos do juiz, um 'representante adequado' da coletividade. Preferiu-se outorgar legitimação a órgãos públicos e a associações civis que satisfaçam certos requisitos (Lei nº 7.347, de 24.7.1985, art. 5º). De qualquer sorte, a experiência norte-americana conserva importância como ponto de referência praticamente obrigatório nos trabalhos sobre a matéria*" (MOREIRA, 2001, p. 16). Ainda sobre o mesmo tema, Ada Pelegrini Grinover, desde muito, atentava para a insuficiência da ação popular para a defesa dos interesses difusos: "*Mas, de outro lado, patenteia-se também que a ação popular é insuficiente à proteção dos interesses difusos, e m toda a ampla gama de conflituosidade que eles despertam, de vez que só pode ser utilizada nas lindes do controle do ato do Poder Público (administrativoou legislativo) (78), com exclusão da solução de conflitos meta-individuais, ou de grupos, que freqüentemente redundam e m prejuízo econômico para um a inteira categoria. Por outro lado, a legitimidade* ad causam, *deferida exclusivamente ao cidadão, priva da titularidade da ação associações de classes, grupos e categorias, mais representativas dessas do que o indivíduo isolado, e o próprio Ministério Público*" (GRINOVER, 1984, p. 301).

responsabilidade civil (art. 14, §1º), faltava uma norma geral que regulasse a ação coletiva, para atender de fato esse mandamento[77].

Esse encargo foi assumido pela Lei Federal 7.347/1985 (Lei da Ação Civil Pública), que a seu turno, não só entregou ao Ministério Público a legitimidade para o seu manejo, como também a um número maior de legitimados, a exemplo da União, Estados, Municípios, autarquias, empresas públicas, sociedades de economia mista e associações com mais de um ano de funcionamento. Ou seja, ampliou-se consideravelmente o rol dos que possuem legitimidade para defender não só o meio ambiente, mas outros direitos difusos e coletivos.

Gianpaolo Poggio Smanio põe-se de acordo:

> Em 1985, a Lei da Ação Civil Pública (Lei 7.347/1985) vem dar contornos definidos à tutela dos interesses difusos e coletivos, atribuindo legitimação na época de sua promulgação, ao Ministério Público, União, Estados e Municípios, bem como autarquias, empresas públicas, fundações, sociedades de economia mista e associações, nos termos da lei. Também não adota critérios taxativos quanto aos direitos a serem protegidos, adotando cláusula genérica referente a 'qualquer outro interesse difuso ou coletivo' (art. 1º, IV) (SMANIO, 2015, p. 302).

A ação civil pública representa dessa maneira, a inserção do processo coletivo no direito brasileiro, na medida em que se presta a tutelar direitos difusos, coletivos e individuais homogêneos, a exemplo dos

---

[77] Édis Milaré comenta sobre a importância da Lei 6.938/1981 para a sedimentação da ação civil pública: "*Se a origem da ação civil pública ambiental está na Lei 6.939/1981, de caráter eminentemente material, seu perfil definitivo e acabado ocorre com a Lei 7.347/1985, de cunho processual. A Lei 7.347/1985 significou, sem dúvida, uma revolução na ordem jurídica brasileira, já que o processo judicial deixou de ser visto como mero instrumento de defesa dos interesses individuais, para servir de mecanismo de participação da sociedade na tutela de situações fático-jurídicas de diferente natureza, vale dizer, interesses supraindividuais – difusos, coletivos e individuais homogêneos*" (MILARÉ, 2015, p. 233).

direitos relativos ao meio ambiente, ao consumidor, ao patrimônio histórico e artístico, entre outros[78]. Desde então, tem sido um instrumento poderoso para o controle de políticas públicas e de responsabilização por danos ao meio ambiente.

Em verdade, essa lei vem justamente para trazer ao direito brasileiro um instrumento de tutela de direitos coletivos e difusos, até então existente em poucas hipóteses, como era o caso das ações de classe.

Não obstante, ainda existe a necessidade de se trazer para a ação civil pública maior representatividade da própria sociedade, a fim de que se leve o tanto quanto possível, legitimidade para o seu âmbito, resguardando o processo e a sua decisão de possíveis críticas por déficit democrático.

Consoante reiteradamente explanado, não é possível afastar o cidadão da defesa do meio ambiente, pois a sua participação traz para a ação civil pública interesses diversos, um diálogo plural, com percepções diferentes que haverão de ser consideradas dentro do processo.

Embora não taxativa essa participação, todo o arcabouço normativo erigido em torno das demandas coletivas deixa evidente que a participação democrática da sociedade é indispensável.

Álvaro Luiz Valery Mirra faz essa defesa:

> Para a concretização do acesso participativo na área do meio ambiente, consagrado na CF, foi necessária a instituição, dentro do sistema geral do direito processual civil, de um microssistema de direito processual coletivo, composto de normas constitucionais

---

[78] Celso Antônio Pacheco Fiorillo explica a influência que fora exercida pelo Código de Defesa do Consumidor na Lei da Ação Civil Pública: "*Com o advento do Código de Defesa do Consumidor, o campo de incidência da Lei da Ação Civil Pública foi profundamente aumentado, através de dispositivos que possibilitaram a defesa de outros interesses difusos (art. 110 do CDC), bem como dos interesses individuais homogêneos (arts. 91 a 100 do CDC). Além disso, houve por bem aclarar, no seu art. 6º, VI, a possibilidade de cumulação da indenização por danos morais e patrimoniais aos bens por essa lei protegidos*" (FIORILLO, 2016, p. 254).

> e infraconstitucionais que fizeram do processo civil um autêntico instrumento de participação política.
>
> Esse microssistema de direito processual coletivo tem como base normativa fundamental a Constituição Federal (art. 5º, XXXV, LXX, LXXIII, art. 129, III, e §1º e art. 103), a Lei 4.717/1965 (Lei da Ação Popular), a Lei 7.347/1985 (Lei da ação Civil Pública), os dispositivos processuais da Lei 8.078/1990 (Código de Defesa do Consumidor), a Lei 12.016/2009 (Lei do Mandado de Segurança Individual e Coletivo) e a Lei 9.868/1999 (Lei da Ação Direta de Inconstitucionalidade e da Ação Declaratória de Constitucionalidade).
>
> Em todas essas normas pode-se verificar, de forma clara, a preocupação do constituinte e do legislador ordinário com a abertura da via do processo jurisdicional para a participação popular na defesa dos direitos coletivos e difusos e, principalmente, do direito ao meio ambiente, com a adoção dos modelos da participação judicial ambiental direta e da participação judicial ambiente semidireta (MIRRA, 2015, p. 63).

Desse modo, é imperioso que se constitua um verdadeiro litisconsórcio entre os legitimados pela Lei Federal 7.347/1985 e o cidadão, especialmente aquele que estiver envolvido diretamente com o ilícito ambiental em discussão.

Essa medida seria extremamente alvissareira, não só por cumprir o mandamento da participação democrática, mas também pela dificuldade de se apurar o ilícito ecológico em face de situações que muitas vezes, a atividade lesiva (ou potencialmente lesiva) é legalmente permitida. Paulo de Bessa Antunes rememora:

> O dano ambiental, isto é, a consequência gravosa ao meio ambiente de um ato lícito ou de um ato ilícito, não é juridicamente simples, pois em não poucas vezes alterações ambientais adversas são legalmente admitidas, mediante determinados critérios que serão enfrentados mais adiante neste trabalho. Ainda que o meio ambiente seja concebido como uma totalidade, uma

> unidade que enfeixa um conjunto de bens e valores, materiais e imateriais, não se limitando a ser meramente um somatório desses mesmos bens e valores. O certo é que o meio ambiente é composto por bens de diferentes classes, diferentes regimes dominiais e outros elementos que precisam ser claramente identificados e definidos para que se possa ter clareza sobre o dano do qual se fala (ANTUNES, 2015, p. 128).

Somente com a participação do cidadão em litisconsórcio com os legitimados é que se terá um processo efetivo com aprofundamento na análise dos possíveis impactos do ilícito, das suas consequências, das alternativas que podem ser adotadas em benefício dos que sofrerão ou dos que sofrem a violação. Desse modo, ressalvando os interesses dos cidadãos, estar-se-á inevitavelmente resguardando o meio ambiente sadio.

Inclusive, é oportuno relembrar que a *class action* praticada nos Estados Unidos nos tempos da Corte Warren, admitia que o cidadão representante de uma classe, pudesse provocar o Poder Judiciário por meio de processo coletivo.

Essa deve ser a medida para que não se façam defesas fragmentadas do meio ambiente em ações individuais, e da mesma forma, evitar-se-á ações coletivas sem a concorrência do cidadão que, em última análise, é o maior interessado para que se previna o dano que lhe atingirá.

A representatividade deve ser, sem dúvida, um dos pontos mais relevantes da ação civil pública, na medida em que a decisão irá alcançar uma coletividade indeterminada. Não se pode descurar desse efeito decorrente da sentença coletiva.

Pedro Lenza, ao comentar os requisitos e as peculiaridades da *class action* norte-americana, salienta a representação:

> Pela sistemática exposta, deve ser enaltecido, de sobremaneira, o quarto pressuposto de admissibilidade para toda *class action*, qual seja o da representatividade adequada, previsto na alínea *a* (4) ('therepresentativepartieswillfairlyandadequatelyprotecttheinterestsoftheclass').

> Na alínea *c* (1) da *Rule 23*, estabelece-se que, logo após o ajuizamento de uma *class action*, o tribunal deverá determinar, na primeira oportunidade, se a demanda pode desenvolver-se como *class action (certification)*, podendo tal decisão ser condicionada ou revogada antes da sentença de mérito. Pode ainda, em busca do efetivo preenchimento do pressuposto da representatividade adequada, permitir que qualquer membro da classe intervenha no processo por seu advogado – *c* (2) (c).
>
> A importância dessa fase procedimental é tamanha já que o sistema norte-americano, ao contrário do brasileiro, não admite a formação de coisa julgada *secundum eventus litis*. Todos componentes do grupo, de acordo com a extensão fixada pelo Tribunal. Serão atingidos pelos efeitos da coisa julgada, exceto aqueles que, nas hipóteses permitidas, exerceram o direito de *opt out* (LENZA, 2008, p. 162-163).

A representatividade, portanto, é requisito sensível para a ação civil pública, devendo ser convocados os cidadãos para participação efetiva e construção de uma decisão justa, sem as amarras do processo tradicional que revela a sua natureza individualista.

Com efeito, a defesa do meio ambiente se eleva e concretiza, senão, com o envolvimento da sociedade e não num processo fragmentário, conduzido pelo debate limitado entre o juiz, o poluidor e o legitimado pela lei.

Portanto, sem o cidadão a exercer o que se denomina direito *procuratoris*, na expressão de Canotilho, a ação civil pública tende a ser uma demanda com efeitos coletivos, mas sem a efetiva promoção do interesse coletivo.

4.4 Mandado de injunção ambiental coletivo

O mandado de injunção é uma das grandes novidades introduzidas pelo Constituinte de 1988, e regulado enfim, pela Lei Federal

13.300, de 23 de junho de 2016[79]. Entre os seus legitimados estão o Ministério Público, partido político com representação no Congresso Nacional, organização sindical, entidade de classe, associação legalmente constituída e em funcionamento há pelo menos um ano e a defensoria pública.

Uma vez mais, se excluiu o cidadão para o ajuizamento dessa ação coletiva, muito embora legitimado para o mandado de injunção individual.

Consoante sabido, o mandado de injunção se presta a provocar a atividade jurisdicional para permitir o exercício dos direitos e liberdades constitucionais e prerrogativas inerentes à nacionalidade, à soberania e à cidadania, sempre que houver mora legislativa para propiciá-lo.

Com efeito, se está diante de situação de inércia do legislador que inviabiliza o exercício desses direitos e garantias fundamentais – o que configura hipótese de inconstitucionalidade por omissão.

A respeito dessa inovação do direito brasileiro, a sua finalidade e utilidade que ultrapassa a da ação de inconstitucionalidade por omissão, para fins de afirmação da força normativa da Constituição, comentam Francisco Ivo Dantas Cavalcanti e Ana Célia de Sousa Ribeiro:

---

[79] Curioso o fato de que se chegou a discutir se o ajuizamento do mandado de injunção dependeria de regulamentação, pois a lei regulamentadora fora editada apenas em 2016. Seria contraditório e ilógico a sua inadmissão, na medida em que esse remédio constitucional tem por função justamente declarar omissões legislativas. Por isso, com acerto, o STF permitiu o exercício dessa ação constitucional mesmo sem a edição da norma, estabelecendo os parâmetros por meio de precedentes, conforme anota Gilmar Mendes: "*Fácil é ver, pois, que a aprovação da regulação processual para o mandado de injunção contribuirá para a ordenação das expectativas criadas com a adoção desse instituto no ordenamento constitucional brasileiro. Hoje, a disciplina da ação constitucional é regulada por um conjunto de precedentes do Supremo Tribunal Federal. A ausência de disciplina processual acabou por obrigar o Supremo Tribunal, num curto espaço de tempo, a apreciar não só a questão relativa à imediata aplicação desse instituto, independentemente da promulgação de regras processuais próprias, como também a decidir sobre o significado e a natureza do mandado de injunção na ordem constitucional brasileira*" (MENDES, 2011, p. 171-172). Hoje, o assunto está encerrado com a edição da lei de regência.

> Por sua vez, o mandado de injunção, instituto criado originariamente pelo Constituinte de 1988 (RIBEIRO, 2010, p. 323) e inserido no art. 5º, LXXI, da CF/1988, representa uma garantia constitucional que permite a qualquer lesado a realização do controle concreto das omissões inconstitucionais para viabilizar o exercício de direito fundamental carente de regulamentação. O mandado de injunção está relacionado diretamente com a eficácia dos direitos constitucionais em sua compreensão enquanto direitos públicos subjetivos (ROSA, 2006, p. 468). Tratando-se de uma inovação brasileira que objetiva viabilizar o exercício do direito fundamental sempre que ele for obstaculizado pela falta de norma regulamentadora, o mandado de injunção teve a possibilidade de maior relevância que a ADO, já que essa ação, por expressa disposição constitucional, visa obter do Poder Judiciário mera declaração de inconstitucionalidade por omissão, no caso de mora no dever de regulamentar, bem como objetiva seja dada ciência dessa declaração ao Poder omisso. A despeito de o constituinte ter conferido uma maior amplitude aos efeitos do mandado de injunção em relação aos efeitos da ADO, o legislador se manteve inerte, por muitos anos, no seu dever de regulamentar o mandado de injunção, constatação que comprova o descaso do legislador quanto ao seu dever de legislar para viabilizar a eficácia das normas constitucionais. Apenas com o advento da Lei 13.300/2016, ou seja, somente após cerca de 28 anos após a promulgação da Constituição Federal de 1988, houve a regulamentação do mandado de injunção. Apesar de carente de regulamentação durante tantos anos, restou pacificado na doutrina e na jurisprudência1 que o mandado de injunção seria autoaplicável, não dependendo de regulamentação, até porque 'entendimento em sentido contrário seria um verdadeiro paradoxo', já que exigir a regulamentação de instituto que foi criado exatamente para remediaras omissões legislativas representaria ofensa contra a própria Constituição e seus princípios, no contexto da busca pela efetividade dos direitos fundamentais (TURCHETTI, 2012, p. 33). (CAVALCANTI, 2019, p. 30).

Vê-se que o mandado de injunção, na função de controlar as omissões legislativas, atua para afirmar a supremacia da Constituição, de sorte que as suas normas não sejam relegadas à ineficácia, especialmente as que estabelecem direitos e garantias fundamentais[80].

No âmbito ambiental, esse *writ* exerce especial protagonismo, haja vista que é sempre possível deparar-se com omissões legislativas que inviabilizam a proteção verde, uma vez que esse direito fundamental está umbilicalmente atrelado à cidadania e a outros direitos difusos, coletivos e individuais homogêneos.

Celso Antônio Fiorillo, com arrimo em Nelson Nery e Barbosa Moreira, complementa:

> Verificando que o mandado de injunção não tem por objeto apenas a regulamentação das prerrogativas inerentes à nacionalida-

[80] É bom lembrar que, por anos, o mandado de injunção teve pouca ou nenhuma utilidade, uma vez que a jurisprudência entendia que, diante da omissão legislativa, o Poder Judiciário poderia apenas fazer notificação ao poder inadimplente. Mas, foi nessa mesma jurisprudência que o *writ* encontrou sua afirmação como das ações mais relevantes do direito brasileiro. É o que relatam Leandro Molhano Ribeiro e Diego Werneck Arguelhes: "*Na literatura sobre o MI, é corrente a interpretação do alcance da decisão do Supremo no mandado de injunção como uma tomada de posição evolutiva do tribunal (DUARTE; RIBEIRO, 2008; ROTHENBURG, 2010; TEIXEIRA, 2012). Nessa narrativa, o tribunal transforma sua posição sobre o MI em um processo gradual, constante e inequívoco de aprendizado, e a direção desse processo sempre amplia o escopo do MI e os poderes do tribunal até que ele se alinhe de fato com as expectativas dos constituintes. No MI 107 (BRASIL, 1991b), em 1990, o STF entendeu que seu papel seria o de notificar o poder público omisso: uma posição restritiva, autocontida, de pouca influência potencial sobre decisões políticas tomadas no âmbito do legislativo. Em um segundo momento, o tribunal ampliou o seu papel para, além de notificar a omissão, estabelecer prazo para que o poder público a resolvesse. Por fim, de 2007 em diante, o tribunal daria uma resposta normativa à omissão até que o poder público definisse a legislação pertinente. Nesse último estágio 'evolutivo', ao menos nessa narrativa, encontraríamos finalmente a redenção das promessas do legislador com relação ao potencial desse instrumento para combater omissões legislativas institucionais*" (RIBEIRO, 2018, p. 106). Segundo esses autores, por meio de uma pesquisa histórica do mandado de injunção no STF, o ministro Gilmar Mendes foi o responsável pela guinada interpretativa, ofertando a esse *writ* uma concepção mais larga e mais efetiva, não só para notificar o poder inadimplente, mas também para impor solução normativa a fim de que a garantia e o direito sejam exercidos sem peias.

> de, à soberania e à cidadania, mas sim a todo e qualquer direito constitucional, seja ele difuso, coletivo ou individual (puro ou homogêneo), fácil verificar a sua aplicação no direito ambiental. Com efeito, o direito ao meio ambiente está irremediavelmente ligado ao direito à vida e, mais ainda, a uma vida com saúde e qualidade que proporcione bem-estar aos habitantes (FIORILLO, 2016, p. 285-286).

Dessa forma, reconhecendo-se a omissão estatal, deve o magistrado assinar prazo para que se edite a norma, e não obstante, estabelecer as condições em que a proteção verde irá se realizar, caso não seja suprida a falta pelo poder inadimplente.

Entretanto, não se pode olvidar que, em matéria ambiental, a atuação judiciária deve ser célere e efetiva. Por isso, não parece adequado que em determinadas situações, se aguarde o escoamento do prazo estabelecido para o legislador, a fim de que se possa exercer as potencialidades do direito fundamental envolvido, até porque a finalidade desse *writ* é justamente a de reafirmar a supremacia da Constituição e a efetividade de suas normas.

Ademais, deve se recordar que o mandado de injunção não está habilitado para discutir senão casos concretos. E é justamente nos casos concretos que a lesão ambiental se manifesta com vigor, e por isso, requer atuação imediata e eficaz, de forma que não se agrave a situação de ilicitude, cujo resultado pode ser o incremento do dano.

Por fim, é válido destacar que em tempos de sociedade de risco, cujos perigos se multiplicam a passos largos[81], o mandado de injunção é

---

[81] Um dos maiores desafios para o Estado Ambiental, sem dúvida, é a produção de resíduos sólidos, sobretudo diante da ampla produção industrial que utiliza de embalagens que são descartadas livremente na natureza, sem o devido reaproveitamento ou destinação adequada. Exemplo que ilustra bem é o descarte de garrafas *pet* que, hodiernamente, inundam os cursos d'água, rios e os oceanos, a causar danos ambientais ainda não completamente mensurados.
O Brasil, a demonstrar preocupação com o tema, editou a Lei Federal 12.305/2010 que institui a Política Nacional de Resíduos Sólidos e, por meio dela, estabeleceu a logística reversa (art. 3ª, XII).

instrumento inegociável para a proteção ambiental, pois o seu manejo diante de casos de potencial dano ambiental, atua para prevenir e precaver resultados que a medida ressarcitória e de recomposição do *status quo ante* é sabidamente inadequada e ineficiente.

4.5 Mandado de segurança coletivo ambiental

O mandado de segurança é dos remédios heroicos mais antigos contra o arbítrio estatal, a constituir um verdadeiro *habeas corpus civil*[82].

Não obstante a previsão normativa, sabe-se que é preciso regulamentar as inúmeras atividades industriais, para que a produção de resíduos sólidos seja submetida à logística reversa. O mandado de injunção, nesse contexto, diante da inércia estatal, presta-se a essa tarefa, como nenhum outro instrumento. Nesse sentido, ensinam Magno Federici Gomes e Viviane Kelly Silva Sá: "*Portanto, verificam-se presentes os requisitos fundamentais para a impetração de MI, quando a discussão judicial trouxer à tona a temática LR. Neves (2018) afirma que 'Como se pode notar da previsão constitucional, são dois os elementos essenciais para o cabimento da ação constitucional ora analisada: (a) omissão legislativa, e (b) natureza do direito sacrificado em razão da omissão' (NEVES, 2018, p. 135). Não difere desse conceito a lacuna percebida na Lei nº 12.305/2010. A omissão legislativa é fática ao perceber que não há previsão de efetivação da LR, pelo contrário, apenas conceituações que, apesar de necessárias, são insuficientes para que a cadeia de consumo possa manejar o resíduo sólido. Essa lacuna é exatamente o que põe em risco o direito constitucional previsto no artigo 225 da CF/88, o direito ao Meio Ambiente ecologicamente equilibrado. Pode ser que ainda se questione que, já que existe a Lei nº 12.305/2010, não há quese falar em lacuna legislativa. O que não pode ser confundido é o conceito de ausência de legislação com ausência de efetividade. Não basta que haja a legislação, ela deve ser efetiva o suficiente para garantir aquele direito constitucional tutelado*" (GOMES, 2019, p. 302).

[82] Celso Agrícola Barbi registra que o mandado de segurança veio a consolidar-se depois do fracasso dos interditos possessórios que visavam proteger direitos pessoais. Veja-se: *"Essas formas processuais, todavia, apesar de assim abandonadas, influiram decisivamente no espírito dos elaboradores da Constituição de 1934; e esta, ao criar o mandado de segurança, marcou-o de forma indelével com características daqueles dois institutos: a referência a 'Direito certo e incontestável e a adoção de rito processual idêntico ao do 'habeas corpus' mostram o pensamento dos que pretendiam fazer do nôvo instituto um 'habeas corpus civil', usando até mesmo a linguagem da famosa teoria brasileira do 'habeas corpus'. A influência dos que vinculavam o mandado de segurança ao interdito possessório ficou registrada no mesmo texto legal, quando se admitiu em caso de insucesso do mandado, o*

A sua gênese perpassou pelos interditos possessórios e seu respectivo fracasso nos tribunais, e pela proposta de Rui Barbosa que o fazia incluir dentro do âmbito do *habeas corpus* – o que ensejou uma edificação teórica genuinamente brasileira.

Sobre o que se denominou doutrina brasileira do *habeas corpus*, Carlos Mário da Silva Velloso recorda:

> A doutrina brasileira do habeas corpus, construída no Supremo Tribunal Federal, resultou na criação, pela Constituição de 1934, do mandado de segurança. Em palestra que proferi, na Justiça Federal de São Paulo, em 1984, na comemoração do cinquentenário daquele medida constitucional, aduzi que a ideia de Constituição, que surge na segunda metade do Século XVIII, tem como força matriz e motriz a limitação do poder, no sentido de que cumpre ao Estado reconhecer a liberdade-autonomia, ou os direitos individuais. E, como garantia desse respeito, consagra-se a doutrina da separação dos poderes, de Montesquieu. A Declaração de 1789 expressa, no seu artigo 16, essa posição, ao prescrever que toda sociedade, na qual está assegurada a garantia de direitos, nem determinada a separação de poderes, não tem Constituição. Cedo, todavia, perceberam os povos que não bastam as declarações de direitos. É necessária a existência de

---

uso da ação petitória correspondente, expressão que, como se sabe, é o oposto de 'ação possessória'" (BARBI, 1962, p. 131-132).

Sobre os interditos possessórios, a obra de Rui Barbosa, intitulada "Posse de direitos pessoais", é um portentoso registro histórico, por meio do qual o jurisconsulto denunciava que se haveria de ter remédio contra os atos administrativos que desprezavam a lei. Ponderava ele: "*O remédio possessório atua, pois, obrigatoriamente sobre toda a hierarquia administrativa, desde o subalterno até o ministro, logo que haja violação positiva da lei e, com ela, esbulho, de direito individual, para cuja reparação completa não exista outro meio competente. 'É regra perfeitamente assentada que, quando os funcionários públicos obram sem autoridade legal, com violação de prescrições legislativas, ou em obediência a disposições inconstitucionais, praticando atos, que materialmente ofendam, lesem, alterem, ou destruam direitos individuais adquiridos (private vested rights of individuals), não tendo os prejudicados remédio especial contra o dano, se lhes concederá mandato proibitório (injuction), em repressão do infrator*" (BARBOSA, 1896, p. 26-27).

> mecanismos que tornem efetivos esses direitos, assim fazendo real a limitação do poder. Surge, então, a ideia das garantias de direito individual, que consubstanciam remédios jurídicos contra a violação de direitos. Se ao Poder Judiciário, na doutrina de Montesquieu, cumpre, contenciosamente, dizer o direito diante do caso controvertido para o fim de proporcionar a tutela jurisdicional, é fácil perceber que o Judiciário haveria de colocar-se como a maior dessas garantias, bastando a criação de medidas judiciais que seriam utilizadas pelos indivíduos (VELLOSO, 2004, p. 178).

É que na Primeira República, afora os interditos possessórios, o único remédio constitucional disponível era o *habeas corpus* que se destinava à proteção do direito de locomoção. Assim, carecia-se de um *writ* mais amplo, de espectro mais largo, que também se prestava a proteger direitos individuais violados por ação estatal.

Essa ampliação desse remédio constitucional foi levada adiante por Rui Barbosa, e mais tarde, acolhida pelo Supremo Tribunal Federal. Dessa maneira, restou consolidada o que se denomina doutrina brasileira do *habeas corpus*.

Luiz Henrique Boselli de Souza relembra:

> Essa tese, que ficou conhecida como a Doutrina Brasileira do Habeas Corpus, encontrou em Ruy Barbosa ardoroso defensor. Segundo ele, 'não se fala em prisão ,não se fala em constrangimentos corporais. Fala-se amplamente, indeterminadamente, absolutamente, em coação e violência; de modo que, onde quer que surja, onde quer que se manifeste a violência ou a coação, por um desses meios, aí está estabelecido o caso constitucional do habeas corpus'
>
> (SENADO FEDERAL, [19 -- ?]).
>
> Ruy defendia a utilização do habeas corpus em todas as hipóteses. Para ele, não se tratava de uma mera interpretação do texto constitucional. Antes, o legislador constituinte havia, de fato, agido intencionalmente, dando ao instituto do habeas corpus

> conotação ampla, tornando-o instrumento de defesa contra todos os abusos e ilegalidades (SOUZA, 2008, p. 76).

Porém, em 1926 por reforma constitucional, o *writ* voltou a ser descrito apenas como remédio para o direito de locomoção – o que pôs fim à controvérsia do *habeas corpus* enquanto ação destinada à salvaguarda de direitos individuais, e não apenas à liberdade.

Com efeito, a Emenda Constitucional de três de setembro de 1926 alterou a redação do §22 do art. 72 da Constituição de 1891, e sacramentou que o *habeas corpus* é ação destinada a proteção do direito de ir e vir. A defesa dos direitos individuais ficou inteiramente comprometida.

Tentou-se ressuscitar os interditos possessórios, mas sem sucesso. Foi então, na Constituição de 1934 que o mandado de segurança tomou forma própria, como se vê do art. 113, item 33.

Colaciona-se:

> 33) Dar-se-á mandado de segurança para defesa do direito, certo e incontestável, ameaçado ou violado por ato manifestamente inconstitucional ou ilegal de qualquer autoridade. O processo será o mesmo do habeas corpus, devendo ser sempre ouvida a pessoa de direito público interessada. O mandado não prejudica as ações petitórias competentes (BRASIL, 1934, *online*).

Quase vinte anos depois, editou-se a lei regulamentadora – Lei Federal 1.533 de 31 de dezembro de 1951. Todavia, a norma infraconstitucional modifica a hipótese de cabimento do *writ*. Ao invés de "direito certo e incontestável", insere-se "direito líquido e certo", consoante se constata do art. 1º da mencionada norma.

Seabra Fagundes, contudo, denunciava o atraso legislativo em relação a esse notável remédio jurídico, que na sua percepção, estava repleta de incongruências e inefetividades:

> A nova lei, com que o Congresso Nacional vem de regular o mandado segurança – a Lei n. 1.533, de 31 de dezembro do ano

> próximo findo – como que surpreendeu o meio forense do país, não inteirado, por desinterêsse menos explicável, da sua marcha e pronta promulgação. E, somente quando já vigorante, se atentou nos graves inconvenientes que oferecia, no seu desaprêço pela experiência durante anos acumulada e na mínima contribuição trazida ao aperfeiçoamento do instituto.
>
> Expressaram, então, o govêrno federal, juízes e advogados, a impressão de que a reforma do seu texto, cujas deficiências e inconvenientes, a certos ângulos, o tornam quase inexequível, se impunha de logo. Neste sentido estudos já se vem procedendo, inclusive e por iniciativa do Sr. Ministro da Justiça, no Instituto dos Advogados Brasileiros e na Associação dos Magistrados (SEABRA FAGUNDES, 1952, p. 112).

Muitas décadas depois[83], o legislador editou a Lei Federal 12.016, de 7 de agosto de 2009 e regulamentou o mandado de segurança coletivo, influenciado pela necessidade de se implementar a defesa dos direitos difusos e coletivos afetados por atuação do poder público que esteja maculada por ilegalidade ou abuso de poder e, igualmente, convocado a fazê-lo por mandamento da Constituição de 1988 (art. 5º, LXX).

Sobre a novidade de 1988, Teori Zavascki aponta:

> Temos assim consagradas duas espécies de mandado de segurança: o individual (inciso LXIX), já integrado à tradição do nosso constitucionalismo desde a Carta de 1934 (art. 133, n. 33) e reproduzido por todas as demais, exceto pela de 1937; e o coletivo (inciso LXX), até então inédito em nosso direito e sem similar no direito comparado. (ZAVASCKI, 2011, p. 190)

Na seara ambiental, o mandado de segurança coletivo assume sensível importância para a afirmação da garantia do meio ambiente sadio.

---

[83] O mandado de segurança, após a sua inclusão no texto constitucional de 1934, figurou em todas as demais Constituições, à exceção da de 1937, outorgada sob a Ditadura de Getúlio Vargas.

Entretanto, do que se depara do §2º do art. 22 da Lei Federal 12.016/2009, há expressa vedação de concessão de medida liminar sem a oitiva da autoridade coatora, que deverá se manifestar no prazo de 72 horas.

Outro empecilho nesse *writ* reside no fato de que a lei de regência estabelece o prazo decadencial de 120 dias, a partir da ciência do ato impugnado. Essa limitação temporal em face da proteção verde, haverá de tornar inócuo o mandado de segurança em situações em que o ilícito não é plenamente detectável de imediato, ou nas situações em que o tempo é medida essencial para se constatá-lo.

Se está defronte de opção legislativa que pode comprometer a proteção do meio ambiente sadio.

Não obstante, deve ser pontuado que em se tratando de prevenção de ilícito ambiental, a ciência do ato impugnado não pode estar atrelada à possibilidade ou existência de dano. O ilícito ambiental não depende da demonstração de perigo ou da ocorrência de dano.

Assim, para o caso do mandado de segurança coletivo ambiental, bastará a demonstração de ato contrário ao direito. Presente esse requisito, o remédio heroico deverá ser manejado para a defesa ecológica que constitui dever de todos.

Previsão contida na lei que merece censura e crítica severas é a contida no art. 7º, nº. III, que permite ao juiz exigir do impetrante caução, fiança ou depósito, com o objetivo de garantir ressarcimento à pessoa jurídica.

Paulo Henrique dos Santos Lucon faz reprovação contundente em relação a essa exigência:

> Lamentavelmente, a exigência de depósito prévio constitui obstáculo ao acesso à justiça, já que somente aqueles dotados de condições financeiras terão direito à apreciação de seu pedido liminar.
>
> Mas não é só: do ponto de vista da atividade econômica, a exigência de depósito prévio em situações de clara existência do

> direito do impetrante constitui óbice ao desenvolvimento do país, na medida em que retira do mercado recursos que propiciariam a circulação de riqueza. O mandado de segurança e qualquer outro remédio constitucional não devem se sujeitar a limitações gerais que vedem a análise por parte dos órgãos do Poder Judiciário das particularidades do caso concreto. Isso porque se de um lado a Constituição Federal não excluirá da apreciação do Poder Judiciário qualquer lesão ou ameaça a direito e os remédios constitucionais (ou mais amplamente, as liberdades públicas), não podem sofrer limitação pela legislação infraconstitucional; de outro, leis nesse sentido vão na contra mão da história, pois os diplomas legislativos dos países de tradição romano germânica com algum caráter processual deixam clara a tendência de ampliação dos poderes do juiz a partir de um juízo de valor, principalmente fundamentado, a respeito das particularidades do caso concreto (LUCON, 2011, p. 504).

A norma se torna ainda mais absurda e despropositada se levada a sua análise sob o prisma ambiental, notadamente porque a Carta de 1988 estabeleceu que o cidadão e a sociedade têm obrigação de exercer a proteção verde e que a tutela ambiental deve ser, sempre que possível, preventiva.

Com efeito, não deve ser olvidado a gênese desse remédio heroico que foi erigido para coibir os abusos e ilegalidades cometidas pelas autoridades públicas. Esse *writ* representava e ainda representa a força dos direitos individuais previstos no ordenamento jurídico, e mais recentemente, a dos direitos coletivos e individuais homogêneos, que não podem ser relegados pelo Estado.

O mandado de segurança portanto, conserva a sua representação, o seu simbolismo de instrumento destinado à proteção dos direitos, em face das arbitrariedades cometidas pelo Estado, por meio de seus agentes.

Em face disso, nesse ponto, a Lei do Mandado de Segurança editada em 2009, representa retrocesso, sobretudo se comparada à Lei da Ação Popular, que ao revés, isenta o cidadão de custas judiciais e dos ônus de sucumbência.

Percebe-se que essa previsão normativa tem o condão de desestimular a utilização do mandado de segurança, e assim, está em confronto com o acesso ao Judiciário e a conclamação da participação popular para a defesa do meio ambiente.

Os legitimados para o ajuizamento estão delineados no art. 22 da Lei Federal 12.016/2009, a saber o partido político com representação no Congresso Nacional, na defesa de seus interesses legítimos relativos a seus integrantes ou à finalidade partidária, ou por organização sindical, entidade de classe ou associação legalmente constituída, e em funcionamento há pelo menos um ano.

Também nessa ação constitucional, o legislador não concedeu ao cidadão a possibilidade de ingressar na defesa dos direitos coletivos. Essa ausência de legitimação acaba por enfraquecer a força do remédio heroico, na medida em que, se essa ação se presta a salvaguardar direitos coletivos e individuais homogêneos, cuja sentença deve se limitar a um grupo determinado e substituído pelo impetrante, deveria haver representação adequada para cada espécie de cenário acometido pelo ilícito.

Dessa maneira, vê-se que o ilícito de âmbito local poderá se concretizar e se agravar com a impossibilidade de defesa coletiva, já que a lei pressupõe uma prévia organização social para a defesa do meio ambiente, para que não se dependa da intervenção dos demais legitimados, não raro, distantes daquela realidade.

Porém, a jurisprudência tem meios de avançar para afirmar a legitimidade do cidadão para promover a defesa dos direitos coletivos. Ora, se por meio de interpretação constitucional, admite a legitimidade do Ministério Público para ajuizar mandado de segurança coletivo[84], o cidadão também deverá ostentar essa capacidade, porque consoante é notório, a Constituição de 1988 lhe outorgou o dever de defender o

[84] O Superior Tribunal de Justiça possui precedentes nessa linha de entendimento. Vide, *v. g.*, o Agravo regimental no agravo nº. 1.249.132/SP, rel. ministro Luiz Fux, Primeira Turma, julgado em 24/08/2010 e publicado no Diário da Justiça eletrônico de 09/09/2010.

meio ambiente sadio para as presentes e futuras gerações, além de proclamar a cidadania com um dos fundamentos da República.

4.6 *Habeas data* ambiental

O *habeas data*, remédio de previsão constitucional, se acha regulamentado pela Lei Federal 9.507 de 12 de novembro de 1997, e tem por objetivo, proteger as informações pessoais do cidadão que sejam de interesse público perante os órgãos públicos ou privados.

Com efeito, criado em 1988 para, de certo modo, coibir práticas efetivadas no período de ditadura militar (1964-1985), que se valia amplamente de registros questionáveis para justificar perseguições e prisões, é ação ainda subutilizada no Brasil, como a propósito, anota Dalmo de Abreu Dallari (DALLARI, 2002, p. 240-241 e 243).

Aponta-se como causa o fato de que a sua finalidade estaria voltada para os abusos e arbitrariedades que teriam ocorrido no regime de exceção. Assim, em tempos de democracia segundo essa percepção, o *habeas data* careceria de relevância prática, na medida em que a sua razão histórica fora superada[85].

Dallari comenta:

> Aí está, afinal, o grande paradoxo do habeas data. Ele teria sido de excepcional utilidade naqueles anos em que a violência e a corrupção se valiam amplamente de dados falsos para anular ou restringir direitos e para demolir reputações. Mas, certamente, se já existisse anteriormente o habeas data, ele teria sido suspenso pelos militares, que haviam usurpado o Governo e agiam

---

[85] Luís Roberto Barroso corrobora com a assertiva: "*Esta terá sido, induvidosamente, a motivação mais imediata dos constituintes de 1988 para criação do habeas data, sendo certo que muitos deles próprios haviam sido vítimas desta modalidade de abuso de poder. Não se trata de instituto que tenha similar no direito comparado, nem que houvesse sido criado à vista de uma necessidade processual imperiosa. Tratou-se, acima de tudo, de uma reação ao passado, de valia primariamente simbólica*" (BARROSO, 1998, p. 149).

> arbitrariamente segundo suas próprias regras, não admitindo que suas 'verdades' fossem contestadas. Foi precisamente isso que fizeram com o habeas-corpus, para impedir a soltura ou até a simples defesa de presos políticos vítimas de violência arbitrária. Isso justifica o temor, quase a certeza, de que, se ocorrer um novo golpe de Estado, o habeas data não poderá ser utilizado, o que o torna inútil nos momentos em que prevalece a arbitrariedade e a utilização de dados falsos se torna prática rotineira (DALLARI, 2002, p. 244).

Essa compreensão desse remédio constitucional, praticamente esvaziaria a sua importância. Por isso, a necessidade de revisitá-la.

Como sabido, a construção do *habeas data* é atribuída a José Afonso da Silva. O professor Barbosa Moreira, ao fazer enunciação da utilidade do *habeas data*, atribui a ele a sua inclusão constitucional para a promoção da garantia da intimidade:

> A esse rol vê-se agora acrescentado o habeas data, por sugestão, ao que consta, de José Afonso da Silva. Parece dever-se ao ilustre professor da Universidade de S. Paulo não só o acolhimento da matéria no bojo da Constituição, senão também onomen iuris dado ao remédio processual, com inspiração em terminologia usada na doutrina espanhola, em sentido diverso, mas correlato. Eis o teor do dispositivo pertinente (art. 52, n2 LXXIII): 'Conceder-se-á habeas data: a) para assegurar o conhecimento de informações relativas à pessoa do impetrante, constantes de registros ou bancos de dados de entidades governamentais ou de caráter público; b) para a retificação de dados, quando não se prefira fazê-lo por processo sigiloso, judicial ou administrativo' (MOREIRA, 1998, p. 50).

Assim, o *habeas data* apresenta-se como remédio da vida privada, destinado a defender a intimidade, a privacidade e a veracidade das informações pessoais que estão na posse do Estado ou de quem o faça as vezes.

Hodiernamente, inclusive, existem os que defendem esse *writ* para efetivação do direito ao esquecimento, que é variante do postulado da intimidade e da privacidade e compreendido como direito fundamental implícito no texto constitucional.

A respeito, veja-se a defesa de Maria Helena Diniz:

> Não se pode, ainda, olvidar do habeas data (CF, art. 5º, LXXII; Lei n. 9507/97;BAASP 1893:35, 1936: 33) que também respalda o direito à verdade e à memória, uma vez que assegura não só o conhecimento de informações relativas à pessoa do impetrante, constantes de registros ou bancos de dados de entidades governamentais ou de caráter público, mas também a retificação de dados, quando não se prefira fazê-lo por processo sigiloso, judicial ou administrativo. E, além disso, o CPC/2015, art. 369 assegura o uso de todos os meios legais e moralmente legítimos para provar a verdade dos fatos.
>
> Portanto, o habeas data que é uma ação especial para assegurar o conhecimento de informações relativas à pessoa do impetrante, constantes de registros ou bancos de dados de entidades governamentais ou de caráter público (habeas data preventivo) e para retificação dedados inverídicos ou incorretos, existentes nos registros informativos, quando não se preferir fazê-lo por processo sigiloso, judicial ou administrativo (habeas data corretivo). Trata-se de remédio para tutelar certos direitos garantidos constitucionalmente, como os direitos à honra, à tranquilidade, a ser esquecido, ao patrimônio, à privacidade, à boa fama contra atos praticados por órgãos públicos ao anotarem e registrarem informações sobre a pessoa, pois todos aqueles valores poderão ser vulnerados por informação errônea (DINIZ, 2017, p. 34-35).

Portanto, vê-se que em verdade, o *writ* deve assumir outras concepções que se afastam das que justificaram a sua inserção no ordenamento constitucional brasileiro.

Especialmente relevante dentro do Estado Ambiental, o *writ* pode se prestar à tutela da intimidade e da informação fidedigna para o cidadão sobre tudo o que possa dizer respeito à sua saúde[86].

Sabe-se que hoje em dia o homem, cada vez mais, se utiliza de técnicas e de conhecimentos científicos para modificar o meio ambiente, a fim de que esse esteja de acordo com as suas necessidades e conveniências. Exemplo disso é a manipulação genética que se faz em plantas, com o objetivo de aumentar a sua produtividade e de livrá-la de pragas e doenças que prejudicam o seu desenvolvimento. Por meio dessa técnica, busca-se retirar plantas transgênicas, ou organismos geneticamente modificados.

Bruno Torquato Naves e Émilien Reis explicam:

---

[86] O professor Barbosa Moreira dá a dimensão original do remédio constitucional: "*O problema tem ligação manifesta com o da preservação do direito à intimidade: na coleta e armazenamento indiscriminado de dados atinentes a uma pessoa, à revelia dela e sem controle de sua parte, não há como deixar de ver uma invasão da privacidade. A rigor, porém, o que avulta aqui é uma ideia mais particularizada, suscetível de expressão sintética nos seguintes termos: a ninguém se deve negar o conhecimento do que outros sabem ou supõem saber a seu respeito, nem a possibilidade de contestar a exatidão de tais noções e, sendo o caso, retificar o respectivo teor, principalmente quando a utilização dos elementos coligidos seja capaz de causar dano material ou moral. É a essa específica preocupação que corresponde, na Constituição de 1988, o instituto de que nos vamos ocupar*" (MOREIRA, 1998, p. 49-50).

Por outro lado, Bruno Torquato de Oliveira Naves e Émilien Vilas Boas Reis fazem a interligação entre saúde, genética e meio ambiente: "*Outro dado relevante na discussão que envolve a relação entre saúde humana e qualidade de vida urbana é o surgimento de doenças ligadas ao meio ambiente. No âmbito da Genética, estudos da década de 1970 estabeleceram a forte relação entre doenças genéticas e meio ambiente. Tanto que, em 1971, Brewer criou a expressão ecogenética para designar um novo ramo da Genética, especializado na análise da variabilidade das respostas individuais determinadas geneticamente por fatores ambientais. A seriedade das implicações ambientais nos códigos genéticos como desencadeadores de doenças levou à realização do Projeto Genoma Ambiental, em 1997, por iniciativa do National Institute of Environmental Health Sciences, dos Estados Unidos. Como explica Nascimento, o objetivo do Projeto Genoma Ambiental foi identificar os alelos que conferem suscetibilidade aos efeitos desfavoráveis de agentes ambientais. A compreensão das respostas genéticas à exposição ambiental é importante não apenas para detectar a causa das doenças, mas para o desenvolvimento de estratégias eficazes de prevenção*" (NAVES, 2019, p. 187-188).

> Transgênico, em significação estrita, retrata o organismo cujo genoma foi alterado pela introdução de fragmentos de material genético de outra espécie de organismo. No entanto, seu uso vulgar foi estendido para equivaler a organismo geneticamente modificado. Assim, quando se ouve falar de alimentos transgênicos, normalmente se quer dizer que aquela espécie teve o seu genoma alterado, seja pela introdução de fragmentos gênicos de outros organismos ou mesmo a alteração de sua própria sequência genética, sem que outra espécie seja participante (NAVES, 2019, p. 191).

Ademais, o próprio homem pode ser alcançado por essas alterações genéticas, a exemplo do que se inicia com os estudos de células-tronco, destinadas à clonagem de órgãos para fins terapêuticos.

Diante dessa nova realidade, o legislador editou a Lei Federal 11.105/2005, intitulada Lei de Biossegurança, a editar determinadas regras que protegem a saúde e a vida humana, assim como dos animais e plantas.

Portanto, existe interesse público sobre informações de manipulação genética de plantas, animais e do próprio homem, como demonstra por exemplo, uma experiência levada a cabo por um cientista chinês, que utilizou o método de manipulação genética conhecida por Crispr-cas9[87] para realizar clonagem de pessoas.

Tudo isso pode ensejar o uso do *habeas data*, com o desiderato de trazer a lume informação oficial do que se está a tratar em verdade, a

---

[87] Bruno Torquato Naves e Émilien Reis, em artigo interessante, noticiam essa experiência de manipulação genética feita em humanos: "*No final de 2018, um experimento usando a técnica CRISPR-Cas9 faria um tumulto no meio científico: um pesquisado chinês, He Jiankui, de Shenzhen, anunciou que implantou embriões manipulados com a técnica CRISPR-Cas9, o que resultou no nascimento de duas meninas gêmeas, que seriam, portanto, os primeiros humanos nascidos editados geneticamente. Sua pesquisa consistiu em desabilitar um gene, denominado CCR5, que permite o acesso do vírus da Aids (HIV) em uma célula. Sua justificativa foi a de tornar os organismos resistentes à doença, muito comum na China e de que os filhos concebidos não tivessem a doença dos progenitores (ele usou pais com HIV e mães sem o vírus)*" (NAVES, 2019, p. 136).

fim de que as pessoas tenham liberdade de agir e de escolher de forma consciente, assumindo os riscos e os possíveis benefícios.

O remédio heroico deixa de ser apenas um simbolismo do passado, para assumir novas e grandes tarefas do porvir, servindo de instrumento valioso para a construção do Estado Ambiental que pressupõe, entre outras coisas, a promoção da qualidade de vida realizada sob informações públicas que estejam ao alcance de todos, especialmente do cidadão que se acha diretamente vinculado.

Por fim, em consideração do seu objeto, percebe-se que o *habeas data* tem feição de ação coletiva, e dentro dessa perspectiva, deve ser manejada, pois a decisão dela emanada haverá de alcançar muitos outros.

4.7 Audiências públicas

A realização de audiências públicas em processo de proteção ambiental não deve ser uma faculdade do julgador, mas uma imposição, a fim de que se afastem as críticas que se avolumam, na medida em que, não raro, em demandas coletivas, o cidadão não tem participação na construção da decisão nem das medidas que haverão de ser tomadas supostamente em seu benefício.

A sua possibilidade, como se sabe, foi instituída pelas Leis Federais 9.868/99 e 9.882/99 que regulam, respectivamente, as ações diretas de inconstitucionalidade, ação declaratória de constitucionalidade e o processo de arguição de descumprimento de preceito fundamental.

O Supremo Tribunal Federal, mediante a Emenda Regimental 29/2009, incluiu as audiências públicas nesses processos coletivos, aplicáveis à jurisdição constitucional. Mais recentemente, o Código de Processo Civil prescreveu essa possibilidade no §2º do art. 927, que faculta aos tribunais a realização de audiências públicas para discutir enunciados ou súmulas de casos repetitivos.

Consta que a primeira audiência pública no âmbito do STF, foi realizada pelo ministro Ayres Britto, que foi destinada à discussão de determinados pontos da Lei de Biossegurança. Desde então, com alguma regularidade, o Tribunal Constitucional tem feito audiências públicas para instalar um diálogo em torno de assuntos de relevância e com repercussão geral.

Com efeito, se existe ambição de decisão minimamente justa, e que esteja realmente preocupada com a questão ambiental, a audiência pública é indispensável, sobretudo porque traz para a cena discussão de temas sensíveis, e de desafios que afastam a demagogia econômica e de prosperidade a qualquer custo.

Exemplo ilustrativo é trazido por Huw Beynon, professor de Sociologia na *University of Manchester* – Grã-Bretanha, em artigo ilustrativo, que traz à tona a discussão em torno da mineração a céu aberto que ocorria na Inglaterra nos anos 1980 e 1990.

Nesse artigo, coloca-se em discussão a validade e a utilidade das audiências públicas realizadas para a discussão das áreas que eram e seriam exploradas pela mineração.

Narra-se que houve grande envolvimento da população, sobretudo daqueles que eram afetados pela atividade industrial, mas que em sentido contrário, eram submetidos a uma campanha difamatória dos lobbies da indústria carvoeira que os associavam a homossexuais.

Veja-se:

> Nas audiências que presenciamos, ficou claro que os moradores locais que protestavam queriam que suas vozes fossem ouvidas. Nesse sentido, a audiência oferecia-lhes um foro onde podiam participar e ter sua vez de falar. Nas audiências esses moradores passaram a ocupar uma posição específica, e muitos deles vieram a refletir sobre esse fato, tentando pensar as melhores maneiras para 'fazer com que nossas ideias sejam entendidas'. Contudo, eles ambicionavam mais que uma intervenção discursiva. Antes de mais nada, queriam assegurar que as áreas próximas ao local onde viviam não se tornassem minas a céu aberto. Havia uma forte motivação estética e instrumental para o seu envolvimento.

> Motivação instrumental era o que não faltava às empresas de mineração de carvão. Quando as decisões começaram a desfavorecer essas empresas no final dos anos 80 e início dos 90, elas passaram a pressionar o Departamento de Meio Ambiente para que as regras fossem mudadas. Reclamavam que o sistema de audiências públicas era muito caro, demorado e excessivamente democrático, permitindo que vozes demais fossem ouvidas e espaço demais ocupado. As empresas desenvolveram táticas cujo objetivo era contornar as regras e induzir a 'oposição' a colocar-se em situações difíceis. 'Não deixe que os moradores locais levem você para o buraco' era a mensagem que queriam passar, associada a uma forma de abordagem mais agressiva com relação aos manifestantes. O resultado disso foi que a indústria carvoeira e a CoalPro (uma organização guarda-chuva que reunia os interesses das empresas de carvão) tornaram-se elementos centrais de um forte lobby antiambientalista. Por um lado, tentaram produzir pesquisas científicas que conseguissem 'provar' a falsidade das alegações de que a mineração a céu aberto e o uso do carvão de modo geral tinham impactos negativos sobre o meio ambiente. Contestaram a relação entre chuva ácida e emissões de dióxido de enxofre pelas usinas termoelétricas a carvão. Argumentaram persistentemente que os efeitos ambientais da mineração a céu aberto eram positivos. Insistiram em afirmar, com exagero, a qualidade do carvão produzido por métodos de mineração a céu aberto e propagandearam essa visão, com impacto considerável. Ao mesmo tempo, essas empresas atacavam incessantemente as credenciais e motivos do lobby ambientalista. Tornou-se comum descrever ativistas ambientais como 'bichas' e referir-se a todo o argumento ambientalista como vagamente afeminado, algo que 'homens de verdade' não deveriam levar a sério (BEYNON, 1999, p. 11-12).

Porém, como acentua o professor Beynon, a retórica da indústria carvoeira logo veio abaixo, porque os pretensos proveitos sociais que a extração poderia trazer para a sociedade não ocorreu. E ademais, os protestos demonstraram o quanto é sério ser vítima dessa agressão ambiental. E para tanto, foi importante a experiência dos locais, notadamente dos ex-mineiros, que sabiam a importância do meio ambiente preservado, do ar puro, da preservação da paisagem natural, certamente porque passaram quase a vida inteira debaixo da terra escavando na escuridão, em condições extremas.

Nesse cenário, as audiências públicas enriqueciam-se porque de um lado havia o conhecimento formal, e de outro, o conhecimento empírico.

Beynon anota:

> Assim, as audiências públicas tornaram-se, com frequência, foros nos quais diferentes tipos de conhecimentos competiam uns com os outros. Elas também revelavam ideias distintas de justiça. Um grupo de manifestantes, por exemplo, que conseguiu desafiar com sucesso a empresa de carvão, ficou exasperado ao saber que a empresa pretendia entrar novamente com um pedido de autorização (BEYNON, 1999, p. 22).

Para o professor da Universidade de Manchester, a questão ambiental constitui um fator de reflexão ampla sobre o comportamento humano. E a audiência pública, a seu turno, é palco plural para a confrontação de ideias, de posições, de objetivos, e especialmente, de promoção da qualidade de vida.

Verdadeiramente, se a proposição é proteger o meio ambiente por meio de ação coletiva, não se pode abdicar desse instituto que traz para o âmbito de discussão as percepções locais e empíricas, concepções técnicas, humanísticas, econômicas, ambientais sobre determinado tema controvertido.

Com efeito, a audiência pública se torna dessa forma, instrumento que rompe com a tradição patrimonial e individualista do processo tradicional, uma vez que amplia o debate e os elementos informadores da decisão final e condiciona o processo aos postulados do Estado Ambiental.

Essa providência, sem dúvida traz participação democrática, motivo pelo qual se torna indispensável, como bem observam Márcio Ricardo Staffen e Zenildo Bodnar:

> Neste contexto, é fundamental que o cidadão tenha oportunidade de participar, como sujeito ativo e protagonista das decisões ambientais, por intermédio das audiências públicas judiciais, contribuindo com o tratamento adequado das lides ambientais.
>
> A convocação de audiências públicas no processo judicial deverá em todos os casos em que a participação popular seja relevante em razão do alto grau de litigiosidade e da quantidade de direitos fundamentais envolvidos e em rota de colisão. Como, por exemplo, no caso de ocupações irregulares de áreas de Preservação Permanente, criações de parques, dentre outros.
>
> A democratização do Acesso à Justiça Ambiental, com ampla participação popular, por intermédio de audiências públicas judiciais, é a melhor forma de legitimar a atuação do Poder Judiciário na tutela do ambiente e também servirá como mecanismo estratégico de conscientização e educação ambiental. É com a cooperação de todos e com a inteligência coletiva que será possível assegurar a proteção efetiva dos interesses e direitos fundamentais envolvidos direta ou indiretamente nos litígios ambientais, em especial a garantia plena da higidez ambiental para uma melhora contínua das condições de existência humana no planeta (BODNAR, 2010, p. 97-98).

De fato, é um erro abdicar-se da participação do cidadão. É incompreensível que se reconheça apenas formalmente a sua importância, mas na prática, relegue-o a uma figuração para justificar proposições dominantes, sem avaliação do que realmente o processo está a cuidar.

E não é só isso. As audiências públicas, para além de publicização do processo, fazem com que a sociedade se envolva na discussão e se empenhe para a construção de uma decisão adequada.

Diante dessas constatações, vê-se que a jurisdição se torna mais democrática, permeada a diversas posições e entendimentos, já que a

Constituição deve conter uma abertura para outros intérpretes, como já propunha Peter Häberle[88]. É por esse motivo que todas as ações coletivas devem se submeter às audiências públicas.

4.8 *Amicus curiae*

Por derradeiro, das práticas mais salutares e democráticas é a instituição do *amicus curiae* no ordenamento jurídico brasileiro, na exata medida em que amplia, diversifica e enriquece o debate em torno da causa, e assim, fornece subsídios para a construção de decisão que seja a melhor possível.

Esse instituto restou incorporado, de forma expressa ao direito processual brasileiro, por meio do art. 138 do Código de Processo Civil de 2015 para também alcançar os processos subjetivos. E entre os seus delineamentos, acha-se a possibilidade de participação de terceiro (pessoa natural ou jurídica, órgão ou entidade especializada), com representatividade adequada, no processo, conforme os poderes que forem conferidos pelo juiz ou tribunal.

Não obstante, sabe-se que o *amicus curiae* tem sido adotado no âmbito do controle de constitucionalidade desde muito (art. 6º, §2º, da Lei Federal 9.868/99), com a finalidade de superar eventuais limitações

---

[88] Gilmar Ferreira Mendes rememora que Peter Häberle influenciou a abertura da jurisdição constitucional por meio dos institutos da audiência pública e *amicus curiae*: "*Essa nova realidade enseja, além do amplo acesso e participação de sujeitos interessados no sistema de controle de constitucionalidade de normas, a possibilidade efetiva de o Tribunal Constitucional contemplar as diversas perspectivas na apreciação da legitimidade de um determinado ato questionado. É inegável que essa abertura do processo constitucional foi fortemente influenciada, no Brasil, pela doutrina de Peter Häberle. A propósito, observe-se que Peter Häberle defende a necessidade de que os instrumentos de informação dos juízes constitucionais sejam ampliados, especialmente no que se refere às audiências públicas e às 'intervenções de eventuais interessados', assegurando-se novas formas de participação das potências públicas pluralistas como intérpretes em sentido amplo da Constituição*" (MENDES, 2008/2009, *online*).

técnicas e déficits democráticos, além de pluralizar o debate em casos de relevância e com especificidades próprias, que exigem a participação de outros atores que não os que constam do processo.

Com efeito, perante o Supremo Tribunal Federal muitos são os casos em que se viu a participação desses terceiros, como aliás, aponta Alexandre Bahia:

> De fato, a atuação dos 'amicicuriae' no STF tem sido de extrema relevância, principalmente naqueles julgamentos mais polêmicos, como pesquisas com células-tronco (ADIn. n. 3510), aborto de anencéfalos (ADPF. n. 54), união homoafetiva (ADPF. n. 132/ADIn .n. 4277) e outros em que, além de protocolarem petições e fazerem sustentações orais, eles têm participado das audiências públicas promovidas pelo STF, que contam, outrossim, com outras entidades convidadas pelo relator do caso; essa participação, segundo precedente citado pela min. Rosa Weber (MC. ADIn. n. 2321), possui o benefício de superar o problema de legitimidade democrática do STF. Essa questão da legitimidade transparece quando o STF tem de lidar com temas 'fraturantes' – ocasião na qual o Tribunal exerce função contra majoritária –, o que traz questionamentos particularmente se a questão ainda não passou pelo Legislativo. (BAHIA, 2013, p. 173)

O Supremo Tribunal Federal, certo da sua importância para a jurisdição constitucional, está cada vez mais a ampliar do debate, notadamente em função dos temas que são vertidos para sua análise e decisão. Entretanto, o *amicus curiae* não pode se servir apenas a essa função.

Ora, se no Estado Ambiental, os processos coletivos devem ser a regra e a representação deve ser adequada, o instituto do *amicus curiae* contribui de forma decisiva para esse desiderato, pois permite ao juiz ampliar mesmo no curso do processo, os representantes do direito em discussão, e assim, estender os argumentos para além do que foi inserto na petição inicial e nas alegações defensivas.

Ademais, não se pode deixar de ter em consideração que a representação adequada, constitui a espinha dorsal do processo coletivo, exigência essa que vem desde a *class action* norte-americana. Antônio Gidi destaca essa assertiva:

> Assim, nas *class actions*, considera-se que os membros do grupo sejam ouvidos e estejam presentes em juízo através da figura do representante, que funciona como uma espécie de 'porta-voz' dos interesses do grupo. O direito de ser ouvido em juízo é reduzido, então, a um direito de ser ouvido através do representante.
>
> Como o direito americano está menos interessado em ficções legais do que na realidade dos fatos, tornou-se imperativo criar meios para assegurar que o representante defenda adequadamente tais interesses, garantindo ao grupo um efetivo e realista direito de ser ouvido coletivamente em juízo (GIDI, 2007, p. 100).

Mais adiante, Gidi complementa, ao ponderar que a representação adequada deve ser tarefa do juiz:

> É responsabilidade do juiz garantir que o processo coletivo seja conduzido de forma adequada. Para isso, ele deverá acompanhar todas as fases do processo com atenção, controlando de perto todas as atividades das partes. A necessidade de controle judicial é potencializada pelo fato de que o representante age independentemente de autorização e fora do controle dos representados.
>
> Em um primeiro momento, ao certificar a ação coletiva, o juiz fará uma avaliação preliminar e prospectiva do requisito, verificando se o candidato a representante terá condições de atuar adequadamente em benefício do grupo. A ação somente será certificada como coletiva se o juiz considerar essa questão pela afirmativa (GIDI, 2007, p. 101-102).

Dentro dessa perspectiva, a representação adequada é fator preponderante para a validade da ação coletiva, tanto que se não for observada, implica violação ao devido processo legal[89].

O *amicus curiae*, a seu turno, representa então a possibilidade de correção da representação, e não bastasse, faz com que o contraditório seja efetivado, possibilitando que as partes, representantes autênticos do direito em debate, apresentem com plenitude as argumentações possíveis dentro daquele contexto processual, e que haverão de ser analisadas pelo julgador quando da prolação da sentença e no seu posterior cumprimento.

E a sua afirmação no processo coletivo antes disso, potencializa o acesso à justiça[90] e a participação democrática que formam a base do Estado Ambiental.

Daí a sua importância para a construção da tutela coletiva efetiva, considerando que satisfaz exigências constitucionais, a saber, as garantias da participação popular, do acesso à justiça, da ampla defesa, do contraditório e do devido processo legal.

Desse modo, constata-se que as audiências públicas e o *amicus curiae* constituem medidas imperativas para o processo coletivo, notadamente em face de temas ecológicos.

---

[89] Sabrina Nasser de Carvalho, sobre a representatividade e a sua correlação com o devido processo legal, faz o seguinte apontamento: "*O requisito da representatividade adequada encontra esteio na garantia do due process of law. Diante da impossibilidade de que todos aqueles serão atingidos pela decisão figurem como parte no processo, a representação de interesses torna-se a base do sistema processual coletivo. Visando assegurar o devido processo legal em relação aos membros ausentes da coletividade (absent class members), o autor tem o ônus de comprovar que detém todas as qualificações necessárias para o regular desempenho de uma representação adequada*" (CARVALHO, 2016, p. 186-187).

[90] Luiz Guilherme Marinoni comenta a respeito do valor do acesso à justiça para a consolidação da democracia: "*O direito de acesso à justiça não apenas necessário para viabilizar a tutela dos demais direitos, como imprescindível para uma organização justa e democrática. Não há democracia em um Estado incapaz de garantir o acesso à justiça. Sem a observância desse direito um Estado não tem a mínima possibilidade de assegurar a democracia*" (MARINONI, 2006, p. 284).

Ao passo que as primeiras (audiências públicas) possibilitam auscultar os interessados, não participantes do processo, ou dos participantes, mas sem a intervenção dos advogados – o que estimula e consolida a participação democrática –, a intervenção dos amigos da corte propiciam a representação adequada dos interessados, fomentando o acesso à justiça e legitimando o processo e a decisão judicial decorrente.

A utilização desses dois institutos é para além de saudável, imperiosa, pois não há como mais desprezar nem dispensar a participação popular para a interpretação das garantias constitucionais, e dos princípios nela inseridos, que são de conteúdo aberto, fluído, carentes de perquirição plural.

A seguinte lição de Cass Sunstein pode ser aplicada no caso da defesa desse modelo de Estado Ambiental:

> Permanece necessário desenvolver princípios por meio dos quais se deve conferir significado às frases abertas da Constituição, que não são auto-interpretáveis. Todavia, nesse empreendimento não estamos completamente à deriva. O compromisso à democracia deliberativa implica não somente uma rejeição da neutralidade do *status quo*, mas também uma série de compromissos substantivos às garantias constitucionais.
>
> Esses compromissos – incluindo igualdade política, cidadania, deliberação, e o consenso como um ideal para a política – informam o significado de tais diversas previsões, tais quais a Primeira Emenda, a cláusula de igual proteção, a cláusula do devido processo, e a garantia contra a expropriação de propriedade privada sem justa compensação. Por certos compromissos constitucionais descritos em um nível tão alto de generalidade não resolverão casos concretos. Não encontraremos nenhuma fórmula ou algoritmo por meios dos quais se possa circunscrever o uso da razão prática na interpretação constitucional. Sobre tais questões, uma sociedade heterogênea terá bastante espaço para desacordos e incertezas, mas isso não é causa para embaraço. Ao contrário, é extremamente saudável, como insistiram os fundadores (SUNSTEIN, 2009, p. 461-462).

A assertiva se aplica ao Estado Ambiental, porquanto não se prescinde da sociedade, do cidadão, para construir uma justiça ambiental efetiva e deliberativa, que deve contar com a participação de personagens muitas vezes antagônicos, inclusive para que se realizem os princípios da precaução e da prevenção por meio de debate plural estabelecido num processo democrático e aberto, com contraditório e ampla defesa devidamente realizados.

5

CONSTITUCIONALISMO CONTEMPORÂNEO, POLÍTICAS PÚBLICAS E ATIVISMO DA SOCIEDADE NO ESTADO AMBIENTAL

Consoante visto, o Estado Ambiental se afirmou por meio da Constituição de 1988 ao estabelecer direitos fundamentais que elegem a vida, a saúde, o bem-estar, a dignidade humana, a proteção do meio ambiente, entre outros tantos elencados, como pilares de sua fundamentação. Note-se que são direitos que estão a gravitar em torno do que se tem por qualidade de vida, na sua mais elevada expressão e compreensão, e também em benefício do meio ambiente ecologicamente equilibrado e da preservação de todos esses recursos para as gerações futuras.

Para alcançar esses postulados, o constituinte originário fez prescrição imperativa, qual seja a necessária e obrigatória participação democrática do cidadão nos planejamentos, nas escolhas e decisões do Estado, e dos próprios particulares nas suas relações jurídicas mais diversas.

Para infirmar eventuais omissões ou ações estatais quanto a isso, esse mesmo constituinte universalizou e alargou sobremaneira o acesso ao Poder Judiciário, de sorte que, por meio do processo, se dê ao cidadão a oportunidade de cumprimento de seu dever constitucional.

Porém, não se pode descurar que o próprio Poder Judiciário, sobretudo e principalmente em ações coletivas, deve se ocupar de estabelecer a representação adequada, na medida em que o processo estará a serviço do mandamento constitucional de participação do cidadão para a defesa verde.

Sem representação adequada, portanto, o Judiciário infringirá esse direito fundamental estruturante do Estado Ambiental, pois a defesa fragmentária não se presta aos seus propósitos. E mesmo se concretizada a representação, não se pode olvidar que o processo deverá cumprir determinadas finalidades e pressupostos, devidamente elencados em capítulo anterior, sob pena, da mesma forma, de fulminar a proteção ambiental que repele a possibilidade de ocorrência do dano.

Mas, ainda se deve perquirir quais seriam os casos em que o Poder Judiciário estaria autorizado a intervir nos planejamentos, nas escolhas e decisão da administração pública. Qual seria a omissão a permitir a interferência do cidadão por meio do processo? Poderia o cidadão questionar políticas públicas perante o Poder Judiciário? Essas medidas haveriam de desfigurar a separação de poderes? São indagações que serão investigadas nos tópicos seguintes.

5.1 A regra da separação de poderes

A separação dos poderes é um dos pilares da Constituição de 1988 e está inserido no art. 2º do texto constitucional. Essa divisão dos poderes em três – Executivo, Legislativo e Judiciário – é invenção antiga que remonta às ideias de Montesquieu e John Locke.

Com efeito, o gênio de Montesquieu pretendia promover uma forma de governo que se diferisse da que fora proposta por Aristóteles. Por isso, dividiu em três as funções do Estado, consoante aponta Bruce Ackerman:

> Montesquieu rejeitou tal compreensão, baseada em classes. Seus diferentes poderes correspondem a diferentes funções governamentais. Ao dar essa guinada funcionalista, ele seguiu

> Locke, que também havia separado três funções governamentais em um modelo de separação de poderes. Mas a trindade de Locke era diferente: ele colocava o judiciário dentro da categoria 'executivo', preenchendo a lacuna resultante com um 'poder federativo', o qual lidava com relações estrangeiras, produzindo assim o trio legislativo-executivo-federativo (Locke 1987). Por ter sido juiz, Montesquieu considerava especialmente importante enfatizar a independência do judiciário na monarquia francesa, mas o fez ao custo de suprimir a perspicaz ideia de Locke sobre a especificidade do funcionamento do Estado nas relações estrangeiras. E assim derivou a hoje clássica trindade: legislativo, executivo, judiciário. Aparentemente, o pensamento trinitário era tão irresistível no século XVIII, que Montesquieu não tolerou quatro categorias em seu esquema conceitual (ACKERMAN, 2014, p. 15).

Contudo, ainda assim, segundo anota Mauro Capelletti, o modelo francês baseado em Montesquieu, percebia o Poder Judiciário enquanto poder subalterno aos demais, sem autonomia e que exercia a tarefa de reproduzir a norma jurídica ao caso concreto de modo mecânico.

Veja-se:

> Dos três poderes de que falamos, o judiciário é, em certo sentido, nulo. Qualquer que tenha sido a real influência de Montesquieu na Revolução Francesa, essa ideia deveria tornar-se a parte central de sua ideologia. A Revolução proclamou, como um de seus primeiros princípios, a absoluta supremacia do direito escrito; do direito originado do *corps législatif* por representantes do povo, enquanto reduzia o judiciário a desempenhar uma tarefa puramente mecânica de aplicação da lei aos casos concretos. Naturalmente, também a fé roussoniana na 'infallibilité' da 'loi', como expressão da 'volonté générale', encontrou sua maior expressão neste desdobramento revolucionário.
>
> Na realidade, a estrita separação, 'Frenchstyle', dos poderes governamentais, se de inspiração realmente 'montesquiana' ou não, estava a milhas de distância do tipo da separação dos poderes

> praticamente adotada ao mesmo tempo pela Constituição Americana. A separação dos poderes na América é melhor e caracterizada como pesos e contrapesos e sob este princípio está reservado aos tribunais a função extremamente importante de rever atos do legislativo e da administração. 'Séparacion des Pouvoirs' no estilo francês, ao contrário, implicava que o judiciário deveria a qualquer preço assumir um papel totalmente subserviente, estritamente diverso do papel e da atividade dos órgãos políticos (CAPELLETTI, 2001, p. 271).

O Judiciário, segundo o modelo francês, não era realmente um poder como os demais. Havia importante limitação no exercício de suas prerrogativas – o juiz deveria se ater ao que o Legislativo pretendeu expressar, e não poderia adentrar nas escolhas do Executivo. Isso resultava submissão do juiz às escolhas políticas que o *status quo* impunha.

Porém, o modelo norte-americano, por meio de seus freios e contrapesos, tem inspirado constituições mundo afora, haja vista que é mais condizente com a tarefa recebida pelo Poder Judiciário de manter e implementar direitos fundamentais construídos ao longo da história humana, muito especialmente após o pós-guerra.

Esses direitos fundamentais, expressos em textos constitucionais, têm no Poder Judiciário o seu garante, e esse poder a seu turno, se vê compelido a exercer postura afirmativa em face desses direitos e da integridade do texto constitucional. Não foi por outro motivo que se criou cortes constitucionais, entre outras coisas, para fazer o controle dos órgãos políticos (CAPELLETTI, 2001, p. 286).

Hodiernamente, não se discute essa competência do Poder Judiciário para garantir a integridade e a supremacia da Constituição.

Porém, decorridos séculos dessa construção, com os ajustes aqui e acolá, vê-se que a teoria tripartite está a se deparar com situações que demonstram a necessidade de repensá-la outra vez. Veja-se por exemplo, que no Brasil particularmente em 2013, milhões de pessoas foram às ruas do país numa manifestação sem pauta definida, salvo o descontentamento com a política que alcançou um dos seus momentos mais agudos.

Havia e ainda existe crise de representatividade, pois os cidadãos não se sentem devidamente representados pelos parlamentares, e muitas vezes, pelos seus governantes. Como se vê, de lá para cá, a sociedade elege e quase ao mesmo tempo, descarta suas possíveis lideranças, num jogo fluído e anuviado de poder. É o que também nota Paulo Bonavides:

> As formas representativas, por obra da depravação que ora mina o sistema governativo vigente, tanto no campo executivo como legislativo e quiçá judicial, perderam de todo a legitimidade. Consequência: sua legalidade se desmorona, sua autoridade se aniquila, seus poderes se desmancham, sua ética se decompõe (BONAVIDES, 2008, p. 282).

E mais recentemente, na sociedade brasileira, constata-se que também o Poder Judiciário, notadamente o Supremo Tribunal Federal, se faz questionado em razão de decisões de relevo e que impactam o país em todo o seu conjunto. Há contestação e sentimento de frustração em relação a algumas decisões judiciais sobre temas sensíveis.

Assim, a tripartição dos poderes não é capaz de sustentar por si só, todos os anseios de uma sociedade dinâmica e ávida por mais democracia e participação, sobretudo num país que raramente se vale dos instrumentos democráticos de participação popular para tomar decisões importantes para os rumos da sociedade.

Mas se sabe que isso transcende o caso brasileiro. Notáveis são as manifestações ocorridas em outras plagas, a exemplo da denominada *primavera árabe*, as manifestações na França, Hong Kong, Praga, Venezuela, Bolívia etc.

Muitos são os que conclamam mais democracia, mais participação, a fim de que se afaste o que se tem denominado de corrupção e ausência de representatividade dos governantes. É um dado importante que deve ser considerado.

Diante desse contexto, Bruce Ackerman nesse seu artigo, faz evidenciar essa limitação teórica para os dias hodiernos[91]. A sua tese se inicia a partir de Comitês Eleitorais que não são vinculados aos poderes de Estado, justamente para dar credibilidade e garantir a regularidade das eleições. A partir disso, depara-se com a criação de outros centros de poder que possuem autonomia em relação aos Poderes de Estado:

> Mais frequentemente, porém, essas instituições eleitorais especiais são inteiramente separadas do judiciário comum, bem como dos poderes eleitos. E com razão. Por um lado, faz sentido que a Comissão Eleitoral Independente organize o processo eleitoral do início ao fim, em vez de funcionar simplesmente como um tribunal, intervindo a posteriori para determinar se houve irregularidades. Ao mesmo tempo, é essencial isolar sua operação dos poderes eleitos – porque são exatamente os políticos no controle do executivo que têm incentivo e poder para manipular a contagem de votos para assegurar sua reeleição. Consequentemente, cada vez mais, Constituições modernas tratam Comissões Eleitorais como um ramo de governo distinto, tomando medidas especiais para garantir sua integridade. E mesmo quando a Constituição de um país não garante formalmente a independência da Comissão Eleitoral, a legislação ordinária frequentemente a isola

---

[91] O mesmo Bruce Ackerman, em sua obra intitulada *A nova separação dos poderes*, apresenta conclusão sobre as fragilidades do modelo de Montesquieu para o caso norte-americano: "*Chegamos, então, a uma conclusão desanimadora. A separação dos poderes entre câmara, senado e presidente não só estimula crises de governabilidade em tempos de impasse e lutas desesperadas contra o relógio constitucional que cronometra os momentos da autoridade plena. Ela não somente milita contra a representação proporcional e estimula o culto da personalidade. Ela também mina a boa forma da separação dos poderes, que pretende explorar a lógica da especialização funcional. Antes de estimular um arranjo constitucional criativo, que conjugue responsabilidade política e perícia técnica, ela hipertrofia a politização da administração pública e corrói o Estado de Direito*" (ACKERMAN, 2009, p. 96). No Brasil, esses arranjos que, da mesma forma, fulminam a representação popular, é denominado *presidencialismo de coalizão*. Ou seja, para bem governar, o Chefe do Executivo se vê compelido a distribuir cargos para que possa obter a maioria do Congresso e, assim, conseguir que a pauta do governo possa ser levada a cabo. As consequências desse modelo são amplamente conhecidas pela sociedade brasileira...

> da interferência política, por meio da criação de uma série de medidas heterodoxas (ACKERMAN, 2014, p. 16).

Segundo esse autor, diante das anomalias vistas, é imperiosa a criação de outros centros de poder para lidar com essas distorções que o modelo de Montesquieu não é capaz de solucionar, muito embora faça a advertência de que tudo deve ser realizado com extrema cautela, a fim de que a criação desses centros não torne, por outro lado, o sistema um todo incoerente, disforme e sem norte definido (ACKERMAN, 2014, p. 18).

No Brasil, pode-se verificar o surgimento e a sedimentação de um novo centro de poder que cada vez mais, se distancia da influência dos três poderes, qual seja o Ministério Público, que possui, segundo os parâmetros constitucionais, autonomia administrativa e financeira. Falta ainda, quiçá, dar a essa instituição a prerrogativa de escolher o seu mais alto dignitário. De toda forma, o Ministério Público brasileiro é exemplo do que cogita Bruce Ackerman.

Mas, não se está com isso tudo a afirmar que o Judiciário deve abandonar a sua força contramajoritária, própria de poder de controle dos poderes políticos do Estado e que tem o papel de defender e garantir a supremacia constitucional. Tampouco os demais poderes devem deixar as elevadas tarefas constitucionais.

A regra da separação dos poderes haveria de incorporar, de vez, por meio de tudo o que já se anotou nos capítulos anteriores, a participação popular, a cidadania, como pressupostos das grandes decisões que interessam ao país. E todos esses postulados formam o que o professor Paulo Bonavides denominou de teoria constitucional da democracia participativa. Vale recorrer ao seu manifesto:

> Busca-se, como se vê, fundar o Direito Constitucional da democracia participativa. Com esse Direito, poder-se-á salvar, preservar e consolidar o conceito de soberania que a onda reacionária do neoliberalismo contemporâneo faz submergir nas inconstitucionalidades do Poder, até destrocá-lo por completo.

> A democracia participativa é direito constitucional progressivo e vanguardeiro. É direito que veio para repolitizar a legitimidade e reconduzi-la às suas nascentes históricas, ou seja, àquele período em que foi bandeira de liberdade dos povos (BONAVIDES, 2008, p. 33).

No modelo do Estado Ambiental, a participação é fundamento primeiro e haverá, antes de tudo, fortalecer as competências e a legitimidade dos poderes da República, dando a esses, o suporte necessário para estabelecer diálogo realmente plural com a sociedade e os habilitando para a proteção do bem-estar dos cidadãos, em todas as suas dimensões.

5.2 Democracia representativa e o voto – tempos de resiliência e adaptação

A democracia é invenção grega, e era exercida de modo direto pelos cidadãos gregos, que se reuniam em praça pública para deliberar sobre diversos assuntos de interesse geral[92].

---

[92] Darcy Azambuja, sobre a democracia grega, ensina: "*A palavra e o conceito de democracia vieram de Grécia. Significa literalmente 'poder do povo', expressão que era entendida como 'poder exercido pelo povo'. Começam ai as distinções necessárias e as dificuldades inevitáveis, que concorrem desde logo para distanciar o conceito do fato conceituado. Mesmo em Atenas, no áureo período democrático, poder do povo ou democracia nunca foi, como alguns pensaram, governo exercido direta e exclusivamente pelo povo, identificação e coincidência de governantes e governados. Foi a forma, até hoje a mais aproximada, de democracia direta, porém não pura e estritamente direta. O povo ateniense, em alguns períodos, decidia sobre tudo; porém, não exercia diretamente seu poder. Mas o que era realmente esse 'povo', o demos, cumpre desde logo esclarecer. Em toda teoria política o termo apresenta várias compreensões, como veremos mais tarde. De momento assinalemos a mais coerente: 'Um povo é a associação de indivíduos que vivem de modo permanente sob o mesmo governo'. O povo de democracia ateniense não eram todos os indivíduos que viviam de modo permanente sob o governo de Atenas, e sim uma pequena parte deles. Segundo cálculos abalizados, essa população era de 230 a 240 mil pessoas; destas, cerca de 150 mil eram escravos, sem direito algum. Das 90 mil pessoas livres, 60 mil eram mulheres e crianças, também sem direitos políticos, e os habitantes dos arredores da cidade não compareciam geralmente às assembleias políticas; e entre os próprios citadinos alguns deixavam-se ficar sob as árvores que Cimon mandara plantar na ágora, ou no mercado, ou*

Nessa mesma Grécia antiga, cogitava-se a *politeia*, que fora amplamente distinguida por Aristóteles para simbolizar uma forma de sociedade destinada a promover a felicidade do homem, que era concebido como um animal social.

Álvaro Ricardo de Souza Cruz esclarece:

> Politeia era, pois, a ordem fundamental da comunidade que regrava as relações entre governantes e governados, bem como as relações entre os órgãos políticos. Contudo, a mesma não pode ser compreendida sob o horizonte dos modernos. Ela não era propriamente um instrumento de garantia do indivíduo contra o absolutismo estatal. Não era, pois, fruto de seu contrato social rousseauniano. Ao contrário, a *pólis* precedia ao indivíduo, que não era autossuficiente, pois precisava da vida social e política para realizar-se como homem. Viver em grupo não era visto como uma escolha, mas, sim, como condição humana.
>
> Tampouco estaria a *politeia* preservando uma forma de vida plural, fundada na diversidade de projetos de vida distintos, tal como no período contemporâneo. Ao contrário, cada *pólis* possuía um único projeto de vida, todas elas era o de uma felicidade particular (eudaimonia), distinta em cada uma das Cidades-Estado gregas (CRUZ, 2014, p. 33).

Esse modelo de democracia direta, embora fosse ideal, não perpetuou por razões práticas e por convicções filosóficas e religiosas que desprezavam o povo como fonte de poder[93].

---

diante dos tribunais. As decisões mais importantes deviam ser tomadas pelo 'povo inteiro', segundo as leis. Na verdade, nesses casos, os cidadãos presentes não eram mais de 6 mil" (AZAMBUJA, 2011, p. 243).

[93] Na Europa da Idade Média, o povo era uma massa de analfabetos, que encontrava a explicação do seu modo de agir e de ser na tradição religiosa. Por isso, as regras eram ensinadas para as pessoas através de pinturas, de esculturas, de cores e de desenhos. Com efeito, a arte sacra, nesse período, exerceu a função de educar o povo.

Mesmo depois da instituição do Estado moderno e da forma representativa, o povo ainda não era considerado pela liderança política. Eric J. Hobsbawn corrobora ao descrever as mazelas de um povo inculto e individualista: "*Em todos esses casos, do ponto de*

Fato é que esse ideal grego, durante o período da Idade Média, não teve acolhida diante das explicações mágicas do poder e das incapacidades de uma sociedade inculta, mergulhada nas considerações místicas do dever-ser. Não é por outro motivo que essa época também é conhecida por idade das trevas ou do obscurantismo.

Entretanto, sob outros arranjos, a democracia voltou a ser considerada e discutida pelos pensadores da estatura de Locke, Montesquieu, Rousseau, Hobbes, Stuart Mill, Kant, Sieyès, Paine, Benjamin Constant, entre outros, os quais obtiveram sucesso de mudar radicalmente o paradigma de Estado e de sociedade.

Aponta-se que o gatilho para impulsionar o Estado moderno deveu-se ao processo eleitoral para escolha de representantes dos governados. Considera-se que isso se deu na Inglaterra, no seio do parlamentarismo, ao estabelecer processos eleitorais para a escolha dos representantes da Câmara dos Comuns[94].

É o que conta Nadia Urbinati:

> O trabalho cuidadoso de Mark A. Kishlansky sobre o nascimento do processo eleitoral na Inglaterra do século dezessete revelou um liame cronológico e funcional entre três fenômenos políticos: a adoção do método eleitoral para se designar os legisladores;

---

vista das classes dirigentes, o fato importante era não aquele em que acreditavam as 'massas', mas que seus credos agora contavam na política. Elas eram por definição numerosas, ignorantes e perigosas; muito perigosas, justamente por causa de sua ignorante tendência para acreditar em seus próprios olhos, dizendo-lhes que aqueles que os governavam davam muito pouca atenção a suas misérias, e a simples lógica sugerindo-lhes que, como elas formavam a grande maioria do povo, o governo deveria basicamente servir-lhes em seus interesses" (HOBSBAWN, 2012, p. 162).

[94] Bernard Manin (MANIN, 2010, p. 188-191) se lança a descrever a eleição dos representantes da Câmara dos Comuns, a destacar que, em determinado momento histórico, os candidatos deveriam possuir determinada sorte de terras e bens para que pudessem agir com independência dos interesses da Coroa, além do que os gastos eleitorais eram bastante consideráveis. Certamente, uma pessoa de pequenas posses não poderia ser candidato.

> a transformação dos eleitos, de delegados em representantes; e a emergência das alianças partidárias ou ideológicas entre os cidadãos. Embora as eleições tenham sido consideradas uma instituição aristocrática desde Aristóteles, nos Estados modernos o processo eleitoral estimulou dois movimentos que se tornaram cruciais para o subsequente processo de democratização. Por um lado, ele desencadeou uma separação entre sociedade e Estado ou, melhor dizendo, uma transição de relações simbióticas entre os delegados e suas comunidades para formas de unificação que eram totalmente simbólicas e construídas politicamente. Por outro, a dissociação dos candidatos de suas posições ou classes sociais destacou o papel das ideias na política, ou, como preferiria dizer, o propósito idealizador do processo de representação. Como resultado, a representação não pode ser reduzida nem a um contrato (de delegação)firmado através das eleições nem à nomeação de legisladores como substitutos do soberano ausente, porque sua natureza consiste em ser constantemente recriada e dinamicamente ligada à sociedade. Em suma, a história moderna sugere que a genealogia da democratização começou com o processo representativo. A democratização do poder estatal e o poder unificador das ideias e movimentos políticos levados a cabo pela representação foram interconectados e mutuamente reforçadores (URBINATI, 2006, p. 195).

O processo eleitoral, portanto, é um importante elemento do Estado moderno e é fundamento da forma de governo, que hodiernamente, se utiliza em diversos países, a exemplo do Brasil. E conforme essa perspectiva, o povo passou a ser compreendido como titular da soberania e através do voto se manifestaria o seu poder. A escolha do representante, portanto, era a forma que o povo exercia a sua soberania. É o que observa Themistocles Brandão Cavalcanti:

> Essa participação do povo se distingue, portanto, de outras formas de representatividade que se encontram nos sistemas corporativos ou quando somente uma classe social pode exercer o direito da escolha. Daí a teoria, de que o eleitorado, isto é, os que integram o corpo eleitoral constitui seu verdadeiro poder,

> porque nele reside a soberania nacional e que os representados se integram com os representantes, como expressão de um único poder (CAVALCANTI, 1976, p. 6).

Então, por meio do processo eleitoral, se iniciam as estruturas da democracia representativa que viriam a se instalar nos Estados nacionais. E segundo Themistocles Cavalcanti, o nascimento da democracia no Ocidente tem por referência a Declaração dos Direitos do Homem, seja nos Estados Unidos, seja na França, e o pensamento de Rousseau e Locke[95] (CAVALCANTI, 1976, p. 7).

Jorge Miranda também afirma que essa guinada do pensamento encontrou nesses mesmos fatos históricos o seu alicerce:

> Ponto culminante de viragem é a Revolução francesa (1789-1799), mas não pouca importância assumem nessa mudança a Inglaterra (onde a evolução se desencadeia um século antes

[95] Locke era filósofo inglês e, em suas obras enfatiza a importância do voto, inclusive para se estabelecer forma de governo, como observa Lier Pires Ferreira: "*No que tange à relação entre governo e sociedade civil, Locke afirmava que, quando o governo deixa de cumprir o fim para o qual fora destinado, qual seja, a proteção das propriedades individuais ,quer por descontrole da ordem pública, quer deteriorando-se para formas tirânicas ou autoritárias, o povo tem o direito de recorrer à força para a deposição do mau governo. Para Locke, 'o direito do povo à resistência é legítimo tanto para defender-se da opressão de um governo tirânico, como para libertar-se do domínio de uma nação estrangeira'. Em suma, para Locke o livre consentimento dos indivíduos, iguais em direitos e em vistas aos seus próprios interesses, estabeleceu a sociedade civil, cuja função principal e inexorável é proteger as propriedades particulares, quer de ordem material ou não, e maximizar as ações individuais no interesse de todos e de cada um. A comunidade política, por meio da votação majoritária, definirá tanto a forma quanto o sistema de governo, estando garantidos os direitos das minorias circunstanciais, como forma de preservação da diversidade natural de interesses e das propriedades entre grupos e pessoas. O controle do governo pela sociedade, bem como o controle das esferas executivas pelos círculos de representação social, em Locke o controle do Rei pelo Parlamento, eram os principais fundamentos do governo civil. Francisco Weffort destaca que, desta forma, Locke não apenas fundou as bases do individualismo liberal, bem como forneceu 'uma justificação moral, política e ideológica [...] para a Revolução Gloriosa e para a monarquia parlamentar de Guilherme de Orange' (Ibidem, p. 88)*" (FERREIRA, 2009, p. 7).

> e onde se inicia a 'Revolução industrial'), e os Estados Unidos (com a primeira ou, olhando às colônias de que se formou, com as primeiras Constituições escritas em sentido moderno).
>
> A expressão 'Estado constitucional' parece ser de origem francesa, a expressão 'governo representativo' de origem anglo-saxônica e a expressão 'Estado de Direito' de origem alemã (MIRANDA, 2019, p. 40-41).

Assim, como a separação de poderes, o governo representativo se torna parte do que se denomina Estado moderno, nas suas mais diversas manifestações[96]. Isto representa que o povo, ao exercer a sua soberania através do voto, escolhe seus representantes para elaborar leis e governar[97]. Sobre o tema, o mesmo Jorge Miranda ensina:

---

[96] Tarefas das mais árduas é conceituar as formas de Estado existentes. Jorge Miranda, a propósito, pondera sobre a dificuldade desse trabalho: "*O conceito de formas de Estado só se torna verdadeiramente operacional no interior de um mesmo tipo histórico de Estado. Em rigor, só interessa distinguir Estado unitário e Estado Federal no âmbito do Estado moderno de tipo europeu e, especialmente, a partir do despontar do constitucionalismo*" (MIRANDA, 2019, p. 192).Para fins desta pesquisa, o assunto fica em torno dessas duas formas de Estado, o federal e o unitário. Mas, não se pode olvidar que o Estado brasileiro, em que se sedimenta o Estado Ambiental, possui forma federativa e democrática, que amplias as suas potencialidades, em função da subsidiariedade e da descentralização proposta.

[97] Bernard Manin elucida que o processo democrático se consolidou por escolha e não por sorteio: "*A natureza exata da representação tem sido objeto de muita controvérsia, mas, de modo geral, há concordância no entendimento de que não existe representação quando os governantes não são periodicamente eleitos pelos governados. Eleições periódicas não têm como consequência uma identidade rousseauniana entre governantes e governados por duas razões principais. Em primeiro lugar, as eleições não eliminam a diferença de status e função entre o povo e o governo. Em um sistema eletivo o povo não governa a si mesmo. O processo eletivo resulta na atribuição de autoridade a determinados indivíduos para que governem sobre outros: o poder não é conferido por direito divino, nascimento, riqueza ou saber, mas unicamente pelo consentimento dos governados. A eleição reflete o princípio fundamental do pensamento político moderno, de que nenhum título de origem sobrenatural ou superioridade natural dá a uma pessoa o direito de impor sua vontade a outras. A eleição é um método de escolha dos que devem governar e de legitimação de seu poder. Em segundo lugar, um sistema eletivo não requer que os governantes sejam semelhantes àqueles que eles governam. Os representantes podem ser cidadãos ilustres, social e culturalmente diferentes dos representados, contanto que o povo consinta em colocá-los*

> *Governo representativo* significa a forma de governo em que se opera uma dissociação entre a titularidade e o exercício do poder – aquela radicada no povo, na nação (no sentido revolucionário) ou na coletividade, e este conferido a governantes eleitos ou considerados representativos da coletividade (de toda a coletividade, e não de estratos ou grupos como no Estado estamental). E é uma forma de governo nova em confronto com a monarquia, com a república aristocrática e com a democracia direta, em que inexiste tal dissociação (MIRANDA, 2019, p. 43).

A democracia representativa, consoante se nota, constitui relevante conquista para que o Estado moderno encontrasse a sua afirmação. Aliás, foi por meio dessa lógica que eclodiu a Revolução Francesa e a Revolução Americana, que pode ser explicitada pela icônica frase atribuída a Abraham Lincoln: "*democracia é o governo do povo, para o povo e pelo povo*".

Não obstante a consagração da forma representativa de governo, esse sistema cria uma cisão significativa entre o representante e o seu representado, uma vez que aquele não necessita se identificar ou seguir as ideias desse último. Aliás, almejava-se, quando da criação dessa forma de escolha, que o representante fosse tanto quanto mais culto, digno, rico do que o seu representado. Isso implica, em verdade, submissão do representado à suposta superioridade intelectual do representante[98].

---

no poder. Um governo eletivo pode ser um governo de elites, contanto que essas elites não exerçam o poder unicamente em função de suas qualidades de distinção. Essa característica do processo eletivo tornasse mais clara quando comparada com um outro método possível de escolha de governantes, o sorteio. A indicação de autoridades públicas por sorteio impõe obstáculos ao governo de elites e assegura que os governantes sejam semelhantes aos demais cidadãos. Vale lembrar que, até o século XVIII, a escolha por sorteio era tida como o procedimento democrático por excelência. O fato de que os fundadores do governo representativo tenham escolhido a eleição, e não o sorteio, como método legítimo de seleção de representantes mostra que eles não viam incompatibilidade alguma entre representação e governo de elites. É digno de nota, embora raramente tenha sido analisado, o fato de que ao longo dos últimos dois séculos jamais tenha sido proposta a indicação de representantes por meio de sorteio" (MANIN, 1995, p. 7).

[98] No Brasil tinha-se essa idêntica avaliação. Alfredo Varela, constitucionalista da Primeira República, pontuava que "*o povo não tem competencia positiva e sim negativa.*

Bernard Manin denomina essa constatação de princípio da distinção:

> Os fundadores do governo representativo não se preocuparam com o fato de que as eleições pudessem resultar em uma distribuição desigual de posições de poder; sua atenção concentrou-se no igual direito ao consentimento que esse método tornava possível. Uma outra característica desigualitária do governo representativo, entretanto, foi deliberadamente introduzida após extensa discussão, a saber, a de que os representantes sejam socialmente superiores a seus eleitores. Acreditava-se firmemente que os representantes eleitos devessem situar-se em posição mais elevada que a dos eleitores quanto à riqueza, talento e virtude. A fração da população constitutiva do eleitorado variou de país para país na época do estabelecimento do governo representativo. Na Inglaterra, por exemplo, apenas os estratos mais elevados da sociedade podiam votar, ao passo que nos Estados Unidos e na França revolucionária o direito de voto se estendeu a elementos mais populares. Mas, qualquer que fosse o limiar, tomaram-se medidas para que os representantes estivessem bem acima deles. O que contava não era somente o status social dos representantes definido em termos absolutos, mas também (e possivelmente mais importante) sua posição relativa com respeito à de seus eleitores. O governo representativo foi instituído com plena consciência de que os representantes eleitos podiam e deviam ser cidadãos eminentes, socialmente diferentes dos que os elegiam. Podemos chamar a isso o 'princípio da distinção' (MANIN, 2010, p. 187-188).

Ademais, deve ser registrado que nem todos do povo estavam habilitados para exercer o direito ao voto[99]. Foi um longo e penoso

---

Applicando ao caso vertente a theoria, concluimos que elle jamais sabe determinar quaes os homens que estão em condições de bem servir nas diversas magistraturas. Agora, se ha quem designe um ou varios para tal fim, mais facil lhe é conhecer se as pessoas apontadas offerecem todas as garantias de uma boa escolha" (VARELA, 2002, p. 148).

[99] Bernard Manin faz a anotação sobre o direito de votar nos primeiros tempos do governo representativo: "*A natureza não-democrática do governo representativo em seus*

itinerário percorrido para que se conquistasse o sufrágio universal[100] e para se concretizar, de fato e de direito, o que preconizavam os artífices da democracia.

O sufrágio é universal e o voto é direto e secreto, nos termos da Constituição de 1988. Mas, ainda assim, cresce cada vez mais a *crise de representatividade* entre eleitos e eleitores num mundo altamente globalizado e de expectativas difusas em relação a esta vida (pós) moderna, marcadamente individualista, patrimonialista e consumista.

---

primeiros tempos é usualmente vista como repousando no caráter restrito do direito ao voto. Na Inglaterra do pós-guerra civil, o direito ao voto estava de fato reservado a uma pequena fração da população. A Assembleia Constituinte francesa também estabeleceu uma distinção entre cidadãos 'ativos' e "passivos", sendo os primeiros os únicos a ter direito ao voto. Nos Estados Unidos, a Constituição deixou essas decisões aos Estados: estipulou que as qualificações para votar nas eleições federais devessem ser as mesmas que se aplicassem em cada Estado para as eleições à Assembleia Legislativa [Lower House]. Como, em 1787, a maioria dos Estados estabeleceu a qualificação dos eleitores em termos de propriedade ou de capacidade de pagamento de impostos, a decisão da Convenção da Filadélfia acarretou, na prática, certa restrição ao direito de voto para as eleições federais. As limitações ao direito de voto nos primeiros tempos do governo representativo são bem conhecidas, e a atenção dos historiadores se concentrou normalmente no gradual desaparecimento dessas restrições durante os séculos XIX e XX" (MANIN, 2010, p. 188).

100 No Brasil, pequena não foi a luta das mulheres e dos analfabetos para conquistar o direito de votar. João Barbalho Uchôa Cavalcanti, constitucionalista do séc. XIX, em sua obra Constituição Federal Brasileira (1891) fez registro de que, nesse texto constitucional, já se aventou a possibilidade de conferir o direito de voto, mas o argumento de que a mulher deveria ficar nas lidas domésticas prevaleceu. Veja-se: "*O deputado Pedro Américo tinha dicto (sessão de 27 de jan. de 1891): 'Deixo a outros a gloria de arrastarem para o turbilhão das paixões politicas a parte serena e angelica do genero humano. A observação dos phenomenos affectivos, physiologicos, psychologicos, sociaes e moraes não me permite erigir em regra o que a historia consigna como simples, ainda que insignes excepções. Pelo contrario, essa observação me persuade que a missão da mulher é mais domestica do que publica, mais moral do que politica. Demais, a mulher não direi ideal e perfeita, mas simplesmente normal e typica, não é a que vae ao fôro, nem à praça publica, nem às assembléas politicas defender os direitos da collectividade, mas a que fica no lar domestico, exercendo as virtudes feminis, base da tranquilidade da familia, e por consequencia da felicidade social'. A maioria do congresso constituinte, apezar da brilhante e vigorosa dialetica exhibida em prol da mulher-votante, não quiz a responsabilidade de 'arrastar para o turbilhão das paixões politicas a parte serena e angelica do genero humano'. Sint ut sunt*" (CAVALCANTI, 2002, p. 291).

A razão disso tudo, parece à primeira vista, ser fruto da distinção apregoada por Manin e pela incapacidade da organização política da sociedade, que se utiliza de instrumentos, conceitos e formatos que possivelmente esgotaram as suas potencialidades.

Para Antônio Carlos Wolkmer, professor da Universidade Federal de Santa Catarina, com amparo nas ideais do professor argentino Daniel Delgado, os fatores que desencadeiam esse exaurimento da forma representativa são: (a) crise política derivada da perda de confiança e eficiência nos partidos políticos, na administração pública, Poder Judiciário e no Poder Legislativo; (b) descumprimento de promessas eleitorais; (c) corrupção e impunidade; (d) deterioração das condições sociais da população; (e) incapacidade da política tradicional dar respostas aos desafios que são impostos pela tecnologia e modernização das atividades produtivas; (f) saturação das ideologias políticas; (g) influência dos meios de comunicação que nem sempre defendem interesses coletivos (WOLKMER, 2001).

Nos dias atuais, contudo, poder-se-ia dizer que esses problemas elencados se agravaram com o surgimento das redes sociais e as suas já conhecidas mazelas, com o avanço diuturno das tecnologias e novas formas de produção, com as novas concepções de felicidade e de estilo de vida, a exigir novos métodos de exercício da forma representativa, especialmente porque a demanda ambiental haverá de se acentuar de modo considerável, e em pouquíssimo tempo, dominará as pautas políticas dos Estados.

Com efeito, a forma representativa do Estado-nação, com território delimitado sob os auspícios da sua soberania, se depara com percalços até então inimagináveis, decorrentes do que se intitula radicalização da globalização que é contrária a tudo o que foi erguido naqueles primeiros momentos do Estado moderno.

É o que observa Marco Aurélio Nogueira, da Universidade Estadual Paulista:

> A crise do Estado nacional imposta pela globalização e pela modernidade líquida produz abalos na institucionalidade política contemporânea, ao mesmo tempo em que pressiona no sentido da invenção constante de novas instituições, dentro e fora das nações. Nada indica que os Estados nacionais deixarão de existir, mas está certamente em aberto a questão de saber como se reorganizarão para assumir um novo papel no cenário do século XXI. Dá-se, no fundo, um deslocamento: a política deixa de se identificar com o Estado-instituição e é obrigada a se abrir para uma sociabilidade explosiva e multifacetada, sendo convidada a rever seu sentido, seus sujeitos e seus marcos institucionais (NOGUEIRA, 2014, p. 98-99).

Afigura-se necessário repensar as estratégias da forma representativa, ou então, percebê-la de forma diferente e providenciar assim, as acomodações necessárias em face das mudanças promovidas pelas práticas sociais e pelos jogos de poder.

O professor do departamento de Política da New York University e da École des Hautes Études en Sciences Sociales (Paris), Bernard Manin, tem entendimento valioso sobre o assunto e que merece acolhida para fins de promoção do Estado Ambiental.

Para ele, os partidos políticos, por muito tempo, foram a expressão máxima da democracia representativa. E de fato, isso ocorreu notadamente quando se busca os registros históricos, e se percebe que os partidos foram responsáveis pelas grandes mudanças de curso da história das democracias, pois foram capazes de aglutinar e arregimentar grandes massas.

Porém, hoje em dia, não mais se vê essa capacidade. Os partidos políticos, hodiernamente, centram sua propaganda na pessoa dos seus líderes, tornando a eleição muito mais um culto à personificação do que realmente uma disputa de programas, até porque o perfil do eleitorado se alterou substancialmente, na medida em que o ativismo político mudou de foco e de centro.

Igualmente, observou o professor que as despesas com campanha crescem exponencialmente, uma vez que é preciso que os partidos articulem estratégias para angariar seguidores e simpatizantes. Para tanto, é curial investir em pesquisas de opinião, levantamentos sobre determinados grupos de eleitores e suas preferências (MANIN, 2013, p. 120).

Diante desse cenário, nota Manin que os partidos estão, de alguma forma, se reorganizando para manter o sucesso nos pleitos eleitorais e até mesmo para sobreviver em meio a essa mudança de paradigma:

> Em termos gerais, os partidos têm de mobilizar cidadãos em cada ocasião devoto, tanto os levando – às vezes literalmente – aos locais de votação, quanto atraindo a atenção e o interesse deles a cada vez. Ao passo que os fiéis tradicionais a partidos votariam em 'seu' partido a menos que tivessem um motivo para não fazê-lo, o encargo da motivação mudou para eleitores desvinculados: eles não votariam no mesmo partido em eleições sucessivas, ouse absteriam de votar, a menos que fossem motivados a agir de outra forma. De fato, vários estudos mostram que, longe de decair, os partidos reagiram ao ambiente volátil gerado pela erosão das fidelidades partidárias tornando-se mais proativos, ágeis e rápidos do que eram antes. Há também evidências de que essa transformação os tornou 'mais cientes da opinião e das demandas dos cidadãos'. Na Europa Oriental, constatou-se que as posições políticas dos partidos, tal como expressas em suas plataformas eleitorais, correspondiam muito bem às orientações de seus apoiadores durante as décadas de 1970 e1980. A transformação dos partidos em organizações para fazer campanha não parece ter diminuído sua capacidade de refletir anseios populares e de ligá-los à formulação de políticas. (MANIN, 2013, p. 121)

Por isso, considera que a democracia de partidos acabou. A democracia seria do público, já que os eleitores utilizam os partidos em algumas circunstâncias, para buscar arrimo ou convergência em relação àquilo que tem por correto e por devido. Nesse ponto, os partidos seriam instrumentos ocasionais (MANIN, 2013, p. 122).

Manin, em função dessa constatação, estabelece a diferenciação entre o que denomina democracia de partido e democracia de público, salientando que isso não implica o fim dos partidos, tampouco de democracia representativa:

> Portanto, a diferença entre democracia de partido e democracia de público não é que nessa última os partidos se tornaram obsoletos. A democracia de partido é uma forma de governo representativo em que os partidos políticos são as unidades fundamentais da vida política. Nessa forma os partidos refletem clivagens socioeconômicas e culturais duradouras na sociedade. Os grupos sociais gerados por tais clivagens são unidos pelas fidelidades duradouras de seus membros. Cada partido pode contar com a fidelidade política desses membros. Assim, cada partido constitui uma espécie de agência coletiva unificada dotada de identidade duradoura. Nessas condições, os partidos podem ser vistos como os sujeitos políticos fundamentais no funcionamento da democracia representativa. Eles se alternam no governo ou compartilham o poder (dependendo da natureza do sistema político) segundo os resultados das eleições (MANIN, 2013, p. 123).

Portanto, nesse novo modelo, os eleitores é que definem o conteúdo do partido, e não o contrário. E ao invés de se movimentarem e protestarem por meio de partidos, fazem por si mesmos, através de grupos ou de instituições.

Vide gratia, no Brasil, movimentos dessa ordem têm sido vistos mais recentemente, com regularidade e com bastante autonomia em relação às pautas partidárias. Ao contrário, os movimentos populares se intitulam apartidários e com independência suficiente para marcar ponto nas suas reivindicações.

Bernard Manin, em seu estudo, tem por diagnóstico que a democracia representativa e os partidos políticos não foram colocados em xeque, mas antes, aprimorados diante de uma nova forma de manifestação do poder. Veja-se a conclusão do professor:

> Mas não é esse o diagnóstico formulado nos vários estudos comparativos publicados na última década. É surpreendente notar quede vários ângulos todos esses estudos enfatizam que a democracia representativa foi transformada, mas não minada, pela crescente importância da participação política não eleitoral. Em sua análise de países europeus ocidentais, Hans-Dieter Klingeman e Dieter Fuchs demonstram que o aumento da participação não institucionalizada não é um sinal de insatisfação com a democracia representativa. Embora a relação entre cidadãos e o Estado tenha sido 'transformada', eles argumentam, o apoio dos cidadãos aos elementos estruturais centrais da democracia representativa não foi erodido. Além disso, os autores sublinham que essa transformação das ligações entre cidadãos e governo ocorreu 'dentro da estrutura institucional das democracias representativas' (MANIN, 2013, p. 125).

Isso tudo está a demonstrar que a participação popular, pressuposto do Estado Ambiental, está a se acelerar, não por dádiva, mas por reivindicação do povo que se auto-organiza e exige ser considerado e ouvido em todas as decisões relevantes para a sociedade.

Não se trata de participação meramente difusa, mas que pode ser organizada[101]. E sob os auspícios do Estado Ambiental, o povo não só tem direito, mas o dever de intervir, especialmente na concreção da qualidade de vida. Por isso, vê-se que os centros de poder se alargam e o povo é, não obstante, o mais relevante dos protagonistas.

A democracia representativa dos dias atuais não é mais a de outrora. É preciso processá-la.

[101] Vide: BAROUCH, Ricardo Ferreira; CUSTODIO, Maraluce Maria. As organizações da sociedade civil de interesse público e a sua participação na formação da consciência ambiental em relação às mudanças climáticas. Revista Internacional de Direito Ambiental, vol. 8, n. 23, p. 227-250, 2019.

5.3 Crítica ao neoconstitucionalismo - por um constitucionalismo contemporâneo verde e participativo

Após a análise da transformação da separação dos poderes e da democracia representativa, é forçoso avançar para análise do que se denomina neoconstitucionalismo, especialmente como fator de sustentação do ativismo judicial. E por meio desse estudo, verificar se o Poder Judiciário pode adentrar na análise política e, podendo, qual a maneira de fazê-lo.

Consoante proclamado, o Estado Ambiental tem por pressuposto a concreção da qualidade de vida e a proteção ecológica. Um e outro objetivo estão entrelaçados. Assim, sem qualidade de vida não se tem salvaguarda ambiental e sem proteção verde não se tem a vida sadia.

Esses objetivos estão claramente delineados na Constituição de 1988. Por isso, toda a atividade política deve estar centrada nessa tarefa, sob pena de haver inconstitucionalidade, por ação ou por omissão. Porém, a forma de afirmação de direitos fundamentais deve ser readequada, a fim de que se alinhe com o que foi proposto até aqui (especialmente a participação popular nesta federação[102]).

Vale revisitar a história para se firmar uma posição sobre o tema.

Jorge Miranda, em sua obra Teoria do Estado e da Constituição, rememora que no início do Estado Constitucional, os atos políticos não poderiam se sujeitar a controle jurisdicional:

> A problemática dos actos de governo ou actos políticos *stricto sensu* surgiu, no século XIX, no âmbito da (não) apreciação de atos do Poder Executivo por órgãos jurisdicionalizados (e, na França, pela passagem da justice retenue à justice déléguée, antes de se chegar a verdadeiros e próprios tribunais administrativos).

---

[102] Um dos atributos mais caros do federalismo é a subsidiariedade, e isso implica dizer que as decisões devem ser descentralizadas, para que o cidadão tenha possibilidade de participar da sua construção.

> Eles eram os atos excluídos dessa apreciação, fosse qual fosse o fundamento apresentado (o móbil político, a causa objetiva, a discricionariedade absoluta) (MIRANDA, 2019, p. 485).

Ou seja, os atos políticos não se submetiam ao crivo do Poder Judiciário. Havia o dogma da discricionariedade, orientado pelos critérios de oportunidade e conveniência do administrador público. Essa alegação ajuda a formar convicção de que o processo, ou a atividade jurisdicional, somente servia para solucionar demandas individuais e de conteúdo patrimonial. O administrador público era, portanto, o senhor da razão.

Sob o prisma da criação do Estado de Direito, o Poder Executivo então, ganha relevo e passa a ser visto como o autêntico intérprete das possibilidades compreendidas pelos limites da lei.

Caio Tácito concorda com essa proposição:

> A ação administrativa do Estado desdobra-se segundo preceitos legais estabelecidos. A iniciativa da administração depende, primariamente, de uma regra de competência que autorize o agente a procederem nome do Estado. Esta subordinação a uma lei anterior não significa, porém, que a administração seja um processo em que não participem razões técnicas ou políticas. Como observou Jellinek, seria inconcebível um Estado em que tôda a atividade fosse vinculada.
>
> O fenômeno social não se escraviza a coletes de fôrça, nem a esquemas teóricos. A administração necessita de maleabilidade de métodos e caminhos para atender às suas finalidades coletivas. A administração encontra, assim, no processo de sua realização, um campo de livre desenvolvimento, no qual lhe é facultada a seleção de critérios e de fórmulas. Subordinado sempre à legalidade de sua atuação, é lícito ao administrador se orientar, livremente, com respeito à oportunidade e à conveniência. Esta capacidade de auto-determinação constitui o poder discricionário, que se exaure inteiramente no setor administrativo não podendo ser objeto de consideração jurisdicional. A oportunidade

> do ato administrativo poderá, em certos casos, ser reexaminada pela própria administração; em nenhuma hipótese poderá ser apreciada pelo Poder Judiciário. O equilíbrio jurídico exige que o juiz e o administrador se coloquem em seu território próprio, a que estão destinados tanto pela competência legal, como pela especialização profissional (TÁCITO, 1954, p. 3).

Tudo isso se achava completamente absorvido pela ideia de separação dos poderes que, com o Estado de Direito, dava ao Executivo a supremacia para decidir sobre o mérito do ato administrativo, de sorte que era indeferido, em toda e qualquer situação, ao Poder Judiciário apreciar os fundamentos utilizados pela administração pública.

Entretanto, não se admitia o desvio de poder. Tanto assim, que na década de 1950, já havia a hipótese do mandado de segurança para afastar o abuso cometido pela administração pública (TÁCITO, 1954, p. 7).

Mas louvava-se o Poder Judiciário brasileiro por não adentrar no âmbito da discricionariedade do Executivo, ressalvando-se a edição da lei que criaria a ação popular para conter a lesão ao patrimônio público:

> Em seu conjunto, a experiência brasileira revela excelentes resultados no contrôle jurisdicional da administração. Os nossos juízes têm-se colocado no exato papel de assegurar a legalidade administrativa, sem violar o livre exercício do poder discricionário. A ação popular, definida na atual Constituição, e, atualmente, em vias de ser complementada em lei especial, facultará a proteção dos interesses legítimos dos cidadãos contra os atentados ao patrimônio dos entes públicos da administração direta ou descentralizada (TÁCITO, 1954, p. 10).

Certamente, não serviria essa discricionariedade para pôr a salvo os anseios de uma sociedade que se via aturdida pela ineficácia das promessas constitucionais que lhe eram feitas. Os direitos fundamentais não passavam de mera elocução, sem qualquer possibilidade de o Poder Judiciário através da jurisdição efetivá-lo.

Consoante visto, a regra da separação de poderes e a própria noção de direito (positivismo jurídico) colocavam o Judiciário num papel secundário, qual seja de *boca da lei*.

Foi desse quadro de desalento (na Europa em primeiro lugar, depois do pós-guerra) que surgiu o neoconstitucionalismo, a proclamar que a Constituição não poderia ficar sob a vontade do administrador público. Konrad Hesse[103] está entre os primeiros juristas a defender a efetividade da Constituição, afastando a ideia de um mero catálogo de orientação política para a administração pública.

Antes disso, a Constituição representa a consagração histórica dos direitos fundamentais (individuas e coletivos), as opções políticas e os valores morais e éticos, mais elevados de uma sociedade que não podem deixar de ser observados pelo administrador público, pelos parlamentares, pelos magistrados, enfim por toda a sociedade, nas suas diferentes formas de expressão de poder.

Ana Paula de Barcellos, a respeito, distingue o que se intitula neoconstitucionalismo ou constitucionalismo contemporâneo:

> Do ponto de vista metodológico-formal, o constitucionalismo atual opera sobre três premissas fundamentais, das quais depende em boa parte a compreensão dos sistemas jurídicos ocidentais contemporâneos. São elas: (i) a normatividade da Constituição, isto é, o reconhecimento de que as disposições constitucionais são normas jurídicas, dotadas, como as demais, de imperatividade; (ii) a superioridade da Constituição sobre o restante da ordem jurídica (cuida-se aqui de Constituições rígidas, portanto); e (iii) a centralidade da Carta nos sistemas jurídicos, por forçado fato de que os demais ramos do Direito

---

103 Konrad Hesse assim diz: "*Mas, a força normativa da Constituição não reside, tão-somente, na adaptação inteligente a uma dada realidade. A Constituição jurídica logra converter-se, ela mesma, em forma ativa, que se assenta na natureza singular do presente (individuelle Beschaffenheit der Gegenwart). Embora a Constituição não possa, por si só, realizar nada, ela pode impor tarefa*" (HESSE, 1991, p. 19).

> devem ser compreendidos e interpretados a partir do que dispõe a Constituição. Essas três características são herdeiras do processo histórico que levou a Constituição de documento essencialmente político, e dotado de baixíssima imperatividade à norma jurídica suprema, com todos os corolários técnicos que essa expressão carrega (BARCELLOS, 2005, p. 84).

Portanto, a força da Constituição orienta e obriga a todos no exercício de poder que emana do Estado, e não só o juiz ou tribunal quando dos seus julgamentos. A Constituição é o documento político que se sobrepõe a todos.

Dito isso, resta clarividente que não mais se pode admitir que a discricionariedade do administrador possa conduzir as promessas constitucionais para o olvido ou para o descumprimento *sine die*. Luis Prieto Sanchís confirma:

> Ésta ya no se concibe en absoluto como un ejercicio de retórica política o como expresión de un catálogo de buenas intenciones, sino como una norma jurídica con la misma vocación conformadora que cualquier otra; mejor dicho, no con la misma, sino con una fuerza superior e indiscutible, pues la Constitución ostenta la condición de que este primer rasgo representa sobre todo una herencia norteamericana: la versión lockeana del contrato social se muestra aquí mucho más fecunda que la rousseauniana; lejos de confiar en una voluntad general en constante actividad racional, aunque devaluada luego a la condición empírica de la omnipotencia del legislador o, peor aún, del Ejecutivo, el Estado (neo)constitucional postula la fuerza normativa de la Constitución, concebida metafóricamente (pero con indudable trascendencia práctica) como un pacto originario nacido del poder constituyente y vinculante para todos, pero muy especialmente para los poderes de verdad, o sea, para los poderes constituidos. La soberanía popular donde reside el poder constituyente no es ninguna idea fantasmagórica, sino el único modo de evitar poderes soberanos o legibus soluti. En todo caso, cualquiera que sea la justificación que quiera darse,

> sin la aceptación colectiva de que la Constitución es una norma y precisamente una norma suprema se desmorona el entero edificio constitucional. (SANCHÍS, 2010, p. 464)[104].

Não é por outro motivo então, que se elevaram tribunais constitucionais com competências políticas para garantir a supremacia e a integridade da Constituição, por meios de processos objetivos que nulificam ações e denunciam omissões estatais que agridem o texto constitucional. E não bastasse, se espera e cobra dos juízes e tribunais ordinários, por meio de jurisdição difusa em processos subjetivos, uma postura crítica ao legislador, e também ao administrador, notadamente porque, segundo observa Sanchís, a norma jurídica incorporou valores éticos e morais que são avessos à inefetividade (SANCHÍS, 2010).

A contribuição do neoconstitucionalismo, nesse aspecto é deveras relevante. Certamente retirou a Constituição de uma situação de dormência, de sono profundo, para uma vívida posição de destaque no ordenamento jurídico.

Porém, o mesmo Sanchís faz importante ponderação, ao confirmar que o neoconstitucionalismo não é uma teoria uniforme[105]. Antes, há

---

[104] Tradução nossa: "*Esta não se concebe mais como um exercício de retórica política ou como uma expressão de um catálogo de boas intenções, senão como uma norma legal com a mesma vocação conformadora que qualquer outra; melhor dizendo, não com a mesma vocação, mas com uma força superior e indiscutível, pois a Constituição ostenta a condição de ser a maior herança norteamericana: a versão lockeana do contrato social se mostra aqui muito mais fecunda do que a rousseauniana; longe de depender de uma vontade geral em constante atividade racional, embora submetida à condição empírica da onipotência do legislador ou, pior, do Executivo, o Estado constitucional (neo) postula a força normativa da Constituição, metaforicamente concebida (mas com indubitável transcendência prática) como um pacto originário nascido do poder constituinte e vinculante para todos, porém especialmente para os poderes de verdade, isto é, para os poderes constituídos. A soberania popular onde reside o poder constituinte não é qualquer ideia fantasmagórica, senão a única maneira de evitar poderes soberanos ou legibus soluti. Em qualquer caso, qualquer que seja a justificativa que se queira dar, sem a aceitação coletiva de que a Constituição é uma norma, e precisamente uma norma suprema, se desmorona todo o edifício constitucional*" (SANCHÍS, 2010, p. 464).

[105] Nuñes Leiva concorda com Prieto Sanchís: "*Por eso parece más razonable hablar de Neoconstitucionalismos. Además –según el Catedrático de Toledo– los distintos*

muitas formas de compreendê-lo e de aplicá-lo, inclusive de maneira distinta e contraditória, pois, em verdade, essa teoria (ou teorias) almeja aproximar ou conciliar o positivismo e o jusnaturalismo por meios de conceitos morais objetivos, previamente determinados, a sacrificar a dialética que seria medida adequada para se encontrar a resposta correta para o caso concreto (SANCHIS, 2010).

O jurista espanhol enfatiza:

> No es extraño por ello que haya querido verse en el neoconstitucionalismo no ya una 'tercera vía' entre las dos que tradicionalmente se han disputado el predominio en la cultura jurídica, sino incluso la cancelación de la dialéctica que las ha enfrentado: el positivismo no tiene razón porque tampoco la tiene el iusnaturalismo, podría ser el lema. Sin duda, el neoconstitucionalismo o, mejor, los neoconstitucionalismos aportan en conjunto nuevos enfoques y aproximaciones, una presentación original de los problemas y una combinación propia de los mismos y de sus posibles soluciones; en definitiva, pretenden dar respuesta a una realidade que ya no es la premoderna o la del Estado legislativo de Derecho, que fueron el contexto histórico, respectivamente, del iusnaturalismo y del positivismo. (SANCHIS, 2010, p. 503)[106].

Neoconstitucionalismos se desarrollan en torno a problemas también diferentes e identifica cuatro modalidades o acepciones, pero advirtiendo que ni están implicadas entre sí, de manera que en principio es posible adherirse a cualquiera de ellas sin necesidad de assumir las demás; ni por otro lado su presentación cuenta tampoco con un esquema canónico o incontrovertido de tesis fundamentales" (LEIVA, 2015, p. 321). Tradução nossa: "*Por isso, parece razoável falar de neoconstitucionalismos. Ademais, segundo o Catedrático de Toledo, os distintos neoconstitucionalismos se desenvolvem em torno de problemas também diferentes e identifica quatro modalidades e acepções, porém advertindo que não estão imbricadas entre si, de modo que, em princípio, é possível aderir-se a qualquer delas sem necessidade de se assumir as outras; nem, por outro lado, sua apresentação conta com um esquema canônico ou incontroverso de teses fundamentais*" (LEIVA, 2015, p. 321).

[106] Tradução nossa: "*Não é estranho que se tenha querido tratar no neoconstitucionalismo não mais como uma 'terceira via' entre os dois que tradicionalmente disputaram o domínio na cultura jurídica, mas até mesmo a superação da dialética que os marcou:*

O contexto histórico em que se originou o neoconstitucionalismo estaria distante, pois o que se buscava censurar era justamente, a produção normativa que se erigia em contradição com as normas constitucionais.

Em face disso, para Sanchis, a conciliação que o neoconstitucionalismo pretende produzir entre o positivismo e o iusnaturalismo, através de uma *terceira via*, é absolutamente inadequada, haja vista que a junção entre direito e moral é das tarefas mais inglórias, senão impossível:

> Ahora bien, parece más discutible que los resultados del empeño logren escapar de conclusiones ya conocidas porque, en definitiva, entre el iusnaturalismo y el positivismo ético no parece haber espacio para una alternativa superadora de ambos. Si se asume la conexión necesaria o conceptual entre Derecho y moral, o bien afirmamos que el Derecho o los procedimientos jurídicos son una fábrica de eticidad, una fábrica de normas moralmente obligatorias, y esto es positivismo ético; o bien afirmamos que algunas normas muy injustas o que carecen de toda aptitud para integrarse en un razonamiento moral no merecen el calificativo de jurídicas, y esto es iusnaturalismo. Y los neoconstitucionalistas de los que venimos hablando sostienen ambas cosas, curiosamente a veces al mismo tiempo. (SANCHIS, 2010, p. 505)[107].

---

o positivismo não tem razão, porque tampouco o iusnaturalismo também tem, poderia ser o lema. Sem dúvida, o neoconstitucionalismo ou, melhor, os neoconstitucionalismos, juntos trazem novas abordagens e abordagens, uma apresentação original dos problemas e uma combinação própria deles e suas possíveis soluções; em suma, pretendem responder a uma realidade que não é mais pré-moderna ou o Estado legislativo de Direito, que foram no contexto histórico, respectivamente, do iusnaturalismo e do positivismo" (SANCHIS, 2010, p. 503).

107 Tradução nossa: "*No entanto, parece mais discutível que os resultados do esforço sejam capazes de escapar de conclusões já conhecidas porque, em última análise, entre o iusnaturalismo e o positivismo ético não parece haver espaço para uma alternativa para superar ambos. Se a conexão necessária ou conceitual entre Direito e Moral for assumida, ou afirmarmos que o Direito ou os procedimentos jurídicos são uma fábrica de ética, uma fábrica de regras moralmente obrigatórias, e isso é positivismo ético; ou afirmamos que*

As observações que se seguem de Prieto Sanchís estão a demonstrar que o neoconstitucionalismo pretende uma moral objetiva, que de certa forma, está previamente dada, devidamente construída *ex ante* e que repelem teses metafísicas[108] – o que contraria inteiramente, os postulados do iusnaturalismo. Entretanto, sabe-se que a moral não é matéria dada, mas construída a partir do caso concreto, e essa pretensão levaria a problemas institucionais quase insolúveis, na medida em que o Judiciário, a partir de conceitos morais pré-determinados, iria se sobrepor ao Legislativo, ao Executivo e à própria democracia.

Neste ponto as críticas de Prieto Sanchís se avolumam ainda mais:

> Que la determinación de los más decisivos conceptos jurídicos dependa en última instancia de juicios morales presentados

---

algumas regras que são muito injustas ou que não têm qualquer aptidão para se integrar em um raciocínio moral não merecem a classificação de jurídicas, e isso é iusnaturalismo. E os neoconstitucionalistas que temos falado sustentam ambas as coisas, curiosamente, às vezes ao mesmo tempo"(SANCHIS, 2010, p. 505).

108 Argumenta Prieto Sanchís: "*Tengo la impresión de que el objetivismo moral y las teorías de la argumentación jurídica son difícilmente compatibles, aunque algunos neoconstitucionalistas parezcan a veces cultivar ambas cosas al tiempo. Las teorías de la argumentación reposan confesadamente en el constructivismo ético y éste, a su vez, sostiene tesis antimetafísicas y antirealistas. Sin embargo, objetivismo moral y constructivismo ético vienen a satisfacer un mismo designio que resulta fundamental al neoconstitucionalismo, el de poder formular juicios morales con pretensiones de objetividad o certeza; ya sea una objetividad ex ante o previa a la argumentación, más en la tradición iusnaturalista, ya sea una objetividad ex post o fruto de un depurado modelo de argumentación. Lo importante es esquivar el reproche de que, a la postre, el Derecho sea tan sólo lo que los jueces dicen que es*" (SANCHÍS, 2011, p. 234). Tradução nossa: "*Tenho a impressão de que o objetivismo moral e as teorias da argumentação jurídica são dificilmente compatíveis, ainda que alguns neoconstitucionalistas pareçam as vezes cultivar ambas as coisas ao mesmo tempo. As teorias da argumentação repousam confessadamente no construtivismo ético e este, a seu turno, sustenta teses antimetafísicas e antirrealistas. Não obstante, objetivismo moral e construtivismo ético satisfazem o mesmo desígnio que resulta fundamental ao neoconstitucionalismo, o de poder formular juízos morais com pretensões de objetividade ou certeza; seja uma objetividade ex ante ou prévia da argumentação, mas na tradição jusnaturalista, seja uma objetividade ex post ou fruto de um depurado modelo de argumentação. O importante é se livrar da reprovação de que o Direito, no café da manhã, seja tão só o que os juízes dizem que é*"(SANCHÍS, 2011, p. 234).

> además bajo la aureola de una presunta objetividad, supondría desde esta perspectiva crítica una apertura al activismo judicial y al pandectismo: la normatividad del Derecho se disolvería en la argumentación particularista, las prerrogativas del legislador se verían permanentemente acosadas por la interpretación judicial, el Derecho válido terminaría reduciéndose al Derecho eficaz y, en fin, el pluralismo moral característico de una sociedad democrática quedaría asfixiado por una presunta moral oficial (constitucional) argumentativamente descubierta por unos nuevos sacerdotes, los jueces, oráculos a un tiempo del Derecho y de la justicia. Pero justamente si todo esto sucede o se teme que suceda es porque no se comparten los presupuestos que han sido descritos; esto es, porque no se comparte la idea de una moral objetiva y cognoscible que permita considerar la identificación del Derecho como una cuestión precisamente objetiva aunque dependiente de la moralidad. Como em ocasiones sucede, las divergencias jurídicas entrañan desacuerdos morales. (SANCHIS, 2011, p. 235)[109].

Por intermédio dessas observações, nota-se que o neoconstitucionalismo, antes edificado para a necessária afirmação da Constituição, tomou rumos controversos, que conduzem a caminhos de perturbação institucional entre os poderes e a própria sociedade, que não se vê

---

[109] Tradução nossa: "*Que a determinação dos conceitos jurídicos mais decisivos depende, em última análise, de julgamentos morais também apresentados sob a auréola de uma suposta objetividade, suporia a partir dessa perspectiva crítica uma abertura ao ativismo judicial e ao pandectismo: a normatividade do Direito se dissolveria na argumentação particularista, as prerrogativas do legislador seriam permanentemente acossadas pela interpretação judicial, o direito válido acabaria por ser reduzido ao direito eficaz e, no final, o pluralismo moral característico de uma sociedade democrática seria sufocado por uma suposta moralidade oficial (constitucional), argumentativamente descoberta por novos sacerdotes, juízes, oráculos em um tempo de direito e justiça. Mas se tudo isso acontece ou se tema que aconteça é porque não se compartilha os pressupostos que foram descritos; isto é, porque não se compartilha a ideia de uma moral objetiva e cognitiva que permita a identificação do Direito como uma questão precisamente objetiva, mas dependente da moralidade. Como é o caso, divergências jurídicas envolvem divergências morais*" (SANCHIS, 2011, p. 235).

admitida nas discussões relevantes para o que se expressa a moral incorporada pelos princípios e direitos fundamentais.

No Brasil também, essa discussão está instalada[110]. Porém, o denominado neoconstitucionalismo aqui se iniciou com o período de redemocratização do país. Trata-se, como anota Luís Roberto Barroso, de (neo)constitucionalismo tardio[111]:

> O debate acerca da força normativa da Constituição só chegou ao Brasil, de maneira consistente, ao longo da década de 80,

[110] Éder Bomfim Rodrigues e Anna Cristina Oliveira explicitam que, no Brasil, o movimento neoconstitucionalista também se influenciou pelo fortalecimento da magistratura: "*E é exatamente nessa atmosfera institucional democrática que desponta o processo de judicialização no Brasil, o qual é consequência não só da configuração do texto constitucional e de todos os espaços deixados para a sua efetividade, mas também do fortalecimento da magistratura e de suas garantias, bem como o reavivamento da cidadania com uma população mais esclarecida e consciente dos seus direitos, que passa a procurar solucionar seus interesses no âmbito do Poder Judiciário. No mesmo sentido e contribuindo para o processo de judicialização, está o sistema de controle de constitucionalidade no Brasil, por meio do qual importantes questões políticas, morais ou socialmente relevantes podem ser levadas à análise do Supremo Tribunal Federal*" (RODRIGUES, 2018, p. 29). Com razão, pois antes de 1988, o Poder Judiciário não gozava de autonomia administrativa e financeira. Ainda havia resquícios de sobreposição do Executivo sobre o Judiciário, cabendo, por exemplo, ao Chefe do Executivo promover juízes e desembargadores e destinar parte do orçamento do Estado para esse poder. Ou seja, o Judiciário não tinha a independência que se esperava para implementar determinados direitos fundamentais, sob pena de sofrer interferência na sua capacidade de administração. Não custa deixar de acentuar que, inclusive, há histórico de cassação de ministros do STF, que deram decisões contrárias aos interesses do regime de exceção instaurado em 1964. A Constituição de 1988, então, diante do extenso catálogo de direitos, teve que repensar e reestruturar o Judiciário de forma inovadora, sobretudo para garantir a independência financeira e administrativa. E isso foi fundamental.

[111] Lenio Streck, no mesmo sentido, observa: "*Reconheço, porém, que, em um primeiro momento, foi de importância estratégica a importação do termo e de algumas das propostas trabalhadas pelos autores da Europa Ibérica. Isto porque o Brasil ingressou tardiamente nesse 'novo mundo constitucional', fator que, aliás, é similar à realidade europeia, que, antes da segunda metade do século XX, não conhecia o conceito de constituição normativa já consideravelmente decantada no ambiente constitucional estadunidense*" (STRECK, 2011, p. 11).

> tendo enfrentado as resistências previsíveis. Além das complexidades inerentes à concretização de qualquer ordem jurídica, padecia o país de patologias crônicas, ligadas ao autoritarismo e à insinceridade constitucional (v. infra). Não é surpresa, portanto, que as Constituições tivessem sido, até então, repositórios de promessas vagas e de exortações ao legislador infraconstitucional, sem aplicabilidade direta e imediata. Coube à Constituição de 1988, bem como à doutrina e à jurisprudência que se produziram a partir de sua promulgação, o mérito elevado de romper com a posição mais retrógrada (BARROSO, 2005, p. 6).

Contudo, da mesma forma, é possível verificar que o neoconstitucionalismo no Brasil defende bandeiras antagônicas e propostas contraditórias – o que também ocasionou a explosão de princípios e subprincípios por todo o ordenamento jurídico nacional.

Lenio Streck dimensiona o problema:

> Destarte, passadas mais de duas décadas da Constituição de 1988, elevando em conta as especificidades do direito brasileiro, é necessário reconhecer que as características desse neoconstitucionalismo acabaram por provocar condições patológicas, que, em nosso contexto atual, acabam por contribuir para a corrupção do próprio texto da Constituição. Observe-se que, escandalosamente, soba bandeira 'neoconstitucionalista', defende-se, ao mesmo tempo, um direito constitucional da efetividade; um direito assombrado por uma vulgata da ponderação de valores; uma concretização ad hoc da Constituição e uma pretensa constitucionalização do ordenamento a partir de jargões vazios de conteúdo e que reproduzem o prefixo neo em diversas ocasiões, tais quais: neoprocessualismo (sic)e neopositivismo (sic). Tudo porque, ao fim e ao cabo, acreditou-se ser a jurisdição responsável pela incorporação dos 'verdadeiros valores' que definem o direito justo(vide, nesse sentido, as posturas decorrentes do instrumentalismo processual) (STRECK, 2011, p. 12).

Como bem destacado por Lenio Streck, aposta-se, para solucionar esses antagonismos e contradições no Poder Judiciário, sufocando os demais poderes e a cidadania (democracia participativa). Trata-se de um protagonismo desmedido, que desacredita a democracia e os seus valores, porquanto, se dá ao Judiciário a tarefa de dizer qual é o direito prevalente, notadamente diante um modelo de processo com reduzida participação democrática. E mais, termina-se por adentrar num constitucionalismo ideológico, uma vez que através de princípios abertos, constrói-se uma decisão que toma por fundamental a compreensão do julgador sobre determinado assunto[112].

---

[112] Marco Feoli observa que os juízes de tradição do Common Law são historicamente ativistas, ao passo que os magistrados da tradição romana receberam o encargo de fazer cumprir a lei, até porque concebidos como membros de um Poder neutro e apolítico: "*Históricamente, más allá de que se pueda esgrimir que en el fondo son modelos ideales, el juez de la tradición jurídica romanista fue delineado según unas características que permitieron construir un perfil de magistratura. Entiende Garapon (1997) que las relaciones entre justicia y política encuentran en estos modelos una causa explicativa. Menciona el ex magistrado francés que en los países del common law –como Inglaterra o Estados Unidos– en contraposición a sus pares del civil law –como España, Italia o los países latinoamericanos– la influencia política de los jueces es en la actualidad quizá menos visible porque es mucho más antigua y, en consecuencia, está bastante más enraizada en la sociedad*(FEOLI, 2016, p. 77). Tradução nossa: "*Historicamente, além do que se possa sustentar que, no fundo, são modelos ideais, o juiz da tradição jurídica romanista foi delineado de acordo com características que permitiram construir um perfil de magistratura. Garapon (1997) entende que as relações entre justiça e política encontram nesses modelos uma causa explicativa. O ex-magistrado francês menciona que nos países do commom law – como a Inglaterra e os Estados Unidos – em oposição aos seus pares de civil law – como Espanha, Itália ou países latinoamericanos – a influência política dos juízes é, na atualidade, menos visível porque é muito mais antiga e, consequentemente, é muito mais enraizada na sociedade*" (FEOLI, 2016, p. 77).

Em outra passagem Feoli complementa a assertiva: "*Pásara (2010) señala que luego de los processos revolucionarios europeos del siglo XVIII quedó anclada la teoría que entendió que el poder del estado se divide en tres ramas (legislativas, ejecutiva y judicial). No obstante, esta noción fue configurando al aparato judicial como ente apolítico, cuya apoliticidad se garantizaba mediante el sometimiento textual y acrítico a las normas jurídicas expedidas por los otros poderes*" (FEOLI, 2016, p. 78). Tradução nossa: "*Pásara (2010) assinala que após os processos revolucionários europeus do século XVIII, restou assegurada a teoria de que o poder do Estado estava dividido em três ramos (legislativo, executivo e judicial). No entanto, essa noção foi moldando o aparato judicial como um ente apolítico, cuja neutralidade seria garantida pela submissão textual e acrítica às normas legais expedidas pelos outros poderes*"(FEOLI, 2016, p. 78).

E é por isso que o neoconstitucionalismo não representa a junção entre o positivismo e o iusnaturalismo, pois essa teoria é avessa ao positivismo jurídico[113] e causador de insegurança jurídica, pois o intérprete pode variar de opinião segundo o cenário e ritmo dos acontecimentos (como são exemplos os julgamentos sobre a possibilidade de execução antecipada da pena, perante o Supremo Tribunal Federal).

O ativismo judicial, em países de tradição do Civil Law, se mostra um elemento novo na sua estrutura judiciária, mas se justifica no dever que os juízes receberam de efetivar direitos e garantias fundamentais que estão a depender da interpretação e, muitas vezes, de integrações da norma que não é suficiente para clarificar o alcance daqueles. Porém, não se pode deixar de consignar que o ativismo judicial, da forma como levado a efeito, é pernicioso para a democracia, sobretudo num modelo de processo com reduzida penetração democrática.

113 Ferrajoli complementa: "*Según esta tesis, el constitucionalismo equivaldría a una superación o, directamente, a uma negación del positivismo jurídico, que ya no resultaría idóneo para dar cuenta de la nueva naturaleza de las actuales democracias constitucionales. Al haber incorporado las constituciones principios de justicia de carácter ético-político, como la igualdad, la dignidad de las personas y los derechos fundamentales, habría desaparecido el principal rasgo distintivo del positivismo jurídico: la separación entre Derecho y moral, o entre validez y justicia. La moral, que en el viejo paradigma iuspositivista correspondia a un punto de vista externo al Derecho, habría pasado ahora a formar parte de su punto de vista jurídico o interno. Añadiré que esta concepción tendencialmente iusnaturalista del constitucionalismo es sostenida no sólo por los principales exponentes del constitucionalismo no positivista, como Ronald Dworkin, Robert Alexy, Carlos Nino, Gustavo Zagrebelsky y Manuel Atienza, sino también por algunos de sus críticos, como Michel Troper, iuspositivista estricto, para quien el constitucionalismo es incompatible con el positivismo jurídico*" (FERRAJOLI, 2011, p. 21-22). Tradução nossa: "*De acordo com esta tese, o constitucionalismo equivaleria a uma superação ou, diretamente, a uma negação do positivismo jurídico, que não resultaria idôneo para explicar a nova natureza das atuais democracias constitucionais. Tendo incorporado as constituições princípios de justiça ético-políticos, como a igualdade, a dignidade dos indivíduos e os direitos fundamentais, havia desaparecido a principal característica distintiva do positivismo jurídico: a separação entre Direito e moral, ou entre validade e justiça. A moral, que no velho paradigma iuspositivista correspondia a um ponto de vista externo do Direito, teria agora se tornado parte de seu ponto de vista jurídico ou interno. Acrescente-se que esta concepção tendencialmente iusnaturalista do constitucionalismo é apoiada não só pelos principais expoentes do constitucionalismo não-positivista, como Ronald Dworkin, Robert Alexy, Carlos Nino, Gustavo Zagrebelsky e Manuel Atienza, mas também por alguns de seus críticos, como Michel Troper, um iuspositivista estrito, para quem o constitucionalismo é incompatível com o positivismo jurídico*"(FERRAJOLI, 2011, p. 21-22).

Defronte esse dilema, acredita-se que o garantismo de Ferrajoli seria mais adequado para enfrentar essas contradições e dificuldades próprias da aproximação entre positivismo e iusnaturalismo (SANCHIS, 2010)[114].

E o que propõe o garantismo de Ferrajoli?

Antes de tudo, o constitucionalismo de Ferrajoli prega o fortalecimento dos direitos fundamentais, não só do ponto de vista formal, mas também substancial ou material. Leva em conta a positivação tanto do *ser* como do *dever ser*. Trata-se, como ele próprio menciona, de um reforço da teoria do positivismo jurídico (FERRAJOLI, 2011, p. 24).

Ensina que, como *modelo de direito*, toda a produção normativa deve se submeter aos princípios constitucionais, pois são limites e os vínculos

---

[114] Sobre a teoria de Ferrajoli, aponta Prieto Sanchis: "*Por último, con independencia de si resulta o no una propuesta consistente y acertada, y no se me oculta que ha recibido varias críticas que ahora no procede analizar, tal vez sólo el positivismo crítico representa un planteamiento verdaderamente integrador: el jurista de Ferrajoli, en efecto, no necesita abandonar el punto de vista externo, ni asumir presunciones de justicia o corrección respecto del Derecho positivo, y es por tanto un positivista; pero, más allá de cualquier neutralidad contemplativa, presenta una dimensión pragmática y crítica que sin duda le aleja de los postulados más ortodoxos del positivismo y funcionalmente le aproxima a una cierta versión del iusnaturalismo, aquélla que, transformando el Derecho natural en los derechosnaturales, proporcionó el marco teórico e ideológico del constitucionalismo. Em lo que tiene de primacía del punto de vista externo, el positivismo crítico es positivista; pero en lo que tiene de crítico se acerca a esa poco frecuente expresióndel iusnaturalismo que es el iusnaturalismo crítico*" (SANCHIS, 2010, p. 505-506). Tradução nossa: "*Por último, independentemente se resulta ou não uma proposta consistente e acertada, e não se oculta que existem várias críticas que agora não cabem analisar, talvez só o positivismo crítico representa uma abordagem verdadeiramente inclusiva: o jurista Ferrajoli não precisa abandonar o ponto de vista externo, nem assumir presunções de justiça ou correção no que diz respeito ao direito positivo, e é, portanto, um positivista; mas, além de qualquer neutralidade contemplativa, apresenta uma dimensão pragmática e crítica que, sem dúvida, a afasta dos postulados mais ortodoxos do positivismo e o aproxima funcionalmente de uma certa versão do iusnaturalismo, aquela que, transformando o direito natural nos direitos naturais, proporcionou o marco teórico e ideológico do constitucionalismo. No que tem a primazia do ponto de vista externo, o positivismo crítico é positivista; mas, tanto quanto é crítico chega perto dessa rara expressão do iusnaturalismo que é o iusnaturalismo crítico*"(SANCHIS, 2010, p. 505-506).

existentes em constituições rígidas que obrigam os poderes do Estado. O seu exercício é garantido pelo controle de constitucionalidade, observando-se a primazia dos direitos de liberdade, igualdade e os sociais:

> Como modelo de Derecho, el constitucionalismo garantista se caracteriza, con respecto al modelo paleo-positivista, por la positivización también de los princípios a los que debe someterse la entera producción normativa. Así, se concibe como um sistema de límites y vínculos impuestos por constituciones rígidas a todos los poderes y garantizados por el control jurisdiccional de constitucionalidad sobre su ejercicio: de límites impuestos en garantía del principio de igualdad y de los derechos de libertad, cuya violación por acción da lugar a antinomias, es decir a leyes inválidas que requieren ser anuladas mediante la intervención jurisdiccional; de vínculos impuestos esencialmente en garantía de los derechos sociales, cuyo incumplimiento por omisión da lugar a lagunas que deben ser colmadas por la intervención legislativa. (FERRAJOLI, 2011, p. 25)[115].

Como *teoria do direito* estuda a antinomia entre o *ser* (constituição) e o *dever ser* (produção legislativa). Com efeito, analisa não somente a produção formal da norma, como também o seu conteúdo face aos direitos fundamentais, bem como a omissão legislativa que torna ineficaz os direitos sociais (FERRAJOLI, 2011, p. 25).

E por derradeiro, como *teoria política* ou *filosofia*, o garantismo se apega fortemente na democracia, com o objetivo de consolidar direitos

[115] Tradução nossa: "*Como modelo de direito, o constitucionalismo garantista é caracterizado, no que diz respeito ao modelo paleo-positivista, pela positivização também dos princípios a que toda a produção normativa deve ser submetida. Assim, é concebido como um sistema de limites e vínculos impostos por constituições rígidas a todos os poderes e garantidos pelo controle de constitucionalidade sobre seu exercício: de limites impostos em garantia do princípio da igualdade e direitos de liberdade, cuja violação por ação dá origem a antinomias, ou seja, leis inválidas que exigem anulação através de intervenção judicial; das ligações impostas essencialmente na garantia dos direitos sociais, o não cumprimento por omissão dá origem a lacunas que devem ser preenchidas por intervenção legislativa*" (FERRAJOLI, 2011, p. 25).

civis, direitos políticos, direitos de liberdade e direitos sociais (FERRAJOLI, 2011, p. 26).

Dentro dessa perspectiva, Ferrajoli enfatiza:

> En síntesis, el constitucionalismo garantista se concibe como un nuevo paradigma iuspositivista del Derecho y de la democracia, que – en cuanto positivamente normativo en relación con la misma normación positiva, y en cuanto sistema de limites y vínculos sustanciales relativo al 'qué', junto a los formales relativos al 'quién' y al 'cómo' de las decisiones – integra el viejo modelo paleo-iuspositivista. Gracias a él, los principios ético-políticos mediante los que se expresaban los viejos 'derechos naturales' han sido positivados, convirtiéndose en principios jurídicos vinculantes para todos los titulares de funciones normativas; que ya no son fuentes de legitimación sólo externa o política, como según el viejo pensamiento político liberal, sino también fuentes de legitimación y, sobre todo, de deslegitimación, interna o jurídica, que diseñan la razón social de esos artificios en que consisten el Derecho y el Estado constitucional de Derecho. (FERRAJOLI, 2011, p. 27)[116].

E, em face do que leciona Ferrajoli, há uma indagação natural: o garantismo atenderia em parte, o que apregoa o Estado Ambiental, de maximização da qualidade de vida, a reunir por isso mesmo, além dos direitos políticos, civis, de liberdade e direitos sociais, o meio ambiente sadio?

---

[116] Tradução nossa: "*Em suma, o constitucionalismo garantista é concebido como um novo paradigma iuspositivista de direito e democracia, que – enquanto positivamente normativo em relação à mesma regra positiva, e enquanto um sistema de limites e ligações substanciais relativos a 'que', juntamente com as formalidades relacionadas com 'quem' e 'como' das decisões – integra o antigo modelo paleo-iuspositivista. Graças a ele, os princípios ético-políticos, pelos quais se expressam os antigos 'direitos naturais', foram positivados, tornando-se princípios jurídicos vinculantes para todos os detentores de funções normativas; que já não são fontes de legitimidade apenas externa ou política, como de acordo com o velho pensamento político liberal, mas também fontes de legitimidade e, acima de tudo, de deslegitimação, interna ou jurídica, que projetam a razão social desses artifícios que constituem o Direito e Estado Constitucional de Direito*" (FERRAJOLI, 2011, p. 27).

A resposta é positiva, devendo-se proceder a alguns poucos ajustes, sobretudo a inclusão dos pilares principais do Estado Ambiental, quais sejam a qualidade de vida e o meio ambiente sadio, que em verdade, englobam os direitos fundamentais aludidos pelo mestre italiano.

A democracia, a seu turno, também é instrumento primordial, indispensável para o Estado Ambiental, quiçá com muito mais importância do que no garantismo.

Portanto, existe possibilidade de conformação entre uma e outra teoria, já que ambas defendem a supremacia de direitos fundamentais, conforme construção que lhe der os mecanismos democráticos e não o Judiciário, numa posição de supremacia e ativismo judicial pernicioso.

E a proposição do Estado Ambiental vai além, ao preconizar a necessidade de processos coletivos, com formatação democrática e com novos paradigmas processuais, que levam em conta a eficácia dos direitos fundamentais e a sua adequação ao caso concreto. Não é o juiz o protagonista no processo coletivo. É a sociedade, através dos representantes adequados que atuam diante da omissão estatal ou da ação em contrariedade aos seus valores reconhecidos – os direitos fundamentais explicitados na Constituição.

De tudo isso, enfim, pode-se afirmar que o neoconstitucionalismo, resumido a uma tese de objetivismo moral e ético, construído pela argumentação judicial, é contrário ao que pondera o Estado Ambiental, que a seu turno, está a preconizar que o Direito deve ser fruto de diálogo, de constante discussão entre a sociedade, as instituições democráticas e os diversos ramos do conhecimento, para que se estabeleça a melhor opção para a qualidade de vida dos cidadãos.

E mais, não se pode olvidar, que no Estado Ambiental, nenhuma solução está pré-determinada, notadamente em função dos princípios da prevenção e precaução, a permitir revisões por meio do afrouxamento dos rigores do sistema positivista liberal e individualista, mas sem nunca abandonar as diretrizes democráticas para a formação de diálogo plural.

É consoante essas perspectivas e balizas que o Estado Ambiental busca a sua afirmação.

5.4 Políticas públicas e o seu controle

As políticas públicas são elaboradas pelos Poderes Executivo e Legislativo, dentro das suas competências e nos limites estabelecidos pela Constituição. Contudo, muito se tem visto o Poder Judiciário a produzir políticas públicas por meio de processos fragmentários, que acabam por comprometer a estratégia governamental para propiciar a satisfação dos direitos fundamentais dos cidadãos.

Nesse ponto, é válido advertir que não se está a censurar o exercício de freios e contrapesos do Judiciário, que se presta a proteger a integridade da constituição e o controle dos atos políticos.

Em verdade, essa competência judiciária está inarredavelmente incorporada pela Constituição brasileira de 1988, consoante se vislumbra pelo amplo controle de constitucionalidade. É o que pontuam Magno Federici e Isabella Saldanha de Sousa:

> Mas, a partir da atribuição do controle concentrado de constitucionalidade das leis ao Poder Judiciário, ele passou a realizar o 'check', complementando-se o sistema de freios e contrapesos sistematizado por Montesquieu em 1748. Após o judicial review norte-americano, que também influenciou o sistema brasileiro de controle de constitucionalidade, não se pôde mais falar em uma separação rígida das funções estatais porque o Poder Judiciário passou a funcionar com o mecanismo de freios e contrapesos do sistema constitucional, intervindo em decisões cuja competência originária era atribuída aos demais poderes estatais (SOUSA, 2015, p. 58).

Não é disso que se está a cogitar – transformar o Judiciário em um poder subalterno, tal como pretendera fazer o Estado Liberal. O que é preciso combater, entretanto, são as distorções e os excessos que foram aludidos em capítulos e itens anteriores.

Além do mais, dentro do que se preconiza nesse trabalho, o Judiciário tem relevante papel para garantir e implementar a proteção verde por meio de processo coletivo, com todas as suas balizas edificadas. E claramente, dentro desse contexto, seja de omissão, seja de ação que produz prejuízo à salvaguarda ecológica, sem dúvida, é por meio do Poder Judiciário que a cidadania irá encontrar meios de questionar a inércia e a ação deletéria do poder público ou de particulares.

Não é por outra razão que se tem no Judiciário, o âmbito de garantia de participação democrática para a preservação ambiental e qualidade de vida.

Cabe revisitar o tema, a partir das ações individuais e a sua incapacidade de formular políticas públicas adequadas e efetivas.

As demandas estritamente individuais, são em verdade, entrave sério para a formação de políticas públicas efetivas. Essas ações impactam diretamente na elaboração de uma estratégia de ação do poder público para atender as demandas sociais.

O professor Camilo Zufelato corrobora:

> Essas ações estritamente individuais têm sido utilizadas com frequência na prática forense, sobretudo em questões envolvendo direito à saúde, como as demandas que visam à obtenção de determinado medicamento às custas do Estado ou a realização de exames ou procedimento cirúrgico não disponibilizado pelo SUS.
>
> Eis aí o ponto crítico das ações individuais visando à implementação de 'políticas públicas'. Política pública significa método sistemático e método de consecução dos fins do Estado, exigindo-se para tanto a previsão e concretização de um plano político-jurídico que materializa um direito fundamental previsto constitucionalmente. Nesse sentido, falar em políticas públicas significa relacionar os atos estatais que trarão um certo benefício com uma dada coletividade carente daquela política (o *grupo* de crianças de um bairro que necessita de escola, a *coletividade* de moradores de uma região periférica excluída do plano direito do município, o *grupo* de deficientes físicos sem transporte adaptado etc.) (ZUFELATO, 2013, p. 328-329).

Com efeito, diante da obrigação que se tem de efetivar direitos fundamentais, o juiz, diante desses casos estritamente individuais, sente-se compelido a determinar que o Estado preste o serviço pleiteado em juízo.

Essa iniciativa, repetida em milhares de outras ações da mesma espécie, retira do poder público a sua capacidade de adotar medidas estratégicas para atender de forma coletiva, a prestação do serviço público reclamado.

Dessa forma, as ações individuais trazem privilégios para os que ajuizaram a demanda, em detrimento daqueles que não recorreram (ou não tiveram condições de acesso) ao Poder Judiciário para exigir a satisfação do seu direito.

Sabrina Nasser de Carvalho, recorda outra crítica que se faz ao Judiciário por adentrar no controle de políticas públicas:

> Outra crítica de parte da doutrina refere-se à falta de estrutura do Poder Judiciário para lidar com questões de alta complexidade, que exigem conhecimento técnico de várias ciências, limites estes muitas vezes estreitos ao diálogo processual.
>
> Nas palavras de José Reinaldo de Lima Lopes:
>
> 'O Judiciário está pouco aparelhado para fazer a justiça distributiva na medida em que foi montado e desenhado para supervisionar conflitos individuais e, sobretudo, bilaterais em que há um jogo de soma zero'.
>
> Este alerta é importante e deve ser levado em consideração no exercício do controle de políticas públicas, mas não para excluir a possibilidade de participação do Poder Judiciário na difícil tarefa de distribuição igualitária de bens comuns, em concomitância com os demais Poderes (CARVALHO, 2016, p. 119).

Todavia, a contar do modelo implementado pelo Estado Ambiental, constata-se que essa limitação desaparece, se bem escolhidos os representantes adequados por meio de processo coletivo de penetração democrática, com realização de audiências públicas e admissão de *amicus curiae*.

Porém, permanece válida a advertência em demandas estritamente individuais. É temerário que o juiz, em casos desse jaez, adote providências que afetem as competências dos outros poderes.

De outro lado, para também obstaculizar que o Poder Judiciário possa fazer políticas públicas, a doutrina conclama a aplicação das cláusulas da reserva do possível e do mínimo existencial.

A reserva do possível está relacionada à disponibilidade de recursos financeiros pelo Estado[117]. Em tese, não se poderia exigir o cumprimento de obrigação se não existe orçamento para cumprir dita prestação. Vale a máxima de que ninguém pode ser obrigado a realizar o impossível.

Porém, a alegação deve ser devidamente comprovada, consoante pondera Ada Pellegrini Grivoner:

> Observe-se que, em primeiro lugar, que não será suficiente a alegação, pelo Poder Público, de falta de recursos. Esta deverá ser provada, pela própria Administração, vigorando nesse campo quer a regra da inversão do ônus da prova (art. 6º, VIII, do Código de Defesa do Consumidor), aplicável por analogia, quer a regra da distribuição dinâmica do ônus da prova, que flexibiliza o art. 333 do CPC, para atribuir a carga da prova à parte que estiver mais próxima dos fatos e que tiver mais facilidade de prová-los (GRINOVER, 2013, p. 138).

Ada Pellegrini, outrossim, prega que mesmo não havendo recurso disponível, o juiz deverá determinar que a administração pública faça

---

117 Osvaldo Canela Júnior reprova a tese da reserva do possível: "*A teoria da 'reserva do possível', por conseguinte, reconhece a evidência de que o Estado necessita de recursos financeiros para a realização dos direitos. Todavia, labora em equívoco ao justificar a inação do Poder Judiciário – quando não das demais formas de expressão do poder estatal – no fator econômico-financeiro. Se o vetusto orçamento clássico pressupunha a atuação mínima do Estado na economia, o orçamento programa, conceito derivado do Estado social, reserva-lhe conduta eminentemente pró-ativa na satisfação dos direitos fundamentais. Logo, a teoria da 'reserva do possível' revela-se inconsistente na realidade do Estado social, ideologia em relação à qual o Brasil encontra-se alinhado por força da Constituição Federal de 1988*" (CANELA JÚNIOR, 2013, p. 232).

incluir no orçamento o recurso para satisfazer aquela obrigação (GRINOVER, 2013, p. 138).

Quanto à preservação do mínimo existencial, tem-se que os direitos fundamentais, implementados por meio de políticas públicas, devem atender a um piso mínimo de dignidade ao seu destinatário.

Kazuo Watanabe entende, que se bem compreendido a extensão do mínimo existencial, não se pode cogitar em cláusula restritiva do direito fundamental, já que dessa forma, estar-se-ia atendendo o que se denomina núcleo básico do princípio da dignidade humana:

> O 'mínimo existencial' diz respeito ao núcleo básico do princípio da dignidade humana assegurado por um extenso elenco de direitos fundamentais sociais, tais como direitos à educação fundamental, à saúde básica, à assistência social, ao acesso à justiça, à moradia, ao trabalho, ao salário mínimo, à proteção à maternidade e à infância. Para a implementação de todos esses direitos, são necessárias prestações positivas que exigem recursos públicos bastante consideráveis (WATANABE, 2013, p. 219).

Porém, reconhece que o "mínimo existencial varia conforme o tempo, o lugar e as circunstâncias" (WATANABE, 2013, p. 219). Logo se vê então, que o controle judicial de políticas públicas concentra as suas forças na discussão, sobretudo, de recursos financeiros. Realmente é fator importante, mas não o preponderante.

Isso porque, reconhecida a proteção verde, nota-se que a sua efetivação exige muito mais do que recursos públicos para satisfação dos direitos fundamentais.

A assertiva seria verdadeira se ainda permanecesse incólume a estrutura de Estado Social. Porém, com a edificação do Estado Ambiental, a atuação estatal também deve-se voltar para o controle de determinadas atividades produtivas, para o aprimoramento da prestação dos serviços públicos, para preservação de bens ambientais, para a assunção de novas formas de lidar com resíduos e com bens de uso e fruição coletiva, instituição de uma robusta educação ambiental na sociedade, que por sua vez, deve assumir os ônus e os bônus da salvaguarda ecológica. Enfim, uma insondável gama de prestações positivas e negativas que em boa parte, não exige grandes dispêndios de recursos públicos, mas sim, de estratégia e fiscalização que não raro, demandará recursos privados.

Em função disso, reconhece-se que a formulação de políticas públicas deve ser realizada pelo Poder Judiciário de forma excepcional, através de processos coletivos, com ampla participação popular, por meio de audiências públicas, admissão de *amicus curiae* e averiguação da representação adequada.

5.5 Ativismo da sociedade e não judicial

Até aqui se procurou construir algumas ponderações acerca de uma teoria do Direito capaz de dar efetividade aos direitos fundamentais, e nessa tarefa, se pretendeu demonstrar o surgimento de novos centros de poder para movimentar a democracia, além dos poderes estatais consolidados (Executivo, Legislativo e Judiciário).

Notou-se ainda, que a democracia representativa carece de reformulação, que não obstante, se reorganiza nesse cenário, não de crise democrática, mas de manifestações por mais democracia nos espaços públicos de decisões. No Brasil, são numerosos os atores que podem contribuir para a construção de uma cidadania verde, a exemplo de movimentos sociais, institutos dos mais variados, organizações não governamentais etc.

Também se pontuou, que não se pode entregar de forma isolada ao Poder Judiciário, a solução dos embates da sociedade e a tarefa de estabelecer o conteúdo dos direitos fundamentais e a sua forma de cumprimento. A crítica à neutralidade dos juízes é bastante acentuada.

E enfim, se registrou que, por meio de processos fragmentários e sem a penetração democrática, não pode o Judiciário promover e interferir em políticas públicas.

É por isso que se confia na capacidade da sociedade de se organizar, a fim de que o rumo da história constitucional brasileira não seja de atropelos, descumprimentos e quebras da normalidade institucional, como está repleta a nossa história.

Nesse aspecto, torna-se necessário apurar se a sociedade pode atuar para formular e responder o alcance do texto constitucional.

José Adércio Leite Sampaio, no prefácio da obra de Cass Stein, intitulada *A Constituição parcial*, aponta dois aspectos que considera importantes, de sorte a se saber se a Constituição é ou deve ser uma intocável força dogmática pré-estabelecida (por juízes):

> Queremos tão-somente chamar a atenção para dois aspectos: a) a compreensão e a efetividade das normas constitucionais não dependem apenas do refinamento de conceitos dogmáticos. A atuação das forças sociais é parceira importante, às vezes, decisiva para a definição dinâmica da *livingConstitution*; b) no Estado em que as coisas estão, essa atuação se tem dado, em grande número de vezes, de forma dissimulada, excludente e contrária à democracia constitucional. E o que é pior: sem possibilidade de controle. Em geral se pensa apenas nos mecanismos de repressão para fazer frente ao desvio. Mas esses ilícitos constitucionais dificilmente deixam corpos de delito. Há duas formas de enfrentá-los: com a teoria da Constituição redefinindo o seu objeto, de maneira a incorporar o fator político em seus estudos, além do trabalho reconstrutivo de seus instrumentos formais. E com a intervenção da sociedade, informada e insuflada pela crítica constitucional, para trazer à luz tanto que possível os bastidores dos embates políticos (SAMPAIO, 2009, p. IX).

Resta evidenciado pela lição de José Adércio Leite Sampaio, que a Constituição não pode estar atrelada a uma dogmática rígida e pré-estabelecida. A sua interpretação deve somar forças que não apenas as oficiais, as institucionalizadas. Ou seja, o entendimento constitucional não pode prescindir de ampla participação da sociedade, e existindo omissão ou ação que obstaculize essa garantia, devem os representantes adequados, por meio de processo coletivo, provocá-la e exigi-la.

A suposta neutralidade dos juízes não assegurará e autorizará a análise de grandes assuntos em processos de duvidosa penetração democrática, sobretudo em demandas individualizadas. Num mundo construído, os valores não são dados.

Por esse motivo, a neutralidade do intérprete, sobretudo a partir da avaliação de princípios e normas de conteúdo aberto (como são as normas definidoras de direito fundamentais), não passa de um mito, na medida em que ele, intérprete, deverá preencher o conteúdo dessas normas a partir de suas experiências e convicções pessoais, institucionais, ideológicas, religiosas etc[118].

Ao criticar a neutralidade, Cass Sustein clarifica:

> A atração de ambos os conceitos de neutralidade, portanto, é que eles parecem oferecer um alto grau de determinação e um refúgio dos juízes de valor ilimitado. De fato, evitar julgamentos dessa natureza constitui a principal meta das duas versões da neutralidade no direito. Em ambos os casos, a ideia de que os juízos de valor podem ser mediados – por meio de razões, conversa ou de outra maneira – parece irreal.
>
> Contudo, a conexão, como penso, é mais fechada do que isso. O ponto fraco de ambos os conceitos de neutralidade não é apenas uma analogia; por um lado, ele se aproxima de uma identidade. A abordagem formalista desconsidera o uso inevitável de princípios interpretativos – com juízo de valor, potencialmente injustos e criados por pessoas – ao fornecer o significado de

---

[118] Lenio Streck, ao criticar o que denomina solipsismo judicial, pontua: "*Na verdade, o 'drama' da discricionariedade que venho criticando de há muito é que esta transforma os juízes em legisladores. E mais do que transformar os juízes em legisladores, o 'poder discricionário' propicia a 'criação' do próprio objeto de 'conhecimento', típica problemática que remete a questão ao solipsismo característico da filosofia da consciência no seu mais exacerbado grau. Ou seja, concebe-se a razão humana como 'fonte iluminadora' do significado de tudo o que pode ser enunciado sobre a realidade. Nesse paradigma, as coisas são reduzidas aos nossos conceitos e às nossas concepções de mundo, ficando à disposição de um protagonista (no caso, o juiz, enfim, o Poder Judiciário). E isso acarreta consequências graves no Estado Democrático de Direito*" (STRECK, 2010/2011, p. 23).

textos legais. A neutralidade do *status quo*, de maneira semelhante, despreza as fórmulas pelas quais as distribuições existentes são produto do direito, interpretadas por pessoas, com juízo de valor e potencialmente injustas. Tanto uma concepção quanto a outra sepultam o que é controverso, ou seja, a existência de causas substantivas contestáveis na elaboração de qualquer teoria do significado ou da justiça (SUSTEIN, 2009, p. 148).

E mais, em se considerando os direitos fundamentais e os valores constitucionais como algo pré-estabelecido, cai-se na armadilha de perpetuar o discurso do *status quo,* que justamente, se vale do que está edificado para ditar o porvir.

Em consonância, está a lição de José Adércio Leite Sampaio sobre os direitos fundamentais e os princípios:

> Não raras vezes, porém, são usados como apelos retóricos e, nalguns casos, como mera petição de princípios. Servem como tentativas de legitimação argumentativa de decisões que ferem os comandos ou as consequências que prescrevem. No âmbito da política e da administração, ganham a natureza perlocucionária e alienante (Austin, 1986, p. 103), induzindo os destinatários à compreensão falseada do que realmente sucede.
>
> A realidade é, portanto, interpretada sob seu encanto. Nesse ambiente distorcido, o discurso dos direitos como trunfos das minorias legitima o domínio da maioria e o seu prazer pelas trufas do poder. Significa que devamos abandoná-los em razão disso? Não. Havemos de desenvolver estratégias e ações que revertam as distorções. Conhecer a sua matriz é o primeiro passo transformador. E lutar para que de enunciados práticos se convertam em princípios jurídicos efetivos (ver Ferrajoli, 1999). Cuida-se de um dever republicano (a organização política tem em seu centro um dever de fraternidade e de igual tratamento [Dworkin, 2003, p. 242-243, 250]). E de uma luta civilizatória (SAMPAIO, 2015, p. 233).

É absolutamente necessário que a neutralidade, como trunfo do *status quo* almejado por aqueles quem vêm no Judiciário o garante dos seus direitos, seja infirmado, a fim de que de fato, se formulem práticas democráticas que estimulem e exijam a participação da sociedade, promovendo verdadeira hipótese de ativismo social, e não do Judiciário.

Da mesma forma, torna-se indispensável rememorar que a jurisdição, no modelo do Estado Ambiental, não está voltada para o estado anterior – providência de uma imaginada recuperação ou restauração, que é inexistente ou insuficiente.

A medida é para o futuro, e deve ser construída por meio da experiência e todos os valores de sociedade, da filosofia, da ciência em seus mais diversos ramos, da capacidade humana de prevenir e precaver situações potenciais e de se adaptar às mudanças. Sem dúvida, isso não é capaz de acontecer por meio de decisões judiciais que encontram no juiz o único garante da ordem jurídica.

Com efeito, o discurso solipsista do julgador introspectivo nas suas razões jurídicas e no alto dos seus valores e crenças, destrói o que se tem por democracia, que se forma e se aperfeiçoa pelo diálogo plural, histórico, construtivo e prospectivo, a preservar o que deve ser preservado e a modificar o que deve ser modificado.

Do contrário, a sociedade permanecerá a cultivar e a aprofundar seus sentimentos de insatisfação com o Poder Judiciário, que cada vez mais, está a enfrentar assuntos de grave relevância política, mas sem a penetração popular que se espera para justificar e legitimar o discurso e a solução[119].

---

[119] Luiz Gustavo Gonçalves Ribeiro e Gilson Soares Lemes Júnior analisaram tema polêmico, qual seja a vaquejada, que mereceu, senão, uma disputa de forças entre o Supremo Tribunal Federal e o Poder Legislativo. No artigo, destacam que o STF julgou inconstitucional a prática desportiva. Em contrapartida, o Poder Legislativo editou um projeto de emenda à Constituição para se contrapor à decisão daquele Tribunal Constitucional. Segundo os autores: "*A reação do poder legislativo em virtude de uma decisão ativista do poder judiciário que buscava um caminho progressista chamou a atenção dos doutrinadores de direito constitucional, em especial pela possibilidade da ocorrência do fenômeno conhecido como backflash. Trata-se de uma ocorrência que já vem sendo estudada em outros países, quando ocorre uma reviravolta no cenário político após*

E como haveria a sociedade de participar? O ordenamento jurídico brasileiro é repleto de possibilidades para cumprir esse objetivo.

Ricardo Ferreira Barouch e Maraluce Maria Custódio, ao analisarem o assunto, propõem que as organizações da sociedade civil de interesse público sejam instrumentos de aprimoramento e consolidação do ideal verde:

> A participação social, dentro dessa perspectiva, deve ser pautada por critérios que apenas a vontade popular não satisfaz. A atuação deve ser criteriosa e de maneira organizada, até mesmo para não banalizar o assunto.
>
> Com efeito, não se pode mais atrasar a participação da sociedade em assuntos dessa envergadura. Antes, é preciso cobrar e exigir, de sorte que o comando constitucional não seja letra morta, ou figure apenas formalmente no texto constitucional, tendo em vista que não se está diante de faculdade, mas de obrigação.
>
> Por isso é que se propugna para que essa obrigação da sociedade se satisfaça por meio das organizações da sociedade civil de interesse público, que são regulamentadas pela Lei Federal nº 9.790, de 23 de março de 1999, conforme se demonstrará a seguir (BAROUCH; CUSTÓDIO, 2019, p. 240).

Existe também, a previsão normativa das organizações sociais por meio da Lei Federal 9.637 de 15 de maio de 1998.

De outro norte, sobejam entidades sem fins lucrativos no Brasil, que poderiam dar cabo dessa tarefa de promover a participação e o

---

uma decisão contra-majoritária que atinge os costumes mais arraigados de uma sociedade, como casamento homossexual, aborto em virtude de estupro, entre tantos outros" (RIBEIRO, 2019, p. 127). Dentro desse cenário, os autores estão a destacar a existência de fenômeno político-institucional que, certamente, traz um outro e importante fator para o recrudescimento da crise gerada pelo ativismo – a insubordinação do Poder Legislativo face a decisões judiciais de conteúdo político e que atacam a opção do legislador. Ao que parece o déficit democrático de que sofrem os processos judiciais auxiliam para essa realidade.

estabelecimento do diálogo plural com o poder público, para construir as decisões sobre grandes assuntos. Existem ainda os conselhos profissionais, cada qual com relevantes serviços prestados à sociedade na sua área de controle e aprimoramento. Ou seja, não faltam partícipes nessa empreitada.

Contudo, ainda assim, deve se dar voz ao cidadão, cuja decisão afetará o seu cotidiano para melhor ou para pior. Não se pode negligenciar esse dever de cuidado. Consoante já delineado, há formas para que isso aconteça. As audiências públicas podem se prestar a esse importante papel.

Todas essas medidas, além de afirmar o Estado Ambiental, põe em prática os ideais do federalismo, que se assenta no princípio da subsidiariedade; coloca em voga a doutrina de Peter Häberle, a exigir intérpretes plurais do texto constitucional; respeita a teoria de Habermas, para um agir comunicativo; e enfim, propõe uma proteção ecológica que visa a garantia de um mundo melhor e inclusivo.

É por isso que se acredita que a atuação da sociedade no processo coletivo do Estado ambiental. haverá de assegurar um diálogo seguro entre o passado e o futuro, entre o justo e o injusto, entre o correto e o incorreto, permitindo que se faça correções para ajustar todas as compreensões e a defesa dos interesses dos envolvidos.

E por que no processo?

Acredita-se que no processo coletivo as tratativas aconteçam de modo mais honesto, com riscos menores de uma discussão travada em arena pública, onde pode perpetuar de modo incontrolável as notícias falsas, prospecções descabidas, distorções e a ascensão de populismo sem freio, num vai-e-vem desordenado.

Porém, isso não implica que o processo esteja a salvo de todos esses males, sobretudo diante das incertezas dos dias atuais e dos limites dos conhecimentos. A discussão por exemplo, sobre o aquecimento global e a atividade antrópica é antiga e ainda não se chegou a um consenso (se é que isso seja possível).

O relatório encomendado pelo Clube de Roma, intitulado "Limites do Crescimento" e o outro, mais tarde realizado sob o comando de Harlem Bruntland, cognominado "Nosso futuro comum", não contribuem para estabelecer margem segura para conclusões definitivas. Ao revés, indicam o elevado nível de incerteza sobre assuntos dessa envergadura.

Ainda assim, o processo coletivo pode ser um instrumento fabuloso de multiplicação de conhecimento e de informação ambiental, a entregar à sociedade de forma organizada, o protagonismo que dela se espera.

Ora, certa feita o conhecimento deixou de ser privado, próprio de quem pretendia dominar o outro – o que propiciou toda a revolução do século XVII e que inaugurou um mundo novo. Lembra Roger Scruton:

> Como defendeu Paul David, a revolução científica do século XVII ocorreu, em grande parte, porque o conhecimento deixou de ser hermético, oculto como poderosa fórmula mágica contra adversários; em vez disso, tornou-se patrimônio público a conferir honra e status aos que o adquiriram, como também aos seus patrocinadores. O regime aberto de uma ciência aberta encorajou a publicação, o compartilhamento de resultados e a exploração de cada nova descoberta pelos mais aptos a fazer uso dela. O resultado foi uma revolução científica (SCRUTON, 2016, p. 345).

Agora, depois de alguns séculos, é preciso que o conhecimento seja novamente compartilhado e partilhado, e desse conhecimento sejam extraídas as melhores soluções que a sociedade possa merecer, em conformidade com as capacidades e possibilidades do seu respectivo tempo.

O passado pode ainda ser importante (e o é). Mas não é mais o único fator para determinar as escolhas. Há desafios incomensuráveis que somente o porvir poderá medir, como por exemplo, a escassez de recursos naturais, o crescimento populacional, a produção de alimentos, as fontes de energia, a produção e o reaproveitamento de lixo etc.

Por derradeiro, o processo coletivo tem outra virtude – a de descer aos interesses dos cidadãos diretamente ligados ao evento em discussão, não de uma maneira fragmentária, mas que permita verificar concretamente os resultados do que se está a discutir.

A teoria do Estado Ambiental está assentada nesses princípios e nesses objetivos, a pretender que seja realizada uma revisão da separação dos poderes e da democracia, a fim de que o processo coletivo seja uma instância popular para a construção de políticas públicas, da afirmação de direitos fundamentais e de asserção da qualidade de vida, perante casos concretos que se façam e se apresentam para além das fronteiras do que é individual.

CONCLUSÃO

Ao longo da pesquisa e do trabalho pode-se constatar a evolução da causa ambiental e a sua penetração paulatina no ordenamento jurídico constitucional do Estado moderno.

Consoante visto, o rompimento com o paradigma absolutista, em que a autoridade do monarca representava a essência do próprio Estado, forneceu a argamassa para a criação do que se denomina Estado Liberal (ou Estado Legislativo, Estado Constitucional, Estado de Direito).

Nesse contexto, as Revoluções Francesa e Americana se prestaram a vértices iniciais dessa mudança de sociedade, e deram ensejo à separação de poderes, à supremacia da lei e ao reconhecimento de alguns direitos e garantias do cidadão, atrelados à liberdade e ao patrimônio. E essa construção estatal caminhou ao lado de uma revolução científica que proporcionou a invenção da fábrica, a alterar de modo irreversível as relações sociais e econômicas entre os povos e as nações.

Com efeito, a fábrica, ao obter o sucesso que se pretendera, possibilitou, além de novas formas de produção, profunda modificação do meio ambiente. Cidades se agigantaram; os recursos naturais eram explorados como nunca antes se vira; as doenças e a fome se alastraram em meio aos bolsões de miséria; as migrações e o êxodo rural passaram a ser uma constante; as chaminés, que apontavam para o alto, deixavam um cenário cinza e poluído. Enfim, o mundo se transformava e a vida pautava-se pela velocidade dos teares e das máquinas que deveriam produzir riquezas e mais riquezas.

Pouco tempo depois, já era possível notar as desigualdades e as consequências desastrosas que a máquina e a fábrica poderiam causar. Havia uma massa de excluídos que surgira nas grandes cidades.

Diante desse quadro desalentador, nasceram os sindicatos que se destinavam a congregar trabalhadores, para buscar melhores condições de trabalho, pois as atividades nas minas e nas fábricas eram insuportáveis, somadas às longas e exaustivas jornadas de trabalho que não poupavam nem mesmo crianças.

A organização sindical, então, pautou suas lutas e suas reivindicações para que o trabalho tivesse limitações, de sorte que o operário tivesse remuneração digna, jornada de trabalho menor, repouso, férias, entre outros direitos. Mas, como é sabido, a disputa sindical foi penosa e somente veio a ter suas primeiras e mais significativas vitórias no séc. XX.

A Revolução Russa, a propósito, assustou a fábrica e os seus estamentos. Os operários, enfim, derrubaram um Estado czarista, instituindo um governo do proletariado. Em meio a isso, ocorreram as grandes guerras e o Estado-nação carecia de soldados para os fronts de batalha. Os trabalhadores deveriam atender o pedido para a luta, de modo a preservar a identidade nacional e os interesses das castas mais privilegiadas. Assim, outra não foi a solução senão reconhecer direitos dos trabalhadores, de modo que atendessem à convocação.

Conta-se que, então, o Estado-nação, ameaçado pelas guerras mundiais, se ocupou de ofertar direitos sociais que foram encartados na Declaração dos Direitos do Homem de 1948. Naquele cenário de liberalismo e de construção de direitos sociais, havia o gérmen do Estado Ambiental, porquanto o que se pretendia era justamente promover a qualidade de vida. Num primeiro momento, a proteção da propriedade e de direitos de liberdade; num segundo instante, a preservação desses direitos e a assunção de outros, atrelados à igualdade. Porém, a condição humana, segundo uma perspectiva de felicidade, servia de parâmetro para as disputas e transformações sociais.

Toda essa ordem histórica de acontecimentos trouxe uma constatação: o estilo de vida e as formas de produção haveriam de comprometer a existência humana no planeta, que naquela hora, já dava sinais de exaustão de sua capacidade de suportar a intervenção antrópica, segundo as balizas utilizadas.

Trabalhos científicos foram responsáveis para disparar o alarme. A primavera haveria de se tornar silenciosa, os recursos de uso comum poderiam ser tornar absurdamente escassos e, portanto, o crescimento deveria ser submetido a uma moratória, de sorte a permitir que o planeta pudesse se recuperar e devolver as suas condições naturais havidas outrora. De outra forma, Gaia poderia se vingar!

O mundo então, preparou-se para o pior, sobretudo pelas perspectivas de um relatório preparado pelo MIT (Instituto de Tecnologia de Massachusetts), intitulado *Limites do crescimento*.

Na Conferência de Estocolmo em 1972, apresentou-se a pauta ambiental, que sugeria a suspensão do crescimento defronte as admoestações dos cientistas que previam o apocalipse.

O Brasil e os tigres asiáticos, que experimentavam um importante desenvolvimento econômico, se puseram contra a moratória proposta. Nesse dissenso, foi possível aprofundar nas discussões, e mais tarde, erigiu-se um outro relevante estudo que foi publicado sob o título de *Nosso futuro comum* e propunha o desenvolvimento sustentável.

Essa sugestão, cunhada para conciliar posições antagônicas, foi levada com sucesso na Conferência do Rio em 1992, e que a seu turno, espargiu efeitos por tantas e tantas outras conferências sobre o clima e o meio ambiente *a posteriori*.

A par desses acontecimentos internacionais, no Brasil durante todo esse percurso, avançou sobremaneira a pauta ambiental. Primeiro com a edição da Lei Federal 6.938/81, seguindo-se com a instituição da ação civil pública, e pouco depois, com a promulgação da Constituição de 1988, que oferece o substrato para a edição de outras inúmeras normas de conteúdo verde. A questão ambiental, portanto, toma forma e assume posição de destaque no ordenamento jurídico brasileiro. E consoante já anotado, o Estado Democrático de Direito elege o conteúdo verde para garantir a concreção dos direitos fundamentais, e sobretudo, para promover a promessa de qualidade de vida sadia.

Em razão de tudo isso, é possível afirmar a existência do Estado Ambiental? A resposta é positiva, na medida em que a proteção ambiental parte de premissas fáticas concretas e palpáveis, a exemplo da existência de poluição do ar, da água, do subsolo; da necessidade de preservar as florestas para garantir os regimes de chuvas, a biodiversidade para manter o equilíbrio da natureza; da demanda social para melhorar a condição de vida nas cidades; da implementação de sistemas universais de captação e tratamento de água e esgoto; de métodos para lidar com o reaproveitamento adequado do lixo e a sua correta destinação; da distribuição igualitária de recursos naturais para implantar e preservar a qualidade de vida; do acesso a alimentos saudáveis e salvaguarda genética; da proteção contra desastres ambientais; da exigência de políticas públicas que façam valer o postulado da qualidade de vida e proteção ambiental em todas as suas manifestações; da cooperação e compartilhamento de tecnologias verdes entre países e cidadãos etc.

Com efeito, uma infindável gama de providências e de cautelas que devem ser adotadas nessa sociedade de risco demonstram a asserção do Estado Ambiental.

Não é por outro motivo que mais e mais a legislação ambiental obtém notoriedade e extensão. É inegável que o Estado moderno está a superar as suas fases iniciais de concerto entre proposições liberais e sociais. A sua dimensão ambiental se afirma e se relaciona com novos desafios e novas demandas.

Firma-se então, essa premissa e se responde ao objetivo primeiro: o Estado Ambiental está caracterizado e definido pela Constituição de 1988. E passa-se a analisar outro objetivo, qual seja quais são os seus pressupostos, se negada pelo poder público ou pela própria sociedade o seu conteúdo verde.

Nesse contexto, o Estado Ambiental, cujo escopo é da construir a qualidade de vida e a proteção ecológica de forma democrática, terá por pressupostos o acesso ao Judiciário, a participação democrática, o respeito aos princípios da precaução e da prevenção, a utilização de tutelas inibitórias e de remoção do ilícito, a inversão do ônus da prova e flexibilização da coisa julgada.

Esses pressupostos estão a indicar que a sociedade deve defender o Estado Ambiental por intermédio do Poder Judiciário, através de processo que seja permeado pela participação do cidadão que o legitima.

A participação democrática do cidadão e da sociedade não se trata de mera conveniência ou elucubração. Antes, é imposição constitucional, consagrada pelo modelo do Estado Democrático de Direito e do dever estatuído pelo art. 225 da Constituição de 1988. Por isso, o Estado Ambiental reclama e exige a satisfação de um poder/dever do cidadão, a fim de que os seus postulados não se tornem inefetivos ante a ausência de legitimidade da decisão judicial.

E para garantir a eficácia dessa decisão judicial, e por conseguinte da proteção verde, é elementar que possa haver prestação jurisdicional independentemente da existência de dano. Bastará, segundo a orientação dos princípios da prevenção e da precaução, a existência de ato contrário ao direito – o que está em conformidade com os institutos da tutela inibitória e da remoção de ilícito, que por sua vez, dispensam a ocorrência de dano.

A opção é extremamente proveitosa, haja vista que em matéria de salvaguarda ambiental, toda e qualquer medida posterior ao dano ambiental está fadada, em regra, ao insucesso, ao fracasso, até porque é impossível retornar ao estado anterior e a conversão em perdas e danos iterativamente se mostra a pior escolha.

De outro lado, nessa situação, devem ser afastados alguns dogmas do processo, a exemplo da adstrição ao pedido e a coisa julgada, sempre que para se obter o máximo resultado da tutela jurisdicional, houver demonstrada conveniência de se alterar a decisão para alcançar a proteção ecológica. Isso porque, se é preciso evitar o dano ambiental (conhecidamente mutável), oportuno se afigura poder também ajustar a solução decantada pelo processo democrático.

Diante isso, vê-se que o Estado Ambiental tem seus pressupostos de defesa estabelecidos pelo acesso democrático ao Judiciário, por meio de processo efetivo que evite as armadilhas de dogmas de conteúdo liberal.

E qual seria o processo para a satisfação desses pressupostos? Conforme defendido, o processo coletivo é o mais adequado para a defesa verde, que inclui qualidade de vida e proteção do meio ambiente.

O modelo da *class action* atende a exigência, pois a sua caracterização se submete a representantes adequados de determinado caso concreto. E sendo assim, afasta as iniciativas fragmentárias, que ao invés de fortalecer, minam as qualidades e a eficiência da salvaguarda ecológica. E mais, o processo coletivo autoriza que o Poder Judiciário possa adentrar nas escolhas políticas do Estado em certas ocasiões, considerando que está legitimado pelo cidadão e pela sociedade que recebeu um poder/dever de estatura constitucional.

Nesse âmbito democrático sem dúvidas, acontecerá debate plural, com legitimidade, e existirão instrumentos para que se faça a melhor escolha para a proteção ambiental. A propósito, o direito brasileiro prevê algumas importantes ações coletivas, quais sejam a ação popular, ação civil pública, mandado de injunção, mandado de segurança, *habeas data*. Todas essas com funções e escopos bem delimitados, a fim de potencializar a defesa do Estado Ambiental.

Porém, reclama-se ainda a ampla participação popular em todas elas, a fim de que se alcance a máxima legitimidade do processo coletivo, notadamente porque, em determinadas situações, pode-se adentrar nas escolhas políticas da administração pública por intermédio do Poder Judiciário.

Enquanto bons instrumentos processuais, as audiências públicas e o instituto do *amicus curiae* se fazem oportunos e indispensáveis nesses processos coletivos. Sem dúvida, é maneira de se aproximar o cidadão e a sociedade para a construção de um ideal e da decisão judicial. Afinal, a Constituição deve ter intérpretes diversos, plúrimos, sem o apego ao protagonismo de um juiz hércules, que dirá o direito por meio da argumentação jurídica estanque dos fatos, dos ideais de justiça que a sociedade deseja, da ciência e da técnica que devem ser consideradas.

Ademais, as audiências públicas e o *amicus curiae* são utilizados com alguma regularidade pelo Supremo Tribunal Federal. Não se trata de uma novidade, portanto, pode-se afirmar então, que o processo coletivo democrático é palco adequado para a participação do cidadão na defesa do Estado Ambiental.

E como restará a separação dos poderes? Preservada, porém reformulada para acudir o mandamento constitucional de participação democrática do cidadão na defesa ambiental.

Com efeito, não pode se perpetuar a velha forma da separação dos poderes que repudiava, sob qualquer argumento, a intervenção do juiz sobre a órbita de aplicação da lei, a ponto de transformá-lo em *boca da lei*. O reducionismo liberal serviu para atender os seus pressupostos, quais sejam evitar a interferência do Estado sobre o patrimônio e a liberdade. Isso já não mais serviu ao Estado Social e não servirá ao Estado Ambiental.

Defronte ações deletérias ao meio ambiente e omissões que o comprometam, o cidadão pode e deve acionar por intermédio de processo coletivo, o Poder Judiciário, em consonância com o mandamento consagrado no art. 225 da Constituição. Isso possibilita a conformação entre a separação de poderes e a democracia participativa, tal qual como pretendeu o constituinte originário.

Subsistirá ofensa à democracia representativa? Igualmente, não.

A democracia participativa, elemento essencial do Estado Ambiental (conteúdo verde do Estado Democrático de Direito), não se compadece apenas do direito ao sufrágio universal e do voto direto e secreto. A possibilidade de o cidadão intervir nos assuntos políticos é uma garantia que não pode ser obstaculizada.

Os representantes, hodiernamente, não podem nem têm capacidade de atender a todas as expectativas dos seus representados apenas por suas qualidades pessoais. Numa sociedade globalizada, não existe a possibilidade de as expectativas do povo em relação ao Estado serem dominadas pelos preceitos e ideologia de um representante supostamente magnânimo.

O povo haverá de querer participar, ser ouvido e considerado nos assuntos mais sensíveis da vida e da sociedade. Por essa razão, a representação realizada através de partidos políticos não mais pode acudir as demandas da democracia, senão através do diálogo permanente com o cidadão.

Por derradeiro, convém anotar que o Estado Ambiental se afasta de algumas posições do que se denomina neoconstitucionalismo, desde que não aposta no protagonismo judicial, não se convence de objetivismos morais e éticos estabelecidos *ex ante*. O conteúdo e a interpretação dos direitos fundamentais devem ser construídos por um diálogo amplo e constante, apontado para o porvir, de modo a compartilhar e entrelaçar o passado, o presente e o futuro, de sorte que a decisão judicial tenha efetividade sob o caso concreto, especialmente diante fatos que podem se alterar no transcurso do processo.

Sem a capacidade de construção coletiva, o direito é apenas uma força. Mas com a participação da sociedade, se transforma numa força legítima e eficaz. É por isso que se conclama o ativismo, não do juiz, mas da sociedade, do cidadão, a fim de que seja sedimentado o Estado Ambiental nas suas mais elevadas pretensões.

Se Ferrajoli cogitou a primazia dos direitos fundamentais de liberdade, igualdade, civis e políticos, o Estado Ambiental inclui a qualidade de vida e a proteção ambiental. Tem-se assim, a sua alvenaria e a especificação do que pode e deve ser objeto de salvaguarda pela sociedade e pelo cidadão, num esforço com o poder público, por meio do processo coletivo democrático.

É verdade: a participação democrática do cidadão amaina a separação dos poderes, o ativismo judicial, a neutralidade do juiz, as omissões e as ações deletérias do Estado em detrimento dos direitos fundamentais, os objetivismos pré-estabelecidos e a fragmentariedade do processo.

Por isso tudo, o Estado Ambiental proclama a participação democrática do cidadão no processo coletivo, para afirmar e reafirmar os direitos fundamentais estatuídos na Constituição. E reconhece que o processo coletivo, é sim, o âmbito de sua realização.

REFERÊNCIAS

ACKERMAN, Bruce. Adeus, Montesquieu (trad. Diego Werneck Arguelhes e Thomaz Henrique Junqueira de Andrade Pereira). **Revista de Direito Administrativo,** Rio de Janeiro, v. 265, p. 13-23, jan./abr. 2014. Disponível em: <http://bibliotecadigital.fgv.br/ojs/index.php/rda/article/view/18909/17652>. Acesso em: 06 nov. 2019.

________. **A nova separação dos poderes** (trad. Isabelle Maria Campos Vasconcelos e Eliana Valadares Santos). Rio de Janeiro: Lumen Juris, 2009, 2ª tiragem, 116 p.

ALMEIDA, Ursula Ribeiro de. **Tutela de urgência no Direito Ambiental** – instrumento de efetivação do princípio da precaução. São Paulo: Atlas, 2015, 218 p.

ANTUNES, Paulo de Bessa. **Dano ambiental** – uma abordagem conceitual. São Paulo: Atlas, 2015, 2ª ed., 224 p.

_______. Precautionary principle on brazilian environmental law. **Revista Veredas do Direito,** Belo Horizonte, v. 13, n. 27, p. 63-88, set./dez. 2016. Disponível em: <http://www.domhelder.edu.br/revista/index.php/veredas/article/view/877>. Acesso em: 25 set. 2019.

ARENHART, Sérgio Cruz. Processos estruturais no Direito brasileiro: reflexões a partir do caso da ACP do carvão. *In:* **O processo para solução de conflitos de interesse público** (coord. Ada Pellegrini Grinover, Kazuo Watanabe, Susana Henriques da Costa). Salvador: JusPodivm, 2017, 650 p.

AZAMUBJA, Darcy. **Teoria geral do Estado.** São Paulo: Globo, 2011, 2ª ed., 1ª reimpressão, 455 p.

BAHIA, Alexandre Gustavo Melo Franco. Repercussão geral em recurso extraordinário e o papel do 'amicus curiae'. **Revista de Estudos Constitucionais, Hermenêutica e Teoria do Direito,** n. 5, p. 169-177, jul./dez. 2013. Disponível em: <https://dialnet.unirioja.es/servlet/articulo?codigo=5007487>. Acesso em: 18 out. 2019.

BARACHO, José Alfredo de Oliveira. **O princípio de subsidiariedade** – conceito e evolução. Rio de Janeiro: Forense, 2003, 95 p.

BARBOSA, Rui. **Posse de direito pessoais.** Rio de Janeiro: Fundação Casa de Rui Barbosa, Obras completas de Rui Barbosa, vol. XXIII, vol. III, 1896. Disponível em: <http://docvirt.com/docreader.net/docreader.aspx?bib=ObrasCompletasRuiBarbosa&pasta=Vol.%20XXIII%20(1896)\Tomo%20III&pesq=>. Acesso em: 23 out. 2019.

BARBI, Celso Agrícola. Perspectivas do mandado de segurança. **Revista da Faculdade de Direito da Universidade Federal de Minas Gerais**, n. 2, 1962, p. 131-144. Disponível em: <https://www.direito.ufmg.br/revista/index.php/revista/article/view/1342/1274>. Acesso em: 23 out. 2019.

BARCELLOS, Ana Paula de. Neoconstitucionalismo, direitos fundamentais e controle das políticas públicas. **Revista de Direito Administrativo**, Rio de Janeiro, 240, p. 83-103, abr./jun. 2005. Disponível em: <http://bibliotecadigital.fgv.br/ojs/index.php/rda/article/view/43620/44697>. Acesso em: 15 nov. 2015.

BAROUCH, Ricardo Ferreira; CUSTODIO, Maraluce Maria. As organizações da sociedade civil de interesse público e a sua participação na formação da consciência ambiental em relação às mudanças climáticas. **Revista Internacional de Direito Ambiental**, vol. 8, n. 23, p. 227-250, 2019. Disponível em: <https://dialnet.unirioja.es/servlet/articulo?codigo=7071294>. Acesso em: 15 nov. 2019.

BARROSO, Luís Roberto. A proteção do meio ambiente na Constituição brasileira. *In*: **Doutrinas essenciais Direito Ambiental** (org. ÉdisMilaré e Paulo Affonso Leme Machado). São Paulo: Revista dos Tribunais, 2015, 2ª tiragem, vol. I, p. 1001-1037.

_______. A viagem redonda: habeas data, direitos constitucionais e as provas ilícitas. **Revista de Direito Administrativo**, Rio de Janeiro, n. 213, p. 149-163, jul./set. 1998. Disponível em: <http://bibliotecadigital.fgv.br/ojs/index.php/rda/article/view/47206/45406>. Acesso em: 29 out. 2019.

_______. Neoconstitucionalismo e constitucionalização do direito (o triunfo tardio do direito constitucional no Brasil). **Revista de Direito Administrativo**, Rio de Janeiro, n. 240, p. 1-42, abr./jun. 2005. Disponível em: <http://bibliotecadigital.fgv.br/ojs/index.php/rda/article/view/43618>. Acesso em: 16 nov. 2019.

_______. **O Direito Constitucional e a efetividade de suas normas.** Rio de Janeiro: Renovar, 2003, 7ª ed., 369 p.

BEYNON, Huw. Protesto ambiental e mudança social no Reino Unido (trad. John Comerford). **MANA** 5(1):7-28, 1999. Disponível em: <http://www.scielo.br/pdf/mana/v5n1/v5n1a01.pdf>. Acesso em: 16 out. 2019.

BODNAR, Zenildo; STAFFEN, Márcio Ricardo. Audiência judicial participativa como instrumento de acesso à justiça ambiental: diálogo com Elio Fazzalari. **Revista**

Internacional de Direito Ambiental e Políticas Públicas, Macapá, n. 2, p. 89-104, 2010. Disponível em: <https://periodicos.unifap.br/index.php/planeta/article/view/127/n2Staffen.pdf>. Acesso em: 16 out. 2019.

BONAVIDES, Paulo. **Teoria constitucional da democracia participativa.** São Paulo: Malheiros, 2008, 3ª ed., 392 p.

BRASIL. Chefia do Governo Provisório dos Estados Unidos do Brasil. **Decreto nº. 24.643**, de 10 de julho de 1934. Decreta o Código de Águas. Disponível em: <http://www.planalto.gov.br/ccivil_03/decreto/D24643.htm>. Acesso em: 09 set. 2019.

______. Congresso Nacional. **Lei Complementar nº 140**, de 08 de dezembro de 2011. Fixa normas, nos termos dos incisos III, VI e VII do caput e do parágrafo único do art. 23 da Constituição Federal, para a cooperação entre a União, os Estados, o Distrito Federal e os Municípios nas ações administrativas decorrentes do exercício da competência comum relativas à proteção das paisagens naturais notáveis, à proteção do meio ambiente, ao combate à poluição em qualquer de suas formas e à preservação das florestas, da fauna e da flora; e altera a Lei no 6.938, de 31 de agosto de 1981. Disponível em: <http://www.planalto.gov.br/CCIVIL_03/LEIS/LCP/Lcp140.htm>. Acesso em: 09 set. 2019.

______. Congresso Nacional. **Lei Federal nº. 1.533**, de 31 de dezembro de 1951. Altera disposições do Código do Processo Civil, relativas ao mandado de segurança. Disponível em: <http://www.planalto.gov.br/ccivil_03/Leis/L1533.htm>. Acesso em: 15 out. 2019.

______. Congresso Nacional. **Lei Federal nº. 4.717**, de 29 de junho de 1965. Regula a ação popular. Disponível em: <http://www.planalto.gov.br/ccivil_03/Leis/L4717.htm>. Acesso em: 29 out. 2019.

______. Congresso Nacional. **Lei Federal nº. 4.771**, de 15 de setembro de 1965. Institui o novo Código Florestal. Disponível em: <http://www.planalto.gov.br/ccivil_03/LEIS/L4771.htm>. Acesso em: 09 set. 2019.

______. Congresso Nacional. **Lei Federal nº. 5.197**, de 03 de janeiro de 1967. Dispõe sobre a proteção à fauna e dá outras providências. Disponível em: <http://www.planalto.gov.br/ccivil_03/Leis/L5197.htm>. Acesso em: 09 set. 2019.

______. Congresso Nacional. **Lei Federal nº. 6.938**, de 31 de agosto de 1981. Dispõe sobre a Política Nacional do Meio Ambiente, seus fins e mecanismos de formulação e aplicação, e dá outras providências. Disponível em: <http://www.planalto.gov.br/Ccivil_03/leis/L6938.htm>. Acesso em: 16 set. 2019.

______. Congresso Nacional. **Lei Federal nº. 7.347**, de 24 de julho de 1985. Disciplina a ação civil pública de responsabilidade por danos causados ao meio-ambiente, ao consumidor, a bens e direitos de valor artístico, estético, histórico, turístico e paisagístico (vetado) e dá outras providências. Disponível em: <http://www.planalto.gov.br/ccivil_03/LEIS/L7347orig.htm>. Acesso em: 09 set. 2019.

______. Congresso Nacional. **Lei Federal nº 8.171**, de 17 de janeiro de 1991. Dispõe sobre a política agrícola. Disponível em: <http://www.planalto.gov.br/ccivil_03/Leis/L8171.htm>. Acesso em: 09 set. 2019.

______. Congresso Nacional. **Lei Federal nº. 9.433**, de 08 de janeiro de 1997. Institui a Política Nacional de Recursos Hídricos, cria o Sistema Nacional de Gerenciamento de Recursos Hídricos, regulamenta o inciso XIX do art. 21 da Constituição Federal, e altera o art. 1º da Lei nº 8.001, de 13 de março de 1990, que modificou a Lei nº 7.990, de 28 de dezembro de 1989. Disponível em: <http://www.planalto.gov.br/ccivil_03/Leis/L9433.htm>.Acesso em: 09 set. 2019.

______. Congresso Nacional. **Lei Federal nº 9.605**, de 12 de fevereiro de 1998. Dispõe sobre as sanções penais e administrativas derivadas de condutas e atividades lesivas ao meio ambiente, e dá outras providências. Disponível em: Acesso em: <http://www.planalto.gov.br/ccivil_03/LEIS/L9605.htm>.09 set. 2019.

______. Congresso Nacional. **Lei Federal nº. 9.637**, de 15 de maio de 1998. Dispõe sobre a qualificação de entidades como organizações sociais, a criação do Programa Nacional de Publicização, a extinção dos órgãos e entidades que menciona e a absorção de suas atividades por organizações sociais, e dá outras providências. Disponível em: <http://www.planalto.gov.br/ccivil_03/LEIS/L9637.htm>. Acesso em: 02 dez. 2019.

______. Congresso Nacional. **Lei Federal º. 9.795**, de 27 de abril de 1999. Dispõe sobre a educação ambiental, institui a Política Nacional de Educação Ambiental e dá outras providências. Disponível em: <http://www.planalto.gov.br/ccivil_03/LEIS/L9795.htm>. Acesso em: 16 set. 2019.

______. Congresso Nacional. **Lei Federal nº. 9.868**, de 10 de novembro de 1999. Dispõe sobre o processo e julgamento da ação direta de inconstitucionalidade e da ação declaratória de constitucionalidade perante o Supremo Tribunal Federal. Disponível em: <http://www.planalto.gov.br/ccivil_03/Leis/L9868.htm>. Acesso em: 09 out. 2019.

______. Congresso Nacional. **Lei Federal nº. 9.507**, de 12 de novembro de 1999. Regula o direito de acesso a informações e disciplina o rito processual do habeas data. Disponível em: <http://www.planalto.gov.br/ccivil_03/Leis/L9507.htm>. Acesso em: 18 out. 2019.

______. Congresso Nacional. **Lei Federal nº. 9.882**, de 03 de dezembro de 1999. Dispõe sobre o processo e julgamento da argüição de descumprimento de preceito fundamental, nos termos do §1º do art. 102 da Constituição Federal. Disponível em: <http://www.planalto.gov.br/ccivil_03/Leis/L9882.htm>. Acesso em: 10 out. 2019.

______. Congresso Nacional. **Lei Federal nº 9.885**, de 18 de julho de 2000. Regulamenta o art. 225, § 1o, incisos I, II, III e VII da Constituição Federal, institui o Sistema Nacional de Unidades de Conservação da Natureza e dá outras providências. Disponível em: <http://www.planalto.gov.br/ccivil_03/LEIS/L9985.htm>. Acesso em: 09 set. 2019.

______. Congresso Nacional. **Lei Federal nº 11.105**, de 24 de março de 2005. Regulamenta os incisos II, IV e V do § 1º do art. 225 da Constituição Federal, estabelece normas de segurança e mecanismos de fiscalização de atividades que envolvam organismos geneticamente modificados – OGM e seus derivados, cria o Conselho Nacional de Biossegurança – CNBS, reestrutura a Comissão Técnica Nacional de Biossegurança – CTNBio, dispõe sobre a Política Nacional de Biossegurança – PNB, revoga a Lei nº 8.974, de 5 de janeiro de 1995, e a Medida Provisória nº 2.191-9, de 23 de agosto de 2001, e os arts. 5º , 6º , 7º , 8º , 9º , 10 e 16 da Lei nº 10.814, de 15 de dezembro de 2003, e dá outras providências. Disponível em: <http://www.planalto.gov.br/ccivil_03/_Ato2004-2006/2005/Lei/L11105.htm>. Acesso em: 09 set. 2019.

______. Congresso Nacional. **Lei Federal nº. 11.284**, de 2 de março de 2006. Dispõe sobre a gestão de florestas públicas para a produção sustentável; institui, na estrutura do Ministério do Meio Ambiente, o Serviço Florestal Brasileiro – SFB; cria o Fundo Nacional de Desenvolvimento Florestal – FNDF; altera as Leis nºs 10.683, de 28 de maio de 2003, 5.868, de 12 de dezembro de 1972, 9.605, de 12 de fevereiro de 1998, 4.771, de 15 de setembro de 1965, 6.938, de 31 de agosto de 1981, e 6.015, de 31 de dezembro de 1973; e dá outras providências. Disponível em: <http://www.planalto.gov.br/ccivil_03/_Ato2004-2006/2006/Lei/L11284.htm>. Acesso em: 09 set. 2019.

______. Congresso Nacional. **Lei Federal nº. 11.445**, de 5 de janeiro de 2007. Estabelece diretrizes nacionais para o saneamento básico; altera as Leis nos 6.766, de 19 de dezembro de 1979, 8.036, de 11 de maio de 1990, 8.666, de 21 de junho de 1993, 8.987, de 13 de fevereiro de 1995; revoga a Lei no 6.528, de 11 de maio de 1978; e dá outras providências. Disponível em: <http://www.planalto.gov.br/ccivil_03/_Ato2007-2010/2007/Lei/L11445.htm>. Acesso em: 09 set. 2019.

______. Congresso Nacional. **Lei Federal nº. 11.516**, de 28 de agosto de 2007. Dispõe sobre a criação do Instituto Chico Mendes de Conservação da Biodiversidade – Instituto Chico Mendes; altera as Leis nos 7.735, de 22 de fevereiro de 1989, 11.284, de 2 de março de 2006, 9.985, de 18 de julho de 2000, 10.410, de 11 de janeiro de 2002, 11.156, de 29 de julho de 2005, 11.357, de 19 de outubro de 2006, e 7.957, de 20 de dezembro de 1989; revoga dispositivos da Lei no 8.028, de 12 de abril de 1990, e da Medida Provisória no 2.216-37, de 31 de agosto de 2001; e dá outras providências. Disponível em: <http://www.planalto.gov.br/ccivil_03/_Ato2007-2010/2007/Lei/L11516.htm>. Acesso em: 09 set. 2019.

______. Congresso Nacional. **Lei Federal nº. 12.187**, de 29 de dezembro de 2009. Institui a Política Nacional sobre Mudança do Clima – PNMC e dá outras providências. Disponível em: <http://www.planalto.gov.br/ccivil_03/_Ato2007-2010/2009/Lei/L12187.htm>. Acesso em: 09 set. 2019.

______. Congresso Nacional. **Lei Federal nº. 12.305**, de 02 de agosto de 2010. Institui a Política Nacional de Resíduos Sólidos; altera a Lei no 9.605, de 12 de fevereiro de 1998; e dá outras providências. Disponível em: <http://www.planalto.gov.br/ccivil_03/_Ato2007-2010/2010/Lei/L12305.htm>. Acesso em: 18 out. 2019.

______. Congresso Nacional. **Lei Federal nº 12.651**, de 25 de maio de 2012. Dispõe sobre a proteção da vegetação nativa; altera as Leis nºs 6.938, de 31 de agosto de 1981, 9.393, de 19 de dezembro de 1996, e 11.428, de 22 de dezembro de 2006; revoga as Leis nºs 4.771, de 15 de setembro de 1965, e 7.754, de 14 de abril de 1989, e a Medida Provisória nº 2.166-67, de 24 de agosto de 2001; e dá outras providências. Disponível em: <http://www.planalto.gov.br/ccivil_03/_Ato2011-2014/2012/Lei/L12651.htm>. Acesso em: 09 set. 2019.

______. Congresso Nacional. **Lei Federal nº. 13.105**, de 16 de março de 2015. Código de Processo Civil. Disponível em: <http://www.planalto.gov.br/ccivil_03/_Ato2015-2018/2015/Lei/L13105.htm>. Acesso em: 29 out. 2019.

______. Congresso Nacional. **Lei Federal nº 13.300**, de 23 de junho de 2016. Disciplina o processo e o julgamento dos mandados de injunção individual e coletivo e dá outras providências. Disponível em: <http://www.planalto.gov.br/CCIVIL_03/_Ato2015-2018/2016/Lei/L13300.htm>. Acesso em: 29 out. 2019.

______. Constituição (1891). **Constituição da República dos Estados Unidos do Brasil**, de 24 de fevereiro de 1891. Disponível em: <http://www.planalto.gov.br/ccivil_03/constituicao/Constituicao91.htm>. Acesso em: 20 set. 2019.

______. Constituição (1934). **Constituição da República dos Estados Unidos do Brasil**, de 16 de julho de 1934. Disponível em: <http://www.planalto.gov.br/ccivil_03/constituicao/Constituicao34.htm>. Acesso em: 22 set. 2019.

______. Constituição (1988). **Constituição da República Federativa do Brasil**, texto constitucional promulgado em 5 de outubro de 1988, com as alterações adotadas pelas Emendas Constitucionais ns. 1/1992 a 78/2014, pelo Decreto Legislativo n. 186/2008 e pelas Emendas Constitucionais de Revisão ns. 1 a 6/1994. Brasília, DF: Senado Federal, 2014. Disponível em: <http://www.planalto.gov.br/ccivil_03/constituicao/Constituicao.htm>. Acesso em: 16 set. 2019.

______. Presidência da República. **Decreto 1.713**, de 14 de junho de 1937. Cria o Parque Nacional do Itatiaia. Disponível em: < https://www2.camara.leg.br/legin/fed/decret/1930-1939/decreto-1713-14-junho-1937-459921-publicacaooriginal-1-pe.html>. Acesso em 09 set. 2019.

______. Presidência da República. **Decreto-Lei nº 1.985**, de 29 de março de 1940. Código de Minas. Disponível em: < http://www.planalto.gov.br/ccivil_03/decreto-lei/1937-1946/Del1985.htm>. Acesso em: 09 set. 2019.

______. Presidência da República. **Decreto nº 73.030**, de 30 de outubro de 1973. Cria, no âmbito do Ministério do Interior, a Secretaria Especial do Meio Ambiente – SEMA, e dá outras providências. Disponível em: <https://www2.camara.leg.br/legin/fed/decret/1970-1979/decreto-73030-30-outubro-1973-421650-publicacaooriginal-1-pe.html>. Acesso em: 09 set. 2019.

______. Presidência da República. **Decreto nº. 4.339**, 22 de agosto de 2002. Institui princípios e diretrizes para a implementação da Política Nacional da Biodiversidade. Disponível em: <http://www.planalto.gov.br/ccivil_03/decreto/2002/D4339.htm>. Acesso em: 09 set. 2019.

______. Superior Tribunal de Justiça, **Agravo regimental no agravo nº 1.249.132/SP**, relator ministro Luiz Fux, Primeira Turma, julgado em 24 ag. 2010, publicado em 09 set. 2010. Disponível em: <https://ww2.stj.jus.br/processo/revista/inteiroteor/?num_registro=200902248850&dt_publicacao=09/09/2010>. Acesso em: 10 out. 2019.

______. Supremo Tribunal Federal. **Agravo em recurso extraordinário nº. 824.781/MT**, relator min. Dias Toffoli, julgado em 27 ag. 2015, publicado em 09 de out. 2015. Disponível em: <http://redir.stf.jus.br/paginadorpub/paginador.jsp?docTP=TP&docID=9551425>. Acesso em: 18 out. 2019.

BENJAMIN, Antônio Herman V. Introdução ao Direito Ambiental brasileiro. *In*: **Doutrinas essenciais Direito Ambiental** (org. ÉdisMilaré e Paulo Affonso Leme Machado). São Paulo: Revista dos Tribunais, 2015, 2ª tiragem, vol. I, p. 41-91.

BOBBIO, Norberto. **A era dos direitos**. Rio de Janeiro: Campus, 1992, 7ª reimpressão, 217 p.

BODNAR, Zenildo; CRUZ, Paulo Márcio. O acesso à justiça e as dimensões materiais da efetividade da jurisdição ambiental. **Pensar**, Fortaleza, v. 17, n. 1, p. 318-346, jan./jun. 2012. Disponível em: <https://periodicos.unifor.br/rpen/article/view/2293/pdf>. Acesso em: 18 set. 2019.

BONAVIDES, Paulo. **Do Estado Liberal ao Estado Social**. São Paulo: Malheiros, 2004, 7ª ed., 2ª tiragem, 216 p.

__________. **Teoria constitucional da democracia participativa**: por um Direito Constitucional de luta e resistência, por uma nova hermenêutica, por uma repolitização da legitimidade. São Paulo: Malheiros, 2008, 3ª ed., 392 p.

__________. **Teoria do Estado.** São Paulo: Malheiros, 2008, 7ª ed., 529 p.

BRUNDTLAND, Gro Harlem. **Salud y desarrollo sostenible**. Disponível em: <http://www.trabajoyambiente.com.ar/php/documentos/doc110_Salud%20y%20desarrollo%20sostenible.pdf>. Acesso em: 06 set. 2019.

CAFFERATTA, Néstor A. **Prueba y nexo de causalidad en el daño ambiental.** 6° Encuentro Internacional de Derecho Ambiental – Memorias, México, jun. 2008. Disponível em: <http://www.foroconsultivo.org.mx/libros_editados/ambientalistas_6.pdf#page=51>. Acesso em: 30 set. 2019.

CALDEIRA, Jorge. **Mauá** – empresário do Império. São Paulo: Companhia das Letras, 1995, 35ª reimpressão, 557 p.

CANELA JÚNIOR, Osvaldo. O orçamento e a 'reserva do possível': dimensionamento no controle de políticas públicas. *In*: **O controle jurisdicional de políticas públicas** (coord. Ada Pellegrini Grinover e Kazuo Watanabe). Rio de Janeiro: Forense, 2ª ed., 2013, p. 225-236.

CANOTILHO, José Joaquim Gomes. **Direito de acesso à jurisdição constitucional**. Luanda, Conferência das jurisdições constitucionais dos países de língua portuguesa, jun. 2011. Disponível em: <http://cjcplp.org/wp-content/uploads/2015/09/s1-gomes_canotilho.pdf >. Acesso em: 18 set. 2019.

__________. Principios y 'nuevos constitucionalismos' el problema de los nuevos princípios. **Revista de Derecho Constitucional Europeo**, año 7, Núm. 14, jul--dic/2010, p. 321-364. Disponível em: <https://www.ugr.es/~redce/REDCE14/articulos/07JJGomesCanotilho.htm>. Acesso em: 25 set. 2019.

CAPELLETTI, Mauro. Repudiando Montesquieu? A expansão e a legitimidade da Justiça Constitucional (trad. Fernando Sá). **Revista da Faculdade de Direito da UFRGS**, Porto Alegre, n. 20, p. 261-286, out. 2001 Disponível em: <https://seer.ufrgs.br/revfacdir/article/view/71892/40768>. Acesso em: 08 nov. 2019.

CARSON, Rachel. **Primavera silenciosa** (trad. Claudia Sant'Anna Martins). São Paulo: Gaia, 2018, 1ª ed., 6ª reimpressão, 327 p.

CARVALHO, DéltonWinter de. Regulação constitucional e risco ambiental. **Revista Brasileira de Direito Constitucional**, RBDC, n. 12, jul./dez. 2008. Disponível em: <http://www.esdc.com.br/seer/index.php/rbdc/article/view/192/186>. Acesso em: 30 set. 2019.

CARVALHO, Sabrina Nasser de. **Processos coletivos e políticas públicas:** mecanismos para a garantia de uma prestação jurisdicional democrática. São Paulo: Contracorrente, 2016, 302 p.

CAVALCANTI, Francisco Ivo Dantas; RIBEIRO, Ana Célia de Sousa. Comentários à Lei 13.300/2016: a deferência do Poder Legislativo ao entendimento jurisprudencial sobre o mandado de injunção. **Revista do Tribunal Regional Federal da 1ª Região**, Brasília, DF, v. 31, n. 1, 2019, p. 29-41. Disponível em: <https://rtrf1.emnuvens.com.br/trf1/article/view/15/13>. Acesso em: 22 out. 2019.

CAVALCANTI, João Barbalho Uchôa. **Constituição Federal brasileira (1891)**. Brasília: Senado Federal, 2002, 411 p.

CAVALCANTI, Themistocles Brandão. Reflexões sobre a democracia. **Revista de Ciência Política**, n. 1. V. 19, p. 3-12, 1976. Disponível em: <http://bibliotecadigital.fgv.br/ojs/index.php/rcp/article/view/59661/58006>. Acesso em: 12 nov. 2019.

COMPARATO, Fábio Konder. Sugestões para a contribuição de juízes e advogados à reconstrução da nacionalidade. **Revista da Faculdade de Direito da Universidade de São Paulo**, v. 74, 1979. Disponível em: <http://www.revistas.usp.br/rfdusp/issue/view/5408>. Acesso em: 04 out. 2019.

COSTA, Beatriz Souza. **Meio ambiente como direito à vida**: Brasil, Portugal e Espanha. Rio de Janeiro: Lumen Juris, 2016, 3ª ed., 179 p.

COSTA, Susana Henriques da; FERNANDES, Débora Chaves Martines. Processo coletivo e controle judicial de política públicas – relatório Brasil. *In*: **O processo para solução de conflitos de interesse público** (coord. Ada Pellegrini Grinover, Kazuo Watanabe, Susana Henriques da Costa). Salvador: JusPodivm, 2017, 650 p.

CRUZ, Álvaro Ricardo de Souza. **Jurisdição constitucional democrática.** Belo Horizonte: Arraes, 2014, 2ª ed., 576 p.

DALLARI, Dalmo de Abreu. O *habeas data* no sistema jurídico brasileiro. **Revista da Faculdade de Direito**, Universidade de São Paulo, 2002, n. 97, p. 239-253. Disponível em: <http://www.periodicos.usp.br/rfdusp/article/view/67544>. Acesso em: 28 out. 2019.

DIDIER JÚNIOR, Fredie. **Curso de direito processual civil**. Salvador: Podivm, 2009, vol. 1, 11ª ed., 600 p.

DINAMARCO, Cândido Rangel. **Fundamentos do processo civil moderno.** São Paulo: Malheiros, 2000, vol. 1, 3ª ed., 695 p.

ESCALANTE, José Manuel de Cózar. Principio de precaución y medio ambiente. **Revista Española de Salud Pública**, v. 79, n. 2, 2005. Disponível em:

<https://www.scielosp.org/scielo.php?pid=S1135-57272005000200003&script=sci_arttext&tlng=pt>. Acesso em: 11 set. 2019.

DINIZ, Maria Helena. Efetividade do direito a ser esquecido. **Revista Argumentum**, Marília/SP, v. 18, n. 1, p. 17-41, jan./abr. 2017. Disponível em: <>. Acesso em: 29 out. 2019.

FERNÁNDEZ, Joan Egea. Relaciones de vecindad, desarrollo industrial y medio ambiente. **Derecho del Medio Ambiente y Administración Local**, 2004. Disponível em: <http://repositorio.gobiernolocal.es/xmlui/bitstream/handle/10873/1121/medio_ambiente_25_egea.pdf?sequence=1>. Acesso em: 30 set. 2019.

FERRAJOLI, Luigi. Constitucionalismo principialista y constitucionalismo garantista (trad. Nicolás Guzmán). **Doxa**, Madri, Cuadernos de FilosofíadelDerecho, v. 34, p. 15-53, 2011. Disponível em: <https://doxa.ua.es/article/view/2011-n34-constitucionalismo-principialista-y-constitucionalismo-garantista>. Acesso em: 19 nov. 2019.

FERREIRA, Lier Pires. As bases do pensamento democrático liberal: uma visita às obras de John Locke e Jean-Jacques Rousseau. **Perspectiva Sociológica**, n. 3, p. 1-17, mai./out. 2009. Disponível em: <http://cp2.g12.br/ojs/index.php/PS/article/view/441/375>. Acesso em: 12 nov. 2019.

FIORILLO, Celso Antônio Pacheco. **Princípios do direito processual ambiental**. São Paulo: Saraiva, 2016, 6ª ed., 311 p.

FISS, Owen. As formas de justiça (trad. Carlos Alberto Salles, Daniel Godinho da Silva e Melina de Medeiros Rós). In: **O processo para solução de conflitos de interesse público**. Salvador: JusPodivm, 2017, p. 119-173.

FOUCAULT, Michel. **Vigiar e punir**: nascimento da prisão (trad. Raquel Ramalhete). Petrópolis: Vozes, 27ª ed., 1987, 288 p.

FRANCO, José Luiz de Andrade; SCHITTINI, Gilberto de Menezes; BRAZ, Vivian da Silva. História da conservação da natureza e das áreas protegidas: panorama geral. **Historiæ**, Rio Grande, 6 (2): 233-270, 2015. Disponível em: <https://periodicos.furg.br/hist/article/view/5594/3503>. Acesso em: 31 ago. 2019.

FREITAS, Vladimir Passos de. Reflexões sobre o processo civil brasileiro nas ações de natureza ambiental. **Revista Jurídica Luso-Brasileira**, ano 4 (2018), nº 6. Disponível em: < http://www.cidp.pt/revistas/rjlb/2018/6/2018_06_2935_2964.pdf>. Acesso em: 01 out. 2019.

GIDI, Antonio. **A *class action* como instrumento de tutela coletiva dos direitos** – as ações coletivas em uma perspectiva comparada. São Paulo: Revista dos Tribunais, 2007, 525 p.

GOMES, Laurentino. **1889**. São Paulo: Globo, 2013, 415 p.

GOMES, Magno Federici; SÁ, Viviane Kelly Silva. Mandado de injunção como instrumento processual apto à efetivação da logística reversa: a política nacional de resíduos. **Revista Húmus**, vol. 9, num. 26, 2019, p. 288-307. Disponível em: <http://www.periodicoseletronicos.ufma.br/index.php/revistahumus/article/view/11736/6810>. Acesso em: 23 out. 2019.

GRINOVER, Ada Pellegrini. A coletivização de ações individuais após o veto. *In*: **Ação civil pública após 30 anos** (coord. ÉdisMilaré). São Paulo: Revista dos Tribunais, 2015, p. 19-24.

________. Caminhos e descaminhos do controle jurisdicional de políticas públicas no Brasil. *In*: **O processo para solução de conflitos de interesse público** (coord. Ada Pellegrini Grinover, Kazuo Watanabe, Susana Henriques da Costa). Salvador: JusPodivm, 2017, 650 p.

________. Novas tendências na tutela jurisdicional dos direitos difusos. **Revista da Faculdade de Direito**, Universidade de São Paulo, 1984, n. 79, p. 283-307. Disponível em: <http://www.revistas.usp.br/rfdusp/article/view/67016>. Acesso em: 18 out. 2019.

________. O controle jurisdicional das políticas públicas. *In*: **O controle jurisdicional de políticas públicas** (coord. Ada Pellegrini Grinover, Kazuo Watanabe, Susana Henriques da Costa). Rio de Janeiro: Forense, 2ª ed., 2013, p. 125-150.

________.**O processo** – estudo e pareceres. São Paulo: DPJ, 2006, 701 p.

HÄBERLE, Peter. A sociedade aberta dos intérpretes da Constituição – considerações do ponto de vista nacional-estatal constitucional e regional europeu, bem como sobre o desenvolvimento do Direito Internacional (trad. Gilmar Ferreira Mendes). **Revista De Direito Público**, n. 18, out./nov./dez. 2007, p. 54-79. Disponível em: <https://www.portaldeperiodicos.idp.edu.br/direitopublico/article/viewFile/1292/758>. Acesso em: 26 set. 2019.

HABERMAS, Jürgen. **Direito e democracia** – entre a facticidade e validade (trad. Flávio BenoSiebeneechler). Rio de Janeiro: Tempo Brasileiro, 2012, vol. I, 354 p.

HESSE, Konrad. **A força normativa da Constituição** (trad. Gilmar Ferreira Mendes). Porto Alegre: Sergio Antonio Fabris editor, 1991, 34 p.

HOBSBAWM, Eric J. **A era do capital** (trad. Luciano Costa Neto). São Paulo: Paz e Terra, 2012, 507 p.

________. **Da Revolução Industrial Inglesa ao Imperialismo** (trad. Donaldson Magalhães Garschagen). Rio de Janeiro: Forense Universitária, 1969.

HORTA, Raul Machado. **Direito Constitucional**. Belo Horizonte: Del Rey, 2010, 5ª ed., 711 p.

IHERING, Rudolf Von. **A luta pelo direito** (trad. João de Vasconcelos). Rio de Janeiro: Forense, 1998, 16ª ed., 88 p.

JATOBÁ, Sérgio Ulisses Silva; CIDADE, Lúcia Cony Faria Cidade; VARGAS, Glória Maria. Ecologismo, ambientalismo e ecologia política: diferentes visões da sustentabilidade e do território. **Revista Sociedade e Estado**, Brasília, v. 24, n. 1, p. 47-87, jan./abr. 2009. Disponível em: <http://www.scielo.br/pdf/se/v24n1/a04v24n1>. Acesso em: 02 set. 2019.

JONAS, Hans. **O princípio responsabilidade:** ensaio de uma ética para a civilização tecnológica (trad. Marijane Lisboa e Luiz Barros Montez). Rio de Janeiro: PUC Rio, 2011, 1ª reimpressão, 353 p.

LEAL, Aureliano. **História Constitucional do Brasil.** Brasília: Senado Federal, 2002, 254 p.

LEITE, José Rubens Morato; MELO, Melissa Ely. As funções preventivas e precaucionais da responsabilidade civil por danos ambientais. **Revista Sequência**, n. 55, p. 195-218, dez. 2007. Disponível em: <https://dialnet.unirioja.es/servlet/articulo?codigo=4818300>. Acesso em: 28 set. 2019.

LEIVA, J. Ignacio Núñez. Explorando el neoconstitucionalismo a partir de sus tesisprincipales: *black holes & revelation*. **Revista ius et praxis**, ano 21, n. 1, 2015, pp. 315-344. Disponível em: <https://scielo.conicyt.cl/scielo.php?script=sci_arttext&pid=S0718-00122015000100009>. Acesso em: 16 nov. 2019.

LENZA, Pedro. **Teoria geral da ação civil pública.** São Paulo: Revista dos Tribunais, 2008, 3ª ed., 477 p.

LOVELOCK, James. **A vingança de gaia** (trad. Ivo Korytowski). Rio de Janeiro: Intrínseca, 2006, 160 p.

LUCON, Paulo Henrique dos Santos. Lei n. 12.016/09 – aspectos polêmicos da nova lei do mandado de segurança. **Revista Eletrônica de Direito Processual**, Rio de Janeiro, v. 7. N. 7, 2011, p. 494-509. Disponível em: <https://www.e-publicacoes.uerj.br/index.php/redp/article/view/21140/15226>. Acesso em: 25 out. 2019.

KOERNER, Andrei. Jurisprudência constitucional e política no STF pós-88. **Revista Novos Estudos**, 96, jul./2013, p. 69-85. Disponível em: <http://www.scielo.br/pdf/nec/n96/a06n96.pdf>. Acesso em: 08 out. 2019.

MACHADO, Paulo Affonso Leme. **Direito ambiental brasileiro**. São Paulo: Malheiros, 2016, 1407 p.

______. Princípios gerais de direito ambiental internacional e a política ambiental brasileira. **Revista de Informação Legislativa**. Brasília: Senado, ano 30, n. 118, abr/jun. 1993. Disponível em: <https://www2.senado.leg.br/bdsf/bitstream/handle/id/176025/000472131.pdf?sequence=1>. Acesso em: 11 set. 2019.

MAGALHÃES, José Luiz Quadros de; CHAVES, Jorge Fulgêncio Silva. Direitos humanos como projeto de sociedade: os direitos essenciais. *In:***Direitos humanos como projeto de sociedade:** caracterização e desafios (org. João Batista Moreira Pinto). Belo Horizonte: Instituto DH, 2018, vol. I, 374 p.

MANCUSO, Rodolfo de Camargo. **Ação civil pública**. São Paulo: Revista dos Tribunais, 2019, 15ª ed., 619 p.

MANIN, Bernard. A democracia do público reconsiderada (trad. Otacílio Nunes). **Revista Novos Estudos**, ed. 97, vol. 32, n. 3, p. 115-127, nov. 2013. Disponível em: <http://novosestudos.uol.com.br/produto/edicao-97/>. Acesso em: 15 nov. 2019.

______. As Metamorfoses do Governo Representativo (trad. Vera Pereira). **Revista Brasileira de Ciências Sociais**, nº 29, 1995, p. 5-34. Disponível em: <http://anpocs.com/images/stories/RBCS/rbcs29_01.pdf>. Acesso em: 13 nov. 2019.

______. O princípio da distinção (trad. André Villalobos). **Revista Brasileira de Ciência Política**, nº 4. Brasília, jul./dez. 2010, p. 187-226. Disponível em: <https://edisciplinas.usp.br/pluginfile.php/74880/mod_resource/content/1/manin_distincao.pdf>. Acesso em: 13 nov. 2019.

MARINONI, Luiz Guilherme. **A jurisdição no estado constitucional**. Disponível em: <http://www.marinoni.adv.br/wp-content/uploads/2012/06/PROF-MARINONI-A-JURISDIÇÃO-NO-ESTADO-CONSTITUCIONA1.pdf>. Acesso em: 20 set. 2019.

______. Da teoria da relação jurídica processual ao processo civil do Estado Constitucional. **Cadernos da Escola de Direito e Relações Internacionais da UniBrasil**, v.1, n. 6, 2006, p. 275-306. Disponível: <http://revistas.unibrasil.com.br/cadernosdireito/index.php/direito/article/view/440/41>. Acesso em: 21 out. 2019.

______. **O direito à tutela jurisdicional efetiva na perspectiva da teoria dos direitos fundamentais**. Disponível em: <http://www.marinoni.adv.br/wp-content/uploads/2012/04/PROF-MARINONI-MARINONI-O-DIREITO-À-TUTELA-JURISDICIONAL-EFETIVA-NA-PERSPECTIVA-DA-TEORIA-DOS-DIREITOS-FUNDAMENTAIS.pdf>. Acesso em: 24 set. 2019.

______. **Prova e convicção judicial na tutela do meio ambiente**. Disponível em: <http://www.marinoni.adv.br/wp-content/uploads/2012/08/PROF-MARINONI-PROVA-MINISTRO-HERMAN-BENJAMIN.pdf>. Acesso em: 30 set. 2019.

_______. **Tutela de urgência e tutela de evidência** – soluções processuais diante do tempo da justiça. São Paulo: Revista dos Tribunais, 2018, 2ª ed., 380 p.

_______. **Tutela contra o ilícito: inibitória e de remoção**. São Paulo: Revista dos Tribunais, 2015, 272 p.

_______. **Tutela inibitória e tutela de remoção do ilícito.** São Paulo: Revista dos Tribunais, 2019, 7ª ed., 268 p.

MARX, Karl; ENGELS, Friedrich. **Manifesto do partido comunista** (trad. Antônio Carlos Braga). São Paulo: Escala, 2009, 103 p.

MASI, Domenico de. **O futuro do trabalho** – fadiga e ócio na sociedade pós-industrial (trad. Yadyr A. Figueiredo). Rio de Janeiro: José Olympio, 2000, 3ª ed., 354 p.

MENDES, Gilmar Ferreira. O pensamento de Peter Häberle na jurisprudência do Supremo Tribunal Federal. Instituto de Direito Público, **Observatório da Jurisdição Constitucional**, ISSN 1982-4564, Ano 2, 2008/2009. Disponível em: <https://www.portaldeperiodicos.idp.edu.br/observatorio/article/viewFile/205/173>. Acesso em: 16 out. 2019.

______. O mandado de injunção e a necessidade de sua regulação legislativa. **Revista Jurídica da Presidência**, Brasília, v. 13, n°100, jul./set. 2011, p. 165 a 192. Disponível em: <https://revistajuridica.presidencia.gov.br/index.php/saj/article/view/134/126>. Acesso em: 22 out. 2019.

MILARÉ, Édis; MILARÉ, Lucas Tamer. A ação civil pública como instrumento preventivo/reparatório da danosidade ambiental. *In:***Ação civil pública após 30 anos** (coord. ÉdisMilaré). São Paulo: Revista dos Tribunais, 2015, p. 227-269.

MILARÉ, Édis. **Direito do ambiente**. São Paulo: Revista dos Tribunais, 2015, 10ª ed., 1.707 p.

MIRANDA, Jorge. Estado social e direitos fundamentais. **Doutrina do Superior Tribunal de Justiça** – edição comemorativa 15 anos. Brasília: STJ, 2005, 492 p. Disponível em: <https://ww2.stj.jus.br/publicacaoinstitucional/index.php/Dout15anos/article/view/3672/3762>. Acesso em 12 ago. 2019.

_______. **Os novos paradigmas do Estado Social**. Conferência proferida em 28 de setembro de 2011, em Belo Horizonte, no XXXVII Congresso Nacional de Procuradores de Estado. Disponível em: <http://icjp.pt/sites/default/files/media/1116-2433.pdf>. Acesso em: 12 ago. 2019.

_______. **Teoria do Estado e da Constituição.** Rio de Janeiro: Forense, 5ª ed., 2019, 702 p.

MIRRA, Álvaro Luiz Valery. Ação civil pública em defesa do meio ambiente: ainda a questão da representatividade e da representação adequada dos entes intermediários legitimados para agir. *In*: **Ação civil pública após 30 anos** (coord. ÉdisMilaré). São Paulo: Revista dos Tribunais, 2015, p. 61-89.

MOREIRA, José Carlos Barbosa. A Suprema Corte norte-americana: um modelo para o mundo? **Revista de Direito Administrativo**, Rio de Janeiro, 233: 201-211, jul./set. 2003. Disponível em: <http://bibliotecadigital.fgv.br/ojs/index.php/rda/article/viewFile/45448/45002>. Acesso em: 04 out. 2019.

_______. O *habeas data* brasileiro e a sua lei regulamentadora. **Revista de Direito Administrativo**, Rio de Janeiro, 211: 47-63, jan./mar. 1998. Disponível em: <http://bibliotecadigital.fgv.br/ojs/index.php/rda/article/viewFile/47125/45702>. Acesso em: 28 out. 2019.

_______. O processo civil brasileiro entre dois mundos. **Revista da EMERJ**, v. 4, n. 16, 2001, p. 11-22. Disponível em: <http://www.emerj.tjrj.jus.br/revistaemerj_online/edicoes/revista16/revista16_11.pdf>. Acesso em 18 out. 2019.

MOTA, Maurício. Princípio da precaução no direito ambiental: uma construção a partir da razoabilidade e da proporcionalidade. **Revista Brasileira de Direito do Petróleo, Gás e Energia**, Rio de Janeiro, 2006, v. 2., p. 42. Disponível em: <https://www.e-publicacoes.uerj.br/index.php/rbdp/article/view/5723/4163>. Acesso em: 25 set. 2019.

MOYN, Samuel. A Declaração Universal dos Direitos Humanos, de 1948, na história do cosmopolitismo (trad. Revista*Meritum*). **Meritum,** Belo Horizonte, v. 10, n. 2, p. 225-263, jul./dez. 2015. Disponível em: <https://dialnet.unirioja.es/servlet/articulo?codigo=6090106>. Acesso em 20 ago. 2019.

NAVES, Bruno Torquato de Oliveira; REIS, Émilien Vilas Boas. **Bioética ambiental**: premissas para o diálogo entre ética, a bioética, o biodireito e o direito ambiental. Rio de Janeiro: Lumen Juris, 2019, 2ª ed., 216 p.

_____. Crispr-cas9, biossegurança e bioética: uma análise jusfilosófica-ambiental da engenharia genética. **Revista Veredas do Direito**, Belo Horizonte, v. 16, n. 34, p. 123-152, jan./abr. 2019. Disponível em: <http://www.domhelder.edu.br/revista/index.php/veredas/article/view/1490>. Acesso em: 29 out. 2019.

NOBRE, Carlos Afonso; REID, Júlia; VEIGA, Ana Paula Soares. **Fundamentos científicos das mudanças climáticas**. São José dos Campos: INPE, 2012, 44 p. Disponível em: <http://www.inpe.br/noticias/arquivos/pdf/fundamentos_cientificos_mc_web.pdf>. Acesso em: 11 set. 2019.

NOGUEIRA, Marco Aurélio. Representação, crise e mal-estar institucional. **Revista Sociedade e Estado**, vol. 29, n. 1, p. 91-111, jan./abr. 2014. Disponível em: <https://periodicos.unb.br/index.php/sociedade/article/view/5867/5310>. Acesso em: 14 nov. 2019.

OLIVEIRA, Leandro Dias de. Os *limites do crescimento* 40 anos depois: das *profecias do apocalipse ambiental* ao *futuro comum ecologicamente Sustentável*. **Revista Continentes** (UFRRJ), ano 1, n. 1, p. 72-96, 2012. Disponível em: <http://www.revista-continentes.com.br/continentes/index.php/continentes/issue/view/1>. Acesso em: 05 set. 2019.

ONU. Assembleia Geral das Nações Unidas. **Declaração Universal dos Direitos Humanos.** Disponível em: <https://www.unicef.org/brazil/pt/resources_10133.htm>. Acesso em: 06 set. 2019.

____. Assembleia Geral das Nações Unidas. **Declaração da Conferência da ONU sobre o Meio Ambiente (Estocolmo, em 1972)**. Disponível em: <https://www.unenvironment.org/Documents.Multilingual/Default.asp?DocumentID=97&ArticleID=1503&l=en>. Acesso em: 06 set. 2019.

____. Assembleia Geral das Nações Unidas. **Declaração do Rio sobre o meio ambiente e Desenvolvimento**. Disponível em: <http://www.onu.org.br/rio20/img/2012/01/rio92.pdf>. Acesso em: 06 set. 2019.

____. Assembleia Geral das Nações Unidas. **Declaração de Joanesburgo sobre Desenvolvimento Sustentável**. Disponível em: <www.mma.gov.br/estruturas/agenda21/_arquivos/joanesburgo.doc>. Acesso em: 06 set. 2019.

____. Assembleia Geral das Nações Unidas. **Protocolo de Kyoto**. Disponível em: <www.mma.gov.br/clima/convencao-das-nacoes-unidas/protocolo-de-quioto>. Acesso em: 06 set. 2019.

___. Assembleia Geral das Nações Unidas. **Acordo de Paris**. Disponível em: <https://nacoesunidas.org/acordodeparis/>. Acesso em: 06 set. 2019.

PALLARES-BURKE, Maria Lúcia Garcia. Entrevista com ZigmuntBauman. **Tempo Social**, v.16, n.1, São Paulo, jun. 2004. Disponível em: <http://www.scielo.br/scielo.php?pid=S0103207020040001000015&script=sci_arttext>.Acesso em: 18 set. 2019.

PIOVESAN, Flávia. **Direitos humanos e o direito constitucional internacional.** São Paulo: Max Limonad, 1997, 3ª ed., 487 p.

PIOVESAN, Flávia Cristina; BRAGA, Fábio Rezende. O consumo consciente e solidário: direitos humanos, movimentos ecológico-sociais e a promoção do desenvolvimento sustentável. **Veredas do Direito**, Belo Horizonte, v.13, n.25, p.307-330,

Jan/Abr 2016. Disponível em: <http://www.domhelder.edu.br/revista/index.php/veredas/article/view/600/485>. Acesso em: 04 set 2019.

RIBEIRO, Leandro Molhano; ARGUELHES, Diego Werneck. Nem evolução, nem renascimento? Contingência e captura corporativa em três décadas de mandado de injunção. **Revista de Informação Legislativa**: RIL, Brasília, v. 55, n. 219, p. 103-132, jul./set. 2018. Disponível em: <http://www12.senado.leg.br/ril/edicoes/55/219/ril_v55_n219_p103>. Acesso em: 23 out. 2019.

RIBEIRO, Luiz Gustavo Gonçalves; BAROUCH, Ricardo Ferreira. A necessária participação da sociedade nas ações civis públicas em prol da tutela ambiental. **Revista de Direito Ambiental**, vol. 88, ano 22, p. 341-362. São Paulo: RT, out-dez, 2017.

_______; LEMES JÚNIOR, Gilson Soares. Judicialização, ativismo judicial e o efeito backflash: o caso da vaquejada. *In:***Temas de Direito Contemporâneo** (coord. Simone Letícia Severo e Sousa Dabés Leão, Luiz Gustavo Gonçalves Ribeiro). Belo Horizonte: Del Rey, 2019, 334 p.

RODRIGUES, Éder Bomfim; OLIVEIRA, Anna Cristina Miranda de. O ativismo judicial e suas implicações na ordem constitucional brasileira: uma análise a partir da perspectiva da teoria discursiva do direito e da democracia. *In*: **Perspectivas críticas do direito democrático na sociedade contemporânea** (org. Fabrício Veiga Costa, Raphael Maia e Vinícios de Araújo Ayala). Belo Horizonte: D'Plácido, 2018, p. 20-51.

ROMEIRO, Ademar Ribeiro. Desenvolvimento sustentável: uma perspectiva econômico-ecológica. **Estudos Avançados**, v. 26, n. 74, p. 65-92, 1º jan. 2012. Disponível em: <http://www.periodicos.usp.br/eav/article/view/10625/12367>. Acesso em: 02 set. 2019.

SALLES, Carlos Alberto. Processo civil de interesse público. *In*: O processo para solução de conflitos de interesse público (coord. Ada Pellegrini Grinover, Kazuo Watanabe, Susana Henriques da Costa). Salvador: JusPodivm, 2017, 650 p.

SAMPAIO, José Adércio Leite.Apresentação. *In*: SUSTEIN, Cass.**A Constituição parcial**. Belo Horizonte: Del Rey, 2009, 462 p.

_______. Direitos fundamentais como trufas da maioria. **Revista de Estudos Constitucionais, Hermenêutica e Teoria do Direito**, São Leopoldo, v. 7, n. 3, p. 226-234, set./dez. 2015. Disponível em: <http://www.revistas.unisinos.br/index.php/RECHTD/article/view/rechtd.2015.73.02/5018>. Acesso em: 27 nov. 2019.

SANCHÍS, Luis Prieto. Ferrajoli y el neoconstitucionalismo principialista. ensayo de interpretación de algunas divergências. **Doxa**, Madrid, Cuadernos de FilosofíadelDerecho, n. 34, p. 229-244, 2011. Disponível em: <http://rua.ua.es/dspace/handle/10045/32773>. Acesso em: 18 nov. 2019.

______. Neoconstitucionalismos (un catálogo de problemas y argumentos). **Revista de Filosofía Jurídica y Política**, v. 44, p. 461-506, 2010. Disponível em: <https://revistaseug.ugr.es/index.php/acfs/article/view/516>. Acesso em: 15 nov. 2019.

SANTOS, Raimundo Nonato Macedo; PANDIELLA DOMINIQUE, Andrés; LASCURAIN SÁNCHEZ, MaríaLuisa; SANZ CASADO, Elías. Tecnologias verdes para um mundo autossustentável: um olhar sobre Brasil e Espanha. **Revista Em Questão**, vol. 23, n. 2, 2017, p. 277-294, Universidade Federal do Rio Grande do Sul, Porto Alegre. Disponível em: <https://www.redalyc.org/pdf/4656/465650858014.pdf>. Acesso em: 11 set. 2019.

SARLET, Ingo Wolfgang. **Dignidade (da pessoa) humana e direitos fundamentais na Constituição Federal de 1988**. Porto Alegre: Livraria do advogado, 2019, 10ª ed., 199 p.

______; FENSTERSEIFER, Tiago. **Direito ambiental** – introdução, fundamentos e teoria geral. São Paulo: Saraiva, 2014, 456 p.

SCRUTON, Roger. **Filosofia verde** – como pensar seriamente o planeta (trad. Maurício G. Righi). São Paulo: É Realizações, 2016, 412 p.

SEABRA FAGUNDES, Miguel. A nova lei do mandado de segurança. **Revista da Faculdade de Direito da Universidade Federal de Minas Gerais,** v. 4, out. 1952, p. 112-126. Disponível em: <https://www.direito.ufmg.br/revista/index.php/revista/article/view/518/487>. Acesso em: 24 out. 2019.

SILVA, Carlos Henrique Rubens Tomé. Estocolmo'72, Rio de Janeiro'92 e Joanesburgo'02: as três grandes conferências ambientais internacionais. **Boletim Legislativo nº 6**. Disponível em: <https://www2.senado.leg.br/bdsf/bitstream/handle/id/242512/Boletim2011.6.pdf?sequence=1>. Acesso em: 04 set. 2019.

SILVA, José Afonso da. **Curso de direito constitucional positivo**. São Paulo: Malheiros, 1999, 16ª ed., 871 p.

SMANIO, GianpaoloPoggio. Os 30 anos da ação civil pública: instrumento de efetivação dos direitos da cidadania no Brasil. *In*: **Ação civil pública após 30 anos** (coord. ÉdisMilaré). São Paulo: Revista dos Tribunais, 2015, p. 299-310.

SOUZA, Luciana Cordeiro de. O princípio da prevenção e a proteção das águas doces. In: **Direito Ambiental, mudanças climáticas e desastres** – impactos nas cidades e no patrimônio cultural (org. Antônio Herman Benjamin, EladioLecey, Silvia Cappelli). São Paulo: Imprensa Oficial do Estado de São Paulo, 2009, vol. 1, 791 p.

SOUZA, Luiz Henrique Boselli de. A doutrina brasileira do habeas corpus e a origem do mandado de segurança. Análise doutrinária de anais do Senado e da jurisprudência histórica do Supremo Tribunal Federal. **Revista de Informação Legislativa**, Brasília, ano 45, n. 177, jan/mar 2008, p. 75-82. Disponível em: <https://www2.senado.

leg.br/bdsf/bitstream/handle/id/496909/RIL177.pdf?sequence=8#page=76>. Acesso em: 24 out. 2019.

STRECK, Lenio Luiz. A interpretação do direito e o dilema acerca de como evitar juristocracias: a importância de Peter Häberle para a superação dos atributos (eigenschaften) solipsistas do direito. **Observatório da Jurisdição Constitucional**, Brasília: IDP, Ano 4, 2010/2011, p. 1-32. Disponível em: <https://www.portaldeperiodicos.idp.edu.br/observatorio/article/viewFile/561/373>. Acesso em: 29 nov. 2019.

______. Contra o neoconstitucionalismo. **Constituição, Economia e Desenvolvimento**: Revista da Academia Brasileira de Direito Constitucional. Curitiba, 2011, n. 4, jan./jun., p. 9-27. Disponível em: <http://wwww.abdconst.com.br/revista5/revista_final4.pdf#page=8>. Acesso em: 19 nov. 2019.

SUNSTEIN, Cass R. **A Constituição parcial** (trad. Manasses Teixeira Martins e Rafael Triginelli). Belo Horizonte: Del Rey, 2009, 462 p.

SUSSEKIND, Arnaldo; MARANHÃO, Délio; VIANNA, Segadas; TEIXEIRA, Lima. **Instituições de direito do trabalho**. São Paulo: LTr, 2003, vol. 1, 21ª ed., 735 p.

TÁCITO, Caio. A administração e o controle de legalidade. **Revista de Direito Administrativo**, Rio de Janeiro, vol. 37, p. 1-11, 1954. Disponível em: <http://bibliotecadigital.fgv.br/ojs/index.php/rda/article/view/13995>. Acesso em: 15 nov. 2019.

TAMAIO, Irineu. **Documento descritivo contendo proposta de campanha sobre educação ambiental e mudanças climáticas, incluindo estratégia de execução**. Disponível em: <http://www.mma.gov.br/estruturas/educamb/_arquivos/produto_ii_relatorio_finalcampanha_irineu_tamaio_20.pdf>. Acesso em: 28 set. 2019.

TEIXEIRA, Sonia Maria Fleury. Cidadania, direitos sociais e Estado. **Revista de Administração Pública**, Rio de Janeiro, out./dez. 1986, p. 115-140. Disponível em: <http://bibliotecadigital.fgv.br/ojs/index.php/rap/article/view/9979>. Acesso em: 14 ago. 2019.

TRINDADE, Antônio Augusto Cançado. **Direitos humanos e meio-ambiente:** paralelo dos sistemas de proteção internacional. Porto Alegre: Sergio Antonio Fabris editor, 1993, 351 p.

URBINATI, Nadia. O que torna a representação democrática? (trad. Mauro Soares). **Lua Nova**, São Paulo, 67: 191-228, 2006. Disponível em: <http://desafios2.ipea.gov.br/participacao/images/pdfs/participacao/outras_pesquisas/urbinati.pdf>. Acesso em: 11 nov. 2019.

URETA, Karla Elizabeth Mariscal. Tutela jurídica de los derechos colectivos ambientales. **Perfiles de las Ciencias Sociales**, año 5, n. 9, jul.-dic. 2017, 15-38 pp. Disponível em: <http://www.revistas.ujat.mx/index.php/perfiles/article/view/3105/2327>. Acesso em: 27 set. 2019.

WOLKMER, Antônio Carlos. Do paradigma político da representação à democracia participativa. **Sequência**, v. 22. N. 42, p. 83-97. Disponível em: <https://periodicos.ufsc.br/index.php/sequencia/article/view/15395>. Acesso em: 14 nov. 2019.

VARELA, Alfredo. **Direito Constitucional brasileiro** – reforma das instituições nacionais. Brasília: Senado Federal, 2002, 539 p.

VELLOSO, Carlos Mário da Silva. Pedro Lessa e a teoria brasileira do habeas corpus. **Revista da Academia Brasileira de Letras Jurídicas**, v. 20, n. 26, p. 173-189, jul./dez. 2004. Disponível em: <http://www.ablj.org.br/revistas/revista26.asp>. Acesso em: 24 out. 2019.

VERNET I LLOBET, Jaume; JARIA MANZANO, Jordi. El derecho a un medio ambiente sano: su reconocimiento en el constitucionalismo comparado y en el derecho internacional. **Teoría y Realidad Constitucional**, n. 20, p. 513-533, jul. 2007. ISSN 2174-8950. Disponível em: <http://revistas.uned.es/index.php/TRC/article/view/6774>. Acesso em: 03 out. 2019.

VIEIRA, Germano Luiz Gomes. A avaliação ambiental estratégica como manifestação concreta do princípio da precaução e a emergência de sua institucionalização no Brasil. *In*: **Direito Ambiental, mudanças climáticas e desastres – impactos nas cidades e no patrimônio cultural** (org. Antônio Herman Benjamin, EladioLecey, Silvia Cappelli). São Paulo: Imprensa Oficial do Estado de São Paulo, 2009, vol. 1, 791 p.

VIEIRA, Padre Antônio. **Pregado no real convento da esperança, em Lisboa, ano de 1669**. Disponível em: <https://www.literaturabrasileira.ufsc.br/documentos/?action=download&id=49886>. Acesso em: 03 out. 2019.

VILLALOBOS, Marco Feoli. Judicialización de la política y activismo judicial: una aproximación a América latina. **Revista Latinoamericana de Derechos Humanos**, v. 27, I sem. 2016, p. 75-98. Disponível em: <http://45.162.204.69/index.php/derechoshumanos/article/view/8373/9583>. Acesso em: 21 nov. 2019.

WATANABE, Kazuo. Cultura de sentença e cultura de pacificação. In: **Estudos em homenagem à professora Ada Pellegrini Grinover** (org. Flávio Luiz Yarshell e Maurício Zanoide de Moraes). São Paulo: DPJ, 2005, p. 684-690.

ZAVASCKI, Teori Albino. **Processo coletivo:** tutela de direito coletivos e tutela coletiva de direitos. São Paulo: Revista dos Tribunais, 2011, 5ª ed., 270 p.

ZOLA, Émile. **Germinal** (trad. Francisco Bittencourt). São Paulo: Martins Claret, 2006, 456 p.

ZUFELATO, Camilo. Controle judicial de políticas públicas mediante ações coletivas e individuais. *In*: **O controle jurisdicional de políticas públicas** (coord. Ada Pellegrini Grinover e Kazuo Watanabe). Rio de Janeiro: Forense, 2ª ed., 2013, p. 309-331.

Impressão e acabamento
psi7 | book7
psi7.com.br book7.com.br